COURS D'ÉTUDE

POUR L'INSTRUCTION

DU PRINCE DE PARME

COURS D'ÉTUDE

POUR L'INSTRUCTION

DU PRINCE DE PARME,

AUJOURD'HUI

S. A. R. L'INFANT

D. FERDINAND,

DUC DE PARME, PLAISANCE, GUASTALLE,

&c. &c. &c.

Par M. l'Abbé de CONDILLAC, *de l'Académie françoise & de celles de Berlin, de Parme & de Lyon; ancien Précepteur de S. A. R.*

TOME CINQUIEME.

INTRODUC. A L'ÉTUDE DE L'HISTOIRE ANCIENNE

A PARME,

DE L'IMPRIMERIE ROYALE.

M. DCC. LXXV.

TABLE DES MATIERES.

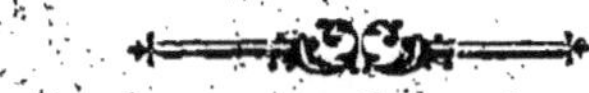

LIVRE PREMIER.

CHAPITRE I.

Moyse ne nous a transmis qu'un petit nombre des événements, arrivés depuis la création jusqu'au déluge. Cet intervalle est de 1656 ans. Il a donné lieu à bien des conjectures. On a imaginé que la terre étoit alors vingt fois plus peuplée, & vingt fois plus fertile. Ces opinions sont sans fondement.

CHAPITRE II.

l'intervalle qui s'écoule depuis le déluge jusqu'à la vocation d'Abraham : espace de 427 ans.

Pag. 11.

Après le déluge les arts se conservent dans les plaines de Sennaar. Lors de la dispersion, tous les hommes ne porterent pas les arts avec eux. Ce qu'on sait des Commencements de Babylone. Ce que les historiens profanes disent de ces commencements, doit être rapporté à des siecles bien postérieurs. Nous savons peu de chose sur les premiers royaumes d'Egypte. L'Egypte n'a pu se peupler que bien difficilement. Avantage de l'histoire du peuple de Dieu sur l'histoire des autres peuples de l'antiquité.

CHAPITRE III.

Des conjectures dans l'étude de l'histoire.

Pag. 17.

Utilité des conjectures, lorsqu'on en sait faire usage. On juge des effets par les causes & des causes par les effets. Caractère général ; premiere cause des événements. Circonstances qui modifient ce caractère ; autre cause des événements. Les hasards, troisieme cause des événements. Nous jugeons mal des événements, parce que nous en con-

noissons mal les causes. Influence des causes. Il faut se tenir en garde contre les hypotheses qui ont peu de fondement. Précautions nécessaires pour donner de la force aux conjectures.

CHAPITRE IV.

Conjectures sur la puissance des premieres monarchies & sur les progrès de la population.

Pag. 22.

Pourquoi on a été porté à exagérer la puissance des anciens peuples. On diroit qu'après la dispersion, les familles deviennent tout-à-coup des nations. Les mots de roi *&* de royaume *ont jeté dans l'erreur, parce qu'ils n'ont pas toujours signifié ce qu'ils signifient aujourd'hui. Il en est de même du mot* puissance. *La population a été lente dans les premiers siecles.*

CHAPITRE V.

Conjectures sur les peuples sauvages.

Pag. 30,

Il est nécessaire d'observer les peuples sauvages. Nous pouvons juger de l'homme sauvage par les besoins qu'il se fait. Effets du besoin de nourri-

---

CHAPITRE VI.

Conſidérations ſur les loix.

CHAPITRE VII.

Conjectures ſur les premiers gouvernements.

On faisoit la guerre pour piller & pour exterminer, plutôt que pour conquérir.

CHAPITRE VIII.

Conjectures sur le culte religieux des anciens peuples.

Ancienneté de l'idolâtrie. L'homme croit voir la divinité dans tous les objets, dont il dépend. Les astres ont été les premieres divinités des nations idolâtres. Comment le polythéisme devint un systême d'erreurs. Culte rendu aux animaux. Culte rendu aux hommes. Trois sortes de divinités. Comment le culte religieux s'établit. Utilité des conjectures précédentes.

CHAPITRE IX.

Troisieme période de 430 ans, depuis la vocation d'Abraham jusqu'à la loi écrite.

Les Assyriens. L'Egypte sous Sésostris. Les Phéniciens puissants par le commerce. La Grece lors des Titans. Déluge d'Ogygès. La Grece retombe dans la premiere barbarie. Cécrops regne dans l'Attique. Regne de Cranaüs. Déluge de Déucalion. Conseil des Amphictyons. Cadmus apporte aux Grecs l'écriture alphabétique. Arrivée de Danaüs. Vers le temps où ces dernieres colonies s'établissoient, Sésostris montroit les arts au nord de la Grece.

CHAPITRE X.

Qu'il étoit difficile aux Grecs de se policer.

Pag. 68.

L'histoire de la Grece est une de plus instructives. La disposition des différentes provinces de la Grece paroissoit interdire tout commerce aux Grecs, & devoit faire durer la barbarie. Pourquoi les Titans n'ont pas pu tirer les Grecs de la barbarie. Combien les autres colonies ont eu de peine à policer les Grecs. Comment les Grecs commencerent à se policer. Combien les Grecs étoient peu disposés à subir le joug des loix. Les étrangers, qui vinrent dans la Grece, n'étoient pas assez habiles pour vaincre promptement les obstacles, que les Grecs trouvoient à se policer.

CHAPITRE XI.

De l'origine de la Mythologie.

Pag. 77.

Les Grecs ont altéré le culte qui leur a été apporté. Ils ont cru que les dieux, adorés en Egypte ou en Phénicie, étoient nés en Grece. Ils ont pris pour des combats des dieux, les combats mêmes que les prêtres se sont livrés. Ils n'ont pu se faire des mêmes dieux une idée uniforme & permanente. C'est d'après toutes ces méprises que s'est formée la mythologie.

CHAPITRE XII.

Des cérémonies religieuses & des effets qu'elles produiront.

Pag. 80.

Les forêts ont été les premiers temples. Sacrifices faits aux dieux. Les Grecs consultoient les dieux sur toutes leurs entreprises. Différentes especes de divinations. Ces superstitions ont contribué à policer les Grecs. Les jeux, qui se mêleront aux cérémonies religieuses, contribueront à policer les Grecs. Les Grecs conserveront toujours quelque chose du caractère qu'ils prenoient alors.

CHAPITRE XIII.

CHAPITRE XIV.

CHAPITRE XV.

Observations sur la cinquieme période.

période on prévoit que la Grece va cultiver les beaux-arts.

CHAPITRE XVI.

Des loix de Dracon & de la légiſlation de Solon.

Inutilité des loix de Dracon. Déſordres qui continuent. Réforme faite par Solon. Légiſlation de Solon conſidérée par oppoſition à celle de Lycurgue. Fins que ſe ſont propoſés ces deux legiſlateurs.

CHAPITRE XVII.

Depuis la légiſlation de Solon juſqu'au commencement de la guerre avec les Perſes.

Pourquoi les Grecs ne pourront jamais s'agrandir par des conquêtes. Semences de jalouſie entre les républiques de la Grece. Circonſtances où Piſiſtrate aſpire à la tyrannie. Il uſurpe le trône. Gouvernement d'Hippias & d'Hipparque. Conjuration, qui coûte la vie à Hipparque. Les Lacédémoiens chaſſent Hippias. Nouveaux troubles,

Les Lacédémoniens projettent inutilement le rétablissement d'Hippias. Hippias demande des secours aux Perses.

CHAPITRE XVIII.

Des révolutions de l'Asie avant la guerre que les Perses ont faite aux Grecs.

Pag. 143.

Fin du premier empire des Assyriens. Monarchie de Babylone. Monarchie de Ninive, ou second empire des Assyriens. Monarchie des Medes. Temps d'anarchie parmi les Medes. Déjocès est élu roi. Gouvernement de Déjocès. Regne de Phraorte. Regne de Cyaxare, pendant lequel les Scythes font une irruption en Asie. Révolutions en Egypte. Royaumes de l'Asie mineure. Conquêtes de Nabucodonosor II. Cyrus. Son histoire est peu connue. Politique des conquérants dans ces siecles. Ils faisoient la guerre sans art. Regne de Cambyse. Le mage Smerdis. Le faux Smerdis est égorgé. Commencement du regne de Darius, fils d'Hystaspe, Darius soumet les Babyloniens. Expédition en Scythie. Autre expédition dans les Indes. Occasion de la guerre que Darius médite contre les Grecs.

LIVRE SECOND.

CHAPITRE I.

CHAPITRE II.

dent les troupes de Darius. Ces deux généraux ſoumettent les îles. Ils prennent Érétrie. Journée de Marathon. Récompenſe de Miltiade. Autant les Athéniens aimoient le mérite, autant ils le redoutoient. Ban de l'oſtraciſme. Athènes étoit trop foible pour former de grandes entrepriſes au dehors. Ingratitude des Athéniens envers Miltiade. Darius fait de nouveaux préparatifs. Thémiſtocle travaille à faire d'Athènes le rempart de la Grece. Mort de Darius. Xerxès ſonge à faire la guerre aux Grecs. Conduite ridicule de Xerxès. Deux factions dans la république d'Athènes. Républiques qui ſe réuniſſent pour la défenſe de la Grece. Léonidas aux Thermopyles. Les Athéniens ſe réfugient ſur des vaiſſeaux & cédent le commandement aux Spartiates. Deux combats qui ne ſont pas déciſifs. Conduite de Thémiſtocle à la journée de Salamine. Conduite de Xerxès. Flotte des Perſes. Flotte des Grecs. L'armée de Xerxès eſt défaite à Salamine. Autres défaites des Perſes. Triomphe de Thémiſtocle aux jeux olympiques. Fin de Xerxès. On ne ſait pas quel a été le nombre des troupes qu'il a conduites contre les Grecs.

CHAPITRE III.

Jusqu'à la paix avec la Perse.

CHAPITRE IV.

Considération sur les Perses & sur les Grecs.

CRAPITRE V.

Jusqu'à la mort de Périclès.

excuses de Périclès étoient mauvaises & vraisemblablement il ne l'ignoroit pas. Fausse politique des Atheniens, lors de la guerre entre Corcyre & Corinthe. Sparte fait une ligue contre Athènes. Périclès se résout à la guerre, pour ne pas rendre compte des finances. Les forces de Sparte étoient sur terre, & celles d'Athènes sur mer. Les Athéniens ne font que des diversions. Les Athéniens ôtent l'administration à Périclès. Les Athéniens font mourir des ambassadeurs que les Spartiates envoyoient au roi de Perse. Les Athéniens rendent l'autorité à Périclès, qui meurt.

CHAPITRE VI.

Jusqu'à la fin de la guerre du Péloponèse,

Pag. 228.

L'administration de Périclès est l'époque de la décadence d'Athènes. Athènes & Sparte ne connoissent pas leurs vrais intérêts. Écrivains qu'il faut lire pour l'histoire de la guerre du Péloponese. Dans cette guerre Athènes & Sparte n'ont point d'objet. Athènes se refuse à la paix que Sparte demande. Treve, pendant laquelle la guerre continue. L'expédition des Athéniens en Sicile leur fait perdre leurs alliés. Successeurs d'Artaxerxe Longuemain. Plusieurs soulevements en Perse. Caractère foible de Darius Nothus. La

Perse recherche l'alliance de Sparte. Alcibiade accusé de sacrilege. Il se retire à Sparte, & ensuite auprès de Tissapherne. Les Athéniens, pour s'assurer les secours qu'Alcibiade leur promet, abolissent la démocratie. A cette nouvelle, l'armée se souleve, & donne le commandement à Alcibiade, Conduite sage de ce général. Tissapherne fait avec Sparte un traité qu'il n'execute pas. Les Spartiates se rendent maîtres de l'île d'Eubée. Alcibiade revient dans sa patrie, après avoir triomphé des Spartiates. Lysandre, général des Spartiates, fait sa cour à Cyrus le jeune. Défaite des Athéniens. Alcibiade se retire dans la Chersonese de Thrace. Lysandre est remplacé par Callicratidas. Callicratidas perd la bataille & la vie. Les Athéniens condamnent à mort les généraux, qui les ont fait vaincre. A la sollicitation de Cyrus, les Spartiates rendent le commandement à Lysandre. Lysandre se rend maître d'Athènes, & y établit trente tyrans. Pourquoi, pendant la guerre du Péloponese, Athènes manque d'hommes pour la conduire.

CHAPITRE VII.

Jusqu'à la paix d'Antalcide.

Pag. 243.

Projets de Lysandre, qui introduit l'or & l'ar-

CHAPITRE VIII.

Jusqu'à la mort d'Épaminondas.

CHAPITRE IX.

Jusqu'à la mort de Philippe.

roi de Macédoine. Caractère de Philippe. Circonspection de Philippe avec les Grecs. Politique de ce roi. Entreprises de Philippe. Guerre sociale contre les Athéniens. Guerre sacrée. Démosthene monte dans la tribune pour la premiere fois. Aveuglement des Athéniens. Artifices grossiers de Philippe, Quel étoit alors le caractère des Athéniens. Philippe, après avoir terminé la guerre sacrée, est agrégé au corps des Amphictyons. Timoléon passe en Sicile. Philippe arme contre Sparte ; mais sans effet. Il tente inutilement d'enlever l'Eubée aux Athéniens. Phocion homme d'état & grand capitaine. Ligue des Athéniens contre Philippe. Philippe accuse les Athéniens d'avoir commencé les hostilités. Forcé à leur faire la guerre, il a besoin d'artifice. Il suscite une nouvelle guerre sacrée. Il se fait nommer général de l'armée par les Amphictyons. Il s'ouvre le chemin d'Athènes. Les Athéniens arment. Ils sont défaits à Chéronée. Philippe affecte de ménager les Athéniens. La défaite de Chéronée est attribuée aux généraux. Philippe se fait nommer généralissime des Grecs contre les Perses. État de la Perse pendant le regne de Philippe. Philippe est assassiné. Darius Codoman roi de Perse.

CHAPITTE X.

Jusqu'à la mort d'Alexandre.

Pag. 298.

Conduite de Démosthene, à la mort de Philippe. Conduite d'Alexandre. Thèbes détruite. Toute la Grece se soumet. Il est nommé généralissime des Grecs contre les Perses. État de la Perse. Imprudence d'Alexandre. Darius n'écoute pas les conseils de Memnon, & Alexandre passe le Granique. Il renvoie sa flotte. Mort de Memnon, dont Darius veut suivre les conseils. Maladie d'Alexandre. Défaite de Darius à Issus. Mot, qui décele le caractère d'Alexandre. Provinces qui se soumettent au vainqueur. Alexandre se fait reconnoître pour fils de Jupiter Ammon. Journée d'Arbelles. Les Thraces & les Lacédémoniens se soulevent. Différentes expéditions d'Aléxandre. Mœurs d'Alexandre dans le cours de ses succès. Il n'avoit que de fausses idées de grandeur. La mort prématurée d'Alexandre est l'effet de ses débauches.

CHAPITRE XI.

Partage qui se fait de l'empire d'Alexandre.

Pag. 314.

Disposition de l'empire par les principaux lieu-

tous ses états. Troubles en Macédoine après la mort de Cassandre. Commencements de Pyrrhus. Il donne des secours à Alexandre. Démétrius roi de Macédoine. Démétrius est abandonné de ses troupes. Il perd la liberté. Conseil de Pyrrhus aux Athéniens. Il perd la Macédoine. Causes de la guerre que Séléucus déclare à Lysimaque. Séléucus est assassiné par Céraunus. Autres forfaits de Céraunus. Sa mort. Commencement du royaume de Pergame. Foiblesse des monarchies, fondées par les capitaines d'Alexandre. Sosthene chasse les Gaulois, qui avoient fait une irruption en Macédoine. Autre irruption des Gaulois. Antigone Gonatas monte sur le trône de Macédoine, & en descend. Son fils Démétrius le fait remonter sur le trône. Fondements de la république des Achéens. Sous les successeurs d'Alexandre, l'ancienne association des Achéens se dissout. A quelle occasion les Achéens renouvellerent leur ancienne association. Aratus est créé préteur des Achéens. Sagesse & modération des Achéens. Talent & caractère d'Aratus. Défaut d'Aratus. La république d'Achaïe ne pouvoit pas s'agrandir par les armes. Les Achéens donnent de la jalousie aux Athéniens & aux Spartiates. Aratus s'allie des rois de Syrie & de Egypte. Agis, roi de Sparte tente de rétablir les loix de Lycurgue. Cléomene execute le projet d'Agis. Cette révolution force Aratus à prendre de nouvelles mesures. Antigone Doson, appellé par Aratus, prend Sparte. Sa mort. Philippe, roi de Macédoine, commence bien. Ses revers. Persée orne le triomphe de Paul-Emile. Extinction de la race des Héraclides. La Grece réduite en province romaine. Sort d'Athènes.

FIN de la Table.

INTRODUCTION

A L'ÉTUDE DE L'HISTOIRE,

PREMIERE PARTIE.

Au titre de cet ouvrage, vous jugez, MONSEIGNEUR, que mon dessein est uniquement de vous apprendre à étudier l'histoire. Je me borne à des leçons élémentaires, & je n'ai pas, comme un historien, le projet d'entrer dans tous les détails qui méritent d'être connus.

Vous donner une idée des peuples, dont il seroit honteux de n'avoir aucune connoissance; tracer à vos yeux la suite des révolutions; vous montrer les gouvernements dans leur principe, dans leurs progrès, dans leur décadence, & vous accoutumer à voir les effets dans leurs causes: voilà l'objet que je crois devoir me proposer. Vous verrez quelquefois des temps heureux, où les connoissances, les loix & les mœurs feront la prospérité des états : mais vous verrez plus souvent des temps malheureux, où l'ignorance, les préjugés, les erreurs & les vices prépareront les calamités des peuples, & ruineront les empires les plus florissants.

Nés du sein de la barbarie, les arts & les sciences ont successivement éclairé un petit nombre de nations privilégiées. C'est une lumiere qui se cache aux unes, à mesure qu'elle se montre aux autres, & qui n'éclaire jamais qu'un horison très borné. Capable d'un certain accroissement, elle s'affoiblit aussitôt qu'elle ne peut plus croître, elle s'éteint par degrés, & elle ne se reproduit, que pour éprouver encore les mêmes révolutions.

Il y a donc deux sortes de barbaries, l'une qui succède aux siecles éclairés, l'autre qui les précéde ; & elles ne se ressemblent point. Toutes deux supposent une grande ignorance : mais un peuple, qui a toujours été barbare, n'a pas autant de vices, qu'un peuple qui le devient après avoir connu les arts de luxe.

Or, on entend par les mœurs d'une nation, ses habitudes, ses coutumes & ses usages, considérés par rapport au bien & au mal qui en naissent.

Vous voyez donc que les mœurs sont sujettes à toutes les révolutions de l'esprit humain : elles ne sont pas les mêmes chez les peuples qui ont toujours été barbares, chez ceux qui s'éclairent, & chez ceux qui retombent dans la barbarie. Il doit y avoir entre les habitudes, les coutumes & les usages, d'après lesquels chacun d'eux se conduit, autant de différence, qu'entre les circonstances où ils se trouvent.

Mais comme les révolutions de l'esprit humain en produisent de pareilles dans les mœurs, les révolutions des mœurs en produisent de pareilles dans le gouvernement : ainsi le gouvernement dépend des mœurs, comme les mœurs dépendent de la maniere d'envisager les actions humaines.

Ces trois choses s'étant produites dans cet ordre, réagissent les unes sur les autres dans un ordre contraire : je veux dire, que le gouvernement influe sur les mœurs, & les mœurs, sur la façon de penser.

Plus vous observerez les peuples, plus, Monseigneur, vous remarquerez l'influence réciproque de ces trois choses. Vous vous convaincrez qu'elle est le principe de toutes les révolutions qui sont arrivées : qu'elle le sera encore de toutes celles qui arriveront, & que par conséquent, elle peut faire le bonheur ou le malheur de votre regne.

Il est donc de la plus grande importance pour vous, de savoir comment, jusqu'à quel point, & avec quelles précautions vous pouvez vous rendre maître de cette influence ; & je dois vous dire que vous ne serez digne de commander, qu'autant que vous ferez capable d'arrêter, de retarder, de précipiter, ou de changer à propos le cours des choses. Voilà ce que l'expérience des siecles passés peut vous apprendre & c'est dans cet esprit que vous devez étu ier l'histoire.

HISTOIRE ANCIENNE.

LIVRE PREMIER.

CHAPITRE PREMIER.

Des temps antérieurs au déluge.

Premiere période de 1656 ans.

Moyse ne nous a transmis qu'un petit nombre des événements, arrivés depuis la création jusqu'au déluge.

LA lecture de l'abrégé de la bible vous a appris, Monseigneur, tout ce qu'on sait des temps qui se sont écoulés depuis la création jusqu'au déluge, & vous jugez au peu qu'en dit Moyse, qu'il n'a pas eu dessein d'en écrire l'histoire. Voulant rappeller aux Hébreux ce qu'ils ont été, & les préparer à ce qu'ils doivent être, il se borne à les faire remonter, par une succession non interrompue, jusqu'au premier pere du genre humain, & à leur montrer dans la suite des générations, la présence continuelle du Dieu qui a tout créé, & qui les a choisis. Il s'étoit sans doute passé bien des événements, qu'il eût été curieux de conserver : mais ils n'entroient pas dans le plan de Moyse. Il les a donc négligés, & préferant les choses qu'il importe le plus de connoître aux choses de pure curiosité, il a fait de la religion son unique objet.

Cet intervalle est de 1656 ans.

La durée de cet intervalle souffre des difficultés, parce que les copies, qui restent des écrits de Moyse, ne s'accordent pas entre elles. Le texte hébreu fait cette période de 1656 ans, le samaritain de 1307, & la version grecque des Septante de 2242. Mais sans nous arrêter à des discussions, dont vous ne devez pas vous occuper, il suffit de remarquer que le texte hébreu est le texte original ; & que le concile de Trente, qui déclare la vulgate authentique, doit faire préférer ce texte, auquel la vulgate est elle-même conforme. Nous compterons donc 1656 ans de la création au déluge.

Il a donné lieu à bien des conjectures.

L'état physique de la terre dans cette période, la population, les arts cultivés, la longue vie des hommes, les races de géants, les causes du déluge, & les changements qu'il a produits, ont donné lieu à bien des conjectures. Vous prévoyez sans doute qu'elles ont peu de fondement ; & vous jugez que je pourrois les passer sous silence. Mais il n'est pas absolument inutile d'observer les efforts des savants lorsqu'ils veulent deviner. Si nous n'y trouvons pas l'histoire de ce qui est arrivé, nous y trouverons au moins une partie de l'histoire de l'esprit humain ; & nous apprendrons nous mêmes à être plus circonspects dans nos recherches. Je ne vous rapporterai pas cependant toutes les conjectures qu'on a faites : il me suffira de vous donner pour éxemple ce qu'on a dit sur la population, parce que c'est un des sujets, sur lesquels on a le plus mal raisonné.

On a imaginé que la terre étoit alors vingt fois plus peuplée.

De ce que la vie des hommes étoit dix fois plus longue, on a conclu qu'ils avoient dix fois plus d'enfants, & comparant les générations, alors contemporaines, à celles qui se succedent aujourd'hui, on a jugé que la terre étoit vingt fois plus peuplée.

En suivant ce raisonnement, il faudroit ajouter qu'elle avoit aussi vingt fois plus d'animaux de toute espece : car les mêmes causes physiques, qui ont donné une longue vie à quelques-uns, ont dû dans la même proportion faire aussi vivre les autres plus long-temps. Il est difficile de comprendre que la terre eût suffi à cette multitude.

& vingt fois plus fertile

Cette premiere conjecture, qu'on croit établir sur des calculs, conduit à une autre : c'est que la terre, ayant à nourrir tous les animaux qu'elle contient, a dû être infiniment plus fertile qu'elle ne l'est de nos jours. Mais il ne suffisoit pas de donner cette seconde assertion, comme une conséquence de la premiere : il la falloit prouver elle même.

Ces opinions sont sans fondement.

Naturellement féconde, la terre, sans être cultivée, produit indifféremment des plantes de toute espece ; & elle devient fertile, c'est-à-dire, capable de produire en grande quantité des fruits à nos usages, lorsqu'en la cultivant, nous en dirigeons nous-mêmes la fécondité. Ce sont là deux choses qu'il ne faut pas confondre.

Si on veut donc s'assurer qu'avant le déluge, elle étoit assez fertile pour fournir suffisamment à la subsistance d'une grande population, il ne suffit pas de savoir qu'elle étoit alors plus féconde qu'elle ne l'est aujourd'hui, il faut encore être fondé à croire qu'elle étoit fort cultivée. Abandonnée à elle-même, elle se seroit couverte de forêts ; & les hommes n'auroient pu se multiplier, qu'autant qu'ils auroient défriché.

Il est vrai que Caïn & ses descendants ont été cultivateurs. Aussi l'écriture les représente-t-elle comme les inventeurs des arts. Elle attribue l'architecture à Caïn, qui a bâti la premiere ville, & à Tubalcaïn l'art de travailler les métaux, si nécessaire à l'agriculture.

Mais elle nous apprend que Jubal, un des descendants de Caïn, fut le pere de ceux qui habiterent sous des tentes, & qui furent pasteurs. Abel, si agréable à Dieu, fut pasteur lui-même. Seth le fut encore, & ses enfants le furent également. Il paroît même que la vie pastorale étoit regardée comme la plus innocente, & que la postérité de Seth l'a préférée, tant qu'elle a résisté à la dépravation. Voilà donc une partie des hommes, qui, bien loin de cultiver la terre, se bornent à vivre des fruits qu'elle produit naturellement.

Il y a des interprêtes qui pensent, qu'avant le déluge, l'usage de la viande n'étoit pas permis. Ils se fondent sur ce qu'au premier chapitre de la Genése, Dieu dit à l'homme qu'il lui a donné les végétaux, pour lui servir de nourriture; & que ce n'est qu'au neuvieme qu'il accorde à Noé la permission de manger de tout ce qui a vie & mouvement.

Si cette opinion étoit le vrai sens de l'écriture, elle mettroit un nouvel obstacle à la population; parce que plus on retranchera de nourriture aux hommes, moins certainement ils multiplieront. Mais auroit-on pris la peine d'élever des troupeaux, si on n'avoit pas voulu s'en nourrir? & si Dieu n'avoit pas permis l'usage de la viande, auroit-il approuvé la vie pastorale d'Abel & de Seth? On dira sans doute qu'on ne se nourrissoit alors que du lait des animaux, & j'en conclurai que de grands troupeaux faisoient subsister peu de pasteurs. Quoi qu'il en soit, il suffit que la terre ait été peu cultivée, pour que la population n'ait pas été aussi grande qu'on le suppose. Ceux qui la peuplent avec des calculs, n'ont pas songé qu'il falloit pourvoir à la nourriture des habitants.

Si avant le déluge on vivoit plusieurs siecles, on commençoit aussi plus tard à être pere : c'étoit le plus communément après cent ans ; & lorsque Moyse parle des enfants des Patriarches, il ne dit rien qui puisse faire soupçonner que le nombre en fût dix fois plus grand, parce que la vie des hommes étoit dix fois plus longue.

CHAPITRE II.

Des commencements des premieres monarchies dans la seconde période, ou dans l'intervalle qui s'écoule depuis le déluge jusqu'à la vocation d'Abraham : espace de 427 ans.

Après le déluge les arts se conservent dans les plaines de Sennaar.

LA famille de Noé s'établit dans les plaines de Sennaar, où elle jetta les fondements de Babylone. Elle conserva donc au moins une partie des arts connus avant le déluge ; & puisqu'elle bâtit une ville, on peut conjecturer qu'elle cultiva l'agriculture. C'est de cette contrée que les arts se sont répandus sur le reste de la terre. On les y trouve aussi haut qu'on puisse remonter ; & s'ils y ont eu un commencement, la tradition n'en a conservé aucun vestige.

Lors de la dispersion tous les hommes ne porterent pas les arts avec eux.

Mais lorsqu'après la confusion des langues, les hommes furent forcés à se disperser, tous ne porterent pas les arts avec eux, parce que tous ne sentirent pas également le besoin de les conserver. Tels furent ceux qui, renonçant à l'agriculture, se bornerent à élever des troupeaux : tels furent encore, & à plus forte raiſon, ceux qui, errant de climats en climats, réſolurent de vivre uniquement de chaſſe & de pêche. Voilà pourquoi peu de ſiecles après le déluge, on voit des nations tout-à-fait barbares. C'eſt uniquement dans les contrées où les hommes ſe ſont fixés de bonne heure, que les arts remontent à la plus haute antiquité.

Ce qu'on ſait des commencements de Babylone.

Environ 150 ans après le déluge, Nemrod jetta les fondements de Babylone; & quelque temps après, Aſſur bâtit Ninive, qui deviendra la capitale de l'empire d'Aſſyrie.

Voilà tout ce que Moyſe nous apprend ſur ces commencements. Il ne parle plus de Nemrod ni d'Aſſur: il ne dit rien de leurs ſucceſſeurs, il ne les nomme ſeulement pas.

Ce que les hiſtoriens profanes diſent de ces commencements, doit être rapporté à des ſiecles bien poſtérieurs.

Les hiſtoriens profanes attribuent à Bélus la fondation de Babylone, & lui donnent pour ſucceſſeur, Ninus ſon fils, conquérant qui, avec des armées de 1,900,000 hommes, pouſſe ſes conquêtes depuis l'Egypte juſqu'à l'Inde & à la Bactriane qu'il ſoumet. Après lui, Sémiramis, ſa femme, a la même ambition, de pareilles armées, ou de plus grandes encore, & fait de nouvelles conquêtes. Mais à Ninias, ſon fils, les guerres finiſſent, & l'hiſtoire ſemble finir elle-même. Elle ne nous tranſmet plus aucune des révolutions arrivées dans cet empire; & juſqu'à Sardanapale, on ſait à peine les noms des monarques qui ſe ſont ſuccédés.

Voilà donc, suivant les historiens profanes, une vaste monarchie, qui se forme des débris de plusieurs autres. Cependant la grandeur & la magnificence de Babylone & de Ninive ajoutent encore à l'idée qu'ils nous donnent de la puissance de Ninus & de Sémiramis. A juger de ces deux villes par les descriptions qu'ils en font, on ne trouve rien, dans les temps postérieurs, qui puisse leur être comparé.

Il n'est pas possible que Babylone, sous le fils de son fondateur, ait été la capitale d'un pareil empire. Cependant, parce que la fondation de cette ville est attribuée à Nemrod & à Bélus, on a dit que le Nemrod de l'écriture est le Bélus des historiens profanes. Il faut donc ou rejetter comme faux tout ce qu'on rapporte des regnes de Ninus & de Sémiramis, ou supposer que des royaumes puissants ont pu s'être formés dans des temps voisins du déluge.

Quelques-uns pensent que jusqu'à l'an 590 après le déluge, Ninive & Babylone ont été deux monarchies séparées; que Ninus, qui regnoit alors à Ninive, fit la conquête de Babylone, & que c'est seulement à la réunion de ces deux royaumes, que commence l'empire des Assyriens. Nous n'entrerons pas dans ces discussions; parce qu'il importe peu de faire des conjectures, lorsqu'il n'en peut résulter aucune instruction utile.

Nous savons peu de chose sur les premiers royaumes d'Egypte.

Suivant les historiens profanes, Ménès est le premier roi d'Egypte ; & parce que Cham, second fils de Noé, est le premier qui ait habité cette contrée, on juge que son fils Mesraïm est Ménès même, que plusieurs confondent encore avec Osiris. C'est à ce premier souverain que la tradition attribue l'invention des arts, & elle le représente comme un grand roi. Non content de faire le bonheur des Egyptiens, Osiris voulut encore répandre ses bienfaits sur toute la terre. Dans cette vue, il leva une armée, il ramassa des musiciens & des satyres, & avec ce cortege il parcourut l'Ethiopie, l'Arabie, pénétra jusqu'aux Indes, se montra à toutes les nations de l'Asie, traversa l'Hellespont, & aborda en Europe. Il répandit les arts, il bâtit des villes, & les peuples le reçurent comme un Dieu. De retour en Egypte, il fut assassiné par son frere Typhon. Isis, qui étoit tout-à-la fois sa sœur & sa femme, vengea sa mort, & lui fit rendre les honneurs divins. Ces traditions qui remontent jusqu'aux siecles les plus reculés, prouvent au moins l'antiquité des peuples de l'Egypte. C'est chez eux que tout paroît commencer, les loix, les arts, les sciences & les fables.

Je ne parlerai pas des dieux & des demi-dieux, qu'ils font regner avant Ménès. Il semble que cette nation, vaine de son antiquité, n'ait songé qu'à reculer l'époque de ſes connoiſſances, & qu'elle doive en partie ſes fables à l'avantage qu'elle a eu d'être éclairée avant d'autres.

Après Ménès, l'Egypte fut partagée en quatre dinaſties ou principautés, Thebes, Thin, Memphis & Tanis. Elle eut bientôt de grandes villes, de vaſtes édifices ornés de ſculpture & de peinture, des armées de quatre cents mille hommes, & ce qui eſt plus ſingulier encore, une bibliothéque. Cependant des étrangers qu'on a nommés *rois paſteurs*, s'emparerent de la baſſe Egypte, & y regnerent pendant deux cents ſoixante ans, ou environ. Vous voyez, Monſeigneur, que nous ne connoiſſons pas mieux l'hiſtoire des premiers rois d'Egypte, que celle des premiers rois de Babylone & de Ninive.

Sans doute ils ont commencé à être puiſſants ſur la fin de cette période. Pharaon, chez qui Abraham ſe retira au commencement de la ſuivante, en eſt la preuve. Mais les Egyptiens auront transporté dans les premiers ſiecles, toute la puiſſance & toute la magnificence des ſiecles ſuivants: ils auront eu la vanité de reculer les temps floriſſants de leur monarchie, comme ils ont eu la vanité d'en reculer l'origine.

L'Egypte n'a pu ſe peupler que bien difficilement.

En effet, il eſt difficile de comprendre que les premieres peuplades arrivées en Egypte, ayent pu y faire de grands établiſſements ſans de grands obſtacles. Les lacs, les canaux & les terrasses, sur lesquelles les villes ont été bâties, sont des monuments des efforts qu'on a faits pour s'établir dans cette contrée. La population ne se sera donc accrue qu'à mesure qu'on aura avancé ces travaux, & par conséquent elle aura été lente. Plus d'une fois sans doute, les inondations du Nil auront englouti une partie des habitants, & forcé l'autre à abandonner les terres. La tradition a même conservé quelque souvenir de ces révolutions.

Avantage de l'histoire du peuple de Dieu sur l'histoire des autres peuples de l'antiquité.

Les premieres monarchies sont pleines de confusion. Mais s'il y avoit une histoire qui fût certaine, & qui, remontant à l'origine du monde, conduisît jusqu'aux temps où les nations commencent à être connues, elle dissiperoit en partie l'obscurité que les fables ont répandue, & elle nous garantiroit au moins de bien des erreurs. Cet avantage appartient uniquement à l'histoire du peuple de Dieu. C'est pourquoi ses principaux événements sont autant d'époques, auxquelles nous rapportons les révolutions arrivées chez les autres nations.

CHAP.

CHAPITRE III.

Des conjectures dans l'étude de l'histoire.

Au défaut des monuments, nous pouvons quelquefois nous permettre des conjectures. Mais si elles peuvent éclairer l'histoire, elles peuvent aussi l'obscurcir. Il s'agit donc de savoir avec quelles précautions nous en devons faire usage. C'est ce que je vais rechercher. L'art de conjecturer a ses regles : lorsque nous les connoîtrons, nous supléerons quelquefois au silence des historiens, & nous éviterons souvent des erreurs où ils nous auroient fait tomber.

Utilité des conjectures, lorsqu'on en sait faire usage.

Quiconque sait réfléchir, est conduit par la connoissance des causes à celle des effets, & par la connoissance des effets à celle des causes. Il jugera donc des temps antérieurs, lorsqu'il connoîtra les effets ; & lorsqu'il connoîtra les causes, il jugera des temps postérieurs. Les causes & les effets sont des données, d'après lesquelles il pourra corriger les erreurs mêmes des historiens.

On juge des effets par les causes, & des causes par les effets.

Caractère général; premiere cause des événements.

Tous les hommes se ressemblent par l'organisation, par la maniere de sentir, & par les besoins de premiere nécessité. De là, résulte un caractère général, qui influe sur tout ce qui leur arrive. Ce caractère est le même partout; & par conséquent, il tend à produire par-tout les mêmes effets. C'est la premiere cause des événements.

Circonstances qui modifient ce caractère; autre cause des événements.

Les circonstances modifient différemment ce caractère général; & par les circonstances, j'entends le climat, la nature du gouvernement, le progrès des arts & des sciences. On ne peut plus déterminer les différents caractères qui doivent se former. Ces caractères sont cependant la seconde cause des événements; & comme ils sont différents de peuple en peuple, & de siecle en siecle, ils causent des révolutions différentes, suivant les temps & suivant les lieux.

Les hasards, troisieme cause des événements.

Enfin la troisieme cause comprend tous les hasards; c'est-à-dire, tout ce qui étant une suite d'un ordre général que nous ne pénétrons pas, ne peut être deviné, & n'est connu qu'autant que nous le voyons, ou que nous l'apprenons de ceux qui en ont été témoins.

Nous jugeons mal des événements, parce que nous en connoissons mal les causes.

Si les historiens avoient développé toutes les causes, nous serions en état de juger de la vérité des faits qu'ils rapportent. Mais cela n'étoit pas toujours possible. Souvent ils ne l'ont pas su faire, lorsqu'ils l'ont pu; & souvent même ils n'y ont pas pensé. Ceux qui les premiers ont essayé d'écrire l'histoire des temps antérieurs à leur âge, étoient venus trop tard, pour s'assurer des hasards & des circonstances qui avoient fait des révolutions dans des siecles où ils ne vivoient pas. Ils n'avoient pas assez de philosophie pour démêler ce caractère général, que je regarde comme la premiere cause des événements: ils n'avoient pas encore assez observé, pour démêler toutes les circonstances qui le peuvent modifier. Ils n'étoient donc pas capables d'appercevoir toutes les variations dont il est susceptible. Enfin ils n'avoient pas assez de critique pour juger des faits dont la tradition conservoit le souvenir.

Influence des causes.

Dans les commencements, le caractère général a dû avoir la principale influence, & produire à peu-près par-tout des effets semblables. Mais à mesure que les hommes se sont répandus sur la terre, il s'est formé des nations séparées, qui, se conformant aux lieux qu'elles habitoient, se sont accoutumées à différentes manieres de vivre; & dont les caractères ont été d'autant plus différents, qu'il y a eu moins de communication entre elles. Cependant le commerce qui s'établit ensuite, porte chez plusieurs les mêmes arts, les mêmes usages, les mêmes mœurs: elles se rapprochent, elles s'imitent, & elles différent tous les jours moins. C'est ainsi qu'après plusieurs révolutions, les choses finissent, à certains égards, comme elles ont commencé.

Ces considérations vous font sentir combien il est difficile de porter la lumiere dans l'histoire; & vous verrez souvent que la critique ne fera que répandre des doutes: elle sera plus propre à détruire l'erreur, qu'à découvrir la vérité.

Il faut se tenir en garde contre les hypothèses qui ont peu de fondement.

Pour vous bien conduire dans ces recherches, il faut vous tenir en garde contre les hypothèses des écrivains, sur-tout lorsque vous remarquez qu'ils les imaginent dans la vue d'appuyer des systêmes qu'ils ont adoptés trop légérement. Les hypothèses sont de peu de poids, quand elles portent sur la ressemblance de quelques noms, sur de petites circonstances qu'on borne à un seul lieu & à un seul temps, quoiqu'elles aient pu se répéter bien des fois; sur des calculs qui laissent échapper plusieurs considérations essentielles; sur des traditions vagues, ou sur des faits dont on n'a qu'une connoissance imparfaite.

Précautions nécessaires pour donner de la force aux conjectures.

Après avoir pris ces précautions qui vous garantiront de bien des erreurs, vous observerez le peuple dont vous lisez l'histoire, vous observerez ses besoins, sa maniere de vivre, ses mœurs, les lieux qu'il a habités & les temps où il s'est fait connoître. Ce sont là les choses dont il est le plus facile de s'assurer: il en reste des traces jusques dans les traditions les plus confuses: elles se conservent dans les poëtes mêmes, qui se permettent d'ailleurs de tout altérer: & elles suffisent souvent pour faire juger de la vérité ou de la fausseté d'une narration.

Enfin vous remarquerez les faits qui sont hors de doute, & vous rejetterez tous ceux avec lesquels il ne sera pas possible de les concilier. Quelquefois il ne faudra observer qu'un fait pour détruire bien des erreurs; & vous le pourrez trouver dans l'historien même qui se trompe ou qui veut vous tromper. Alors vous pourrez vous permettre des conjectures, parce qu'elles seront indiquées par les circonstances de temps & de lieu, par le caractère des peuples, & par des faits dont vous serez assuré.

CHAPITRE IV.

Conjectures sur la puissance des premieres monarchies & sur les progrès de la population.

Pourquoi on a été porté à exagérer la puissance des anciens peuples.

VOUS avez été étonné, Monseigneur, la premiere fois qu'on vous a parlé de l'origine de Rome. Il y avoit trop loin pour vous d'un petit nombre de cabanes à la capitale d'un grand empire; & vous avez supposé que Rome a toujours été une ville puissante. Quoique vous commenciez, vous avez de la peine à comprendre que chaque chose a commencé: ou plutôt, parce que vous commencez vous-même, vous n'avez pas encore assez d'expérience pour juger que tout a fait des progrès, & que par conséquent tout a eu un commencement.

Or, Monseigneur, la premiere fois que les Grecs ont entendu parler des anciennes monarchies, ils n'avoient, comme vous, que l'expérience de leur âge: ils commençoient. Ne connoissant donc les anciens peuples que par des traditions confuses, qui n'en montroient pas l'origine, ils n'en voyoient que les temps florissants, & ces temps ils les étendoient dans tous les siecles. En un mot, ils jugeoient comme vous; & je suis persuadé que si Romulus eût été le contemporain de Ninus ou de Ménès, il passeroit aujourd'hui pour avoir été le souverain d'un vaste empire.

On diroit qu'après la dispersion, les familles deviennent tout-à-coup des nations.

En effet, quoique les chefs de famille, en s'éloignant des plaines de Sennaar, n'aient pu s'établir que dans des déserts; cependant, partout où ils arrivent, ils sont rois, ils ont un peuple nombreux, & tout-à coup les familles se transforment en nations. C'est ainsi que l'Egypte, l'Arabie, l'Inde, l'Assyrie & la Bactriane paroissent déja de grandes monarchies dès les temps les plus voisins du déluge.

Les mots de *roi* & de *royaume* ont jetté dans l'erreur, parce qu'ils n'ont pas toujours signifié ce qu'ils signifient aujourd'hui.

Mais, dit-on, il y a eu de bonne heure des rois. Il faut donc que les familles se soient multipliées au point de former de bonne heure des corps de nations: car il ne sauroit y avoir de royauté dans des pays, où il n'y auroit pas d'habitants. Le mot de *roi* est donc toute la preuve, qu'on a de la grande population de ces temps. Il me semble cependant qu'il faudroit s'assurer de cette population, avant de supposer des royaumes.

Les peres ont été les chefs de leurs familles, comme les rois sont les chefs de leurs peuples. Or, si nous supposons que dans les anciennes langues, le mot que nous traduisons par *roi*, n'ait été originairement que l'équivalent de ce que nous entendons par *chef*; il sera naturel de penſer qu'à meſure que les familles ſe ſeront étendues, la ſignification de ce mot ſe ſera étendue elle-même; & qu'enfin il aura ſignifié ce que nous entendons aujourd'hui par *roi*, lorſque les familles ſeront devenues des nations. C'eſt en effet de la ſorte que les mots paſſent par extenſion d'une acception à une autre.

Mais lorſqu'on a commencé à étudier l'hiſtoire, on ne remontoit pas juſqu'aux premiers chefs des familles. On voyoit des peuples, dont les chefs avoient le nom de *rois*, & étoient rois en effet; & on voyoit encore, à travers une tradition auſſi confuſe qu'ancienne, que ce mot avoit toujours été en uſage. Mais parce qu'on n'imaginoit pas qu'il eût pu avoir différentes ſignifications, on ſuppoſa qu'il avoit toujours eu la même; & on crut voir des monarchies, dans des temps où il n'y avoit encore que des familles. Je conjecture donc avec quelque fondement, que ce mot mal entendu a pu tromper les premiers hiſtoriens.

Il en eſt de même du mot *puiſſance*.

Eſt-on bien ſûr, par exemple, que Nemrod ait été roi, parce que Moyſe dit qu'il eſt le premier qui ait été puiſſant ſur terre? Puiſſant! ce mot a-t-il donc une ſignification abſolue, invariable & la même dans tous les temps? L'écrivain ſacré veut donc dire que Nemrod étoit puiſſant pour le ſiecle où il vivoit, qu'il étoit puiſſant dans l'opinion de ses contemporains. Il faut connoître, par conséquent, cette opinion, pour nous faire une idée exacte de ce qu'on entendoit alors par *puissance*.

Or, Moyse ajoute que Nemrod étoit un chasseur très habile & très renommé. Ce n'est donc pas sur des sujets, c'est sur des animaux qu'il exerçoit sa puissance. En effet, voilà vraisemblablement ce que signifioit ce mot dans un siecle où la terre, étant couverte de forêts, les hommes avoient à se défendre contre les bêtes féroces. Forcés à se réunir contre ces ennemis communs, ils ne songeoient pas encore à dominer les uns sur les autres; & s'ils suivoient un chef, c'est qu'il étoit naturel qu'ils se laissassent conduire par celui qu'ils jugeoient plus habile. Nous ne voyons donc pas un roi dans Nemrod, nous n'y voyons qu'un chef de chasseurs; & lorsqu'il bâtit Babilone, ce n'est pas qu'il veuille assurer sa royauté: c'est qu'il cherche un asyle contre les animaux qui lui font la guerre.

Je conviens qu'étant souvent à la tête des habitants de Sennaar, il a pu s'accoutumer à en être le chef, qu'on a pu s'accoutumer à lui obéir, qu'il aura insensiblement acquis de l'autorité, & qu'on ne la lui aura pas même contestée. De la sorte, il aura eu une sorte de domination, sans en avoir formé le projet, sans que les autres s'apperçussent qu'il dominoit, & peut-être sans qu'il le sût lui-même. En un mot, il ne se sera pas regardé comme un roi qui commande à des sujets, mais comme un chef qui conduit ses égaux.

Il ne faut pas croire, Monseigneur, que l'ambition de dominer ait été la premiere passion des hommes. Leurs vues, quelque ambitieuses qu'on les suppose, se bornent ou s'étendent suivant les circonstances. Lorsque vous étudierez l'histoire romaine, vous verrez un temps où il falloit un maître à la république, où il étoit facile de le devenir, & où personne ne pensoit encore à l'être. Je conjecture donc que dans les circonstances où vivoit Nemrod, toute son ambition se bornoit à être reconnu pour le plus grand chasseur de son temps. Comme alors un des besoins les plus pressants étoit de détruire les animaux que les hommes redoutoient; celui qui se distinguoit en ce genre, étoit assuré d'une grande considération, & vraisemblablement les plus ambitieux ne pensoient qu'à s'y distinguer.

La population a été lente dans les premiers siecles.

Après avoir vu comment les familles ont été prises par erreur pour des nations, examinons si elles ont pu se multiplier assez promptement, pour former de bonne heure de grandes monarchies.

Les forêts, dont la terre fut couverte dans l'intervalle du déluge à la dispersion des hommes, ont été sans doute un obstacle à la population. Elle se sera accrue d'autant plus lentement, qu'à la vue des travaux que l'agriculture exigeoit, bien des familles auront préféré la vie pastorale. C'est en effet ce qui est arrivé : Abraham lui-même étoit un pasteur. Or, dans l'etat où nous nous représentons la terre, les troupeaux ne pouvoient subsister que le long des rivieres. Le reste étoit d'une foible ressource pour eux : c'étoient des bois, où il eût été dangereux de s'engager. La vie pastorale rendoit donc inutile une grande partie des terres : &, par conséquent, elle ralentissoit les progrès de la population.

Cependant, quoiqu'au temps d'Abraham, il y eût encore des peuples pasteurs, il y en avoit aussi qui, s'étant fixés auparavant, étoient cultivateurs, & formoient des monarchies. Nous avons remarqué qu'en Egypte les rois étoient déja puissants : mais il n'en étoit pas de même en Asie, du moins à en juger par ceux dont Moyse a eu occasion de parler.

En effet, quelle idée se fait-on de la puissance de Codorlahomor, roi des Elamites, & de celle de ses trois alliés, lorsqu'on voit qu'Abraham n'a besoin que de trois cents dix-huit hommes pour combattre leurs forces réunies, & qu'il les défait? qu'étoit-ce encore que les rois de la Pentapole, qui portoient le joug de Codorlahomor? nous donnent-ils lieu de penser que la terre de Chanaan, où ils regnoient, fût un pays bien peuplé? Il est vrai qu'on remarque qu'il y avoit alors beaucoup de villes dans cette province : mais ces villes étoient peu de chose : Moyse en donne la preuve lui-même.

On peut juger de la population par la consommation. Le luxe, à la vérité, pourroit d'après cette regle nous faire croire qu'une ville est plus peuplée qu'elle ne l'est en effet : mais certainement, par-tout où il y a peu de consommation, il y a peu d'habitants. Il sera donc prouvé que les villes de la Palestine étoient peu peuplées, si elles consommoient peu ; & il sera prouvé qu'elles consommoient peu, si elles cultivoient peu de terres.

Aujourd'hui, Monseigneur, un homme qui arriveroit en Italie avec de grands troupeaux, auroit-il la liberté de les conduire où il voudroit ? & les habitants des villes lui permettroient-ils de consommer le produit de leurs champs, s'ils en avoient besoin eux-mêmes pour leur propre subsistance ? Cependant Abraham ne pouvant subsister dans le même pays avec Loth, parce qu'il leur falloit à l'un & à l'autre de grands pâturages, lui dit : *Vous voyez devant vous toute la terre : retirez vous d'auprès de moi. Si vous allez à gauche, j'irai à droite : & si vous choisissez la droite, je prendrai la gauche.*

Ce discours ne prouve-t-il pas qu'il y avoit alors quantité de terres qui n'étoient à personne, parce que personne n'avoit eu besoin de se les approprier ? Si les habitants n'en avoient pas abandonné la plus grande partie au premies occupant, comment Abraham & Loth auroient-ils été les maîtres de conduire leurs nombreux troupeaux à droite & à gauche? Remarquons encore qu'il est dit qu'ils se nuisoient l'un à l'autre, & qu'il n'est pas dit qu'ils nuisoient aux villes. Les villes ne faisoient donc pas une grande consommation, & par conséquent, elles ne renfermoient pas un peuple nombreux. On peut même conjecturer qu'il en étoit des autres provinces de l'Asie, comme de la Palestine : car cette expression, *vous voyez devant vous toute la terre*, fait assez entendre que la terre étoit aux peuples pasteurs plutôt qu'aux peuples cultivateurs. Mais j'en ai assez dit pour détruire les idées fausses qu'on se fait de ces premiers temps.

CHAPITRE V.

Conjectures sur les peuples sauvages.

Il est nécessaire d'observer les peuples sauvages.

NOUS avons vu des peuples fixés dans les champs qu'ils cultivoient; & nous en avons vu d'autres qui, forcés à changer de lieu, erroient avec leurs troupeaux le long des fleuves. Il nous reste encore à observer les hommes, qui, n'étant ni cultivateurs ni pasteurs, vécurent dès-lors dans les forêts, & perdirent tout-à-fait la trace des arts. Ces sauvages paroissent avoir été les peres de presque toutes les nations; & ils ont toujours laissé quelque chose de leurs préjugés & de leurs mœurs aux générations qui se sont civilisées. C'est une raison pour les observer.

Nous pouvons juger de l'homme sauvage par les besoins qu'il se fait.

Vous savez, Monseigneur, que nos besoins sont les seules causes qui développent nos facultés; & vous voyez, par conséquent, que nous nous ferons une idée de l'homme sauvage, si nous considérons quels sont ses besoins.

Effets du besoin de nourriture dans

La nourriture est le premier. Or, l'homme sauvage n'est pas difficile sur le choix des aliments. Il n'en est presque pas qui ne lui convienne; & c'est un avantage qu'il a sur les animaux, qui ne peuvent se nourrir que d'une seule espece de chose. Le gibier, le poisson, les fruits, les végétaux, tout lui est propre. Or, plus il a de moyens de subsister, moins le besoin de nourriture doit exercer ses facultés.

l'homme sauvage.

Il ne desire que la nourriture & le repos: il ne craint que la douleur & la faim. Il est sans curiosité: rien ne l'étonne: il n'observe que les choses dont il peut se nourrir: il ne sent pas le besoin d'en observer d'autres. N'a-t-il plus faim? Il dort ou il végete: il n'a plus besoin de penser, & il ne pense plus. Il ne porte pas la vue sur l'avenir: il est sans prévoyance. Le sentiment de son existence est, en quelque sorte, borné au moment présent: il meurt, sans avoir eu une idée de la mort. Voilà à quoi se réduisent toutes les facultés qu'il doit à ce premier besoin.

Effets que produit en lui le besoin de se garantir des animaux carnaciers.

Son second besoin est de se garantir des animaux carnaciers, dont il pourroit être la proie; & ce besoin développera sur-tout les facultés de son corps. Un sauvage sera vîte à la course, agile à monter sur un arbre, adroit à jetter une pierre. Il fera toutes ces choses mieux que nous, parce qu'il en sent plus le besoin.

Le danger, qui le menace souvent, l'accoutume à avoir le sommeil léger, la vue étendue, l'ouie & l'odorat d'une grande finesse.

Les Hottentots ont la vue si longue, qu'ils découvrent des vaisseaux à une distance, où nous ne les appercevons qu'avec des lunettes, & les sauvages de l'Amérique suivoient les Espagnols à la piste.

Accoutumé dès l'enfance aux intempéries de l'air & à la rigueur des saisons, exercé à la fatigue, & forcé à défendre nud & sans armes, sa vie & sa proie contre les bêtes féroces, ou à leur échapper à la course, le sauvage doit se faire un tempérament robuste, & presque inaltérable. Toutes les relations confirment cette conjecture. Les facultés du corps sont donc aussi supérieures dans les sauvages, que celles de l'ame le sont dans les hommes civilisés.

Effets produits par le besoin de vivre en troupes.

Un troisieme besoin pour les sauvages, c'est de vivre par troupes. L'auteur de la nature n'a pas voulu que les hommes vécussent absolument séparés : il les a liés par le besoin qu'ils ont les uns des autres. La mere est nécessaire à l'enfant, & l'enfant l'est lui-même à la mere. La longueur de l'enfance, pendant laquelle ce besoin se fait sur-tout sentir, leur fait une habitude de vivre ensemble; & ils continuent d'y vivre, lorsque ce besoin n'est plus le même. Si les petits des animaux se séparent bientôt de leur mere, & la méconnoissent, c'est que leur éducation est courte, & que les meres & les petits sont de bonne heure

heure dans le cas de pouvoir se passer les uns des autres.

Quand même les hommes ne seroient pas resserrés par ce premier lien, qui suffit pour former insensiblement des familles ; ils se raprocheroient encore, suivant les circonstances où ils sentiroient qu'ils peuvent se donner des secours mutuels. Les bêtes féroces, qui habitent les forêts comme eux, doivent les forcer à marcher plusieurs ensemble.

Les sauvages vivent donc par troupes. Ils n'ont point de demeure fixe : ils vont de contrée en contrée : ils ne s'arrêtent dans un lieu, qu'autant qu'il leur fournit de quoi subsister. Ils se nourrissent de fruits ; ils se nourrissent de leur chasse, de leur pêche, de tout ce qu'ils trouvent : car ils sont incapables de faire dans une saison des provisions pour une autre.

Tous ceux qui composent une troupe, sont unis par un intérêt commun ; & ils ont peu de dissentions entre eux, parce qu'ayant peu de besoins, ils ont peu d'intérêts contraires. Il n'en est pas de même des troupes. Elles se disputent toutes les contrées où elles se rencontrent : toujours armées les unes contre les autres, elles s'accoutument aux plus grandes cruautés : elles se font un point d'honneur d'en commettre : elles se bravent uniquement pour se braver : & les haines, entretenues par des guerres continuelles, semblent tendre à les exterminer.

Si les climats, où elles errent, fournissent sans efforts à leur subsistance, elles n'imagineront pas de chercher dans le travail un autre genre de vie: elles regarderont comme superflus les besoins des nations policées, & elles ne comprendront pas comment on peut se les faire. Si au contrair il leur est difficile de subsister, alors, forcées à cultiver la terre, elles se fixeront, & commenceront à former des sociétés civiles: mais elles conserveront long-temps leur premier esprit de brigandage.

CHAPITRE VI.

Considérations sur les loix.

JE ne veux, Monseigneur, vous donner pour le moment que quelques notions préliminaires sur une matiere que je me propose de traiter plus particuliérement, lorsque la connoissance d'une partie de l'histoire vous aura préparé à l'étudier.

La société est fondée sur une convention.

Trop foibles pour veiller séparément à leur conservation, les hommes ont été forcés par les circonstances à se donner mutuellement des secours. Plusieurs ont donc consenti à vivre ensemble, & cet accord est le premier fondement des sociétés.

La fin qu'ils se proposent, est que leur union soit avantageuse à chacun en particulier & à tous ensemble; c'est à cette condition qu'ils s'unissent. Il s'agit donc pour eux de concilier les intérêts différents, & de les faire concourir à un seul & même intérêt général.

Ils avoient tous le même droit à une liberté illimitée: mais avant leur union, dépourvus de tout secours, ils éprouverent que ce droit, que tous avoient également, nuisoit également à tous. Ils sentirent donc la nécessité d'abandonner une partie de leur liberté, pour obtenir en échange les secours dont ils avoient besoin : & la société fut formée, lorsque d'un côté, chacun d'eux se fut engagé à ne rien faire qui pût être contraire au bien de tous, & que de l'autre, tous se furent engagés à protéger ensemble chacun d'eux.

Cette convention est tacite.

Je ne veux pas dire, Monseigneur, qu'ils ne se sont réunis qu'après s'être bien expliqués sur les conditions de leur union. Ils n'ont pas été dans la nécessité de faire les raisonnements que je suppose : mais les circonstances, qui les ont conduits, ont, pour ainsi dire, raisonné pour eux. Les obstacles qu'ils trouvoient à leur conservation, lorsqu'ils étoient séparés, suffisoient seuls pour les réunir. Une fois réunis, ils ont senti la nécessité d'agir de concert : agissant de concert, ils ont tous concouru au bien de tous, & dès-lors, chacun d'eux a limité sa liberté, ou plutôt, aucun n'a eu le temps d'imaginer qu'il avoit droit à une liberté illimitée.

Ainsi, soit qu'ils s'expliquent, soit qu'ils ne s'expliquent pas, la société est toujours fondée sur leur consentement ; & ce consentement est donné, puisqu'ils continuent de vivre ensemble. Il faut seulement remarquer que les conditions, au lieu d'être expresses, ne sont que tacites.

Loix naturelles.

Si des circonstances ont commencé leur union, d'autres circonstances font peu-à-peu découvrir les moyens de la rendre tous les jours plus avantageuſe. Les uſages, qui paroiſſent les plus propres à cet effet, s'introduiſent: ils ſont reçus par un nouveau conſentement tacite; & ce ſont des conventions, qui ont la même force que ſi elles étoient expreſſes.

Les conditions, que ces conventions renferment, ſont les premieres loix des ſociétés. On les peut nommer *loix naturelles* (*), parce que l'homme n'a pas beſoin de méditer pour les découvrir. Tout lui apprend qu'il ne doit pas nuire, s'il ne veut pas qu'on lui nuiſe; & qu'il doit ſecourir, s'il veut être ſecouru. L'expérience ſuffit pour lui enſeigner ces maximes, & elle les lui confirme tous les jours.

Loix poſitives.

Vous jugez cependant que de pareilles loix ne ſont en général ni aſſez claires, ni aſſez préciſes pour aſſurer la tranquillité. Des uſages ſont expoſés à être combattus par ceux qui ont intérêt à les combattre. Ils peuvent devenir tout-à-fait arbitraires, & pour peu qu'ils le ſoient, il en naîtra des déſordres. On ſentit donc la néceſſité d'établir la ſociété ſur des conditions expreſſes, confirmées par un conſentement ſolemnel, & ces conditions ſont ce qu'on nomme *loix poſitives*.

Loix civiles.

Les loix naturelles ſuffiſent aux ſauvages. A

(*) Je dirai ailleurs avec plus de préciſion ce qu'on doit entendre par loix naturelles.

la rigueur, elles peuvent suffire encore aux peuples pasteurs : mais il faut aux peuples cultivateurs des loix positives d'autant plus claires & d'autant plus précises, que les besoins, qui se multiplient, multiplient aussi les intérêts contraires. S'ils continuoient dans tous les temps à se conduire uniquement d'après des usages, ils tomberoient continuellement dans des contradictions, ils seroient exposés à des abus de toute espece, & les coutumes, qu'ils prendroient pour des loix, autoriseroient les injustices les plus criantes. Vous en verrez plus d'un exemple en étudiant l'histoire.

On nomme *loix civiles* les loix positives que se font les peuples cultivateurs ; comme on nomme *sociétés civiles*, les sociétés que forment ces peuples. Or, si vous considérez ces sociétés dans leurs progrès, vous comprendrez que les loix civiles doivent s'y multiplier à mesure que de nouveaux arts font naître de nouveaux besoins.

Il y a plusieurs arts qui sont d'une absolue nécessité aux peuples cultivateurs. Il faut qu'ils inventent les instruments propres au labourage, qu'ils apprennent à travailler les métaux, qu'ils déterminent les saisons, & qu'ils bâtissent des villes.

Ces arts précedent les progrès de l'agriculture, comme la cause précède son effet ; & à l'agriculture perfectionnée, succèdent d'autres arts, comme les effets succèdent à leur cause. Le commerce, qui commence, apporte des ri-

richesses : d'un jour à l'autre, il devient plus florissant, & les richesses croissent d'un jour à l'autre. On ne sait plus se borner aux choses absolument nécessaires : on se fait des besoins superflus : les arts de luxe se multiplient ; & les anciennes loix ne peuvent plus suffire. Il en faut de nouvelles, parce que de nouveaux intérêts divisent les citoyens.

Il n'est pas nécessaire que j'entre à ce sujet dans de plus grands détails. Il me suffit de vous donner pour le moment des notions que je crois préliminaires à l'étude de l'histoire. En observant les peuples, vous verrez naître les loix, vous verrez les gouvernements se former, & vous acheverez de vous instruire.

CHAPITRE VII.

Conjectures sur les premiers gouvernements.

Les conjectures sur les premiers gouvernements, quoique fausses, ont leur utilité.

En continuant d'observer le caractère général de l'esprit humain, & les circonstances où les hommes se sont trouvés pendant la seconde période, nous pouvons faire des conjectures assez vraisemblables sur la maniere dont les premieres sociétés civiles se sont gouvernées. Si nous nous trompons, nous aurons au moins l'avantage d'avoir étudié le gouvernement dans sa forme la plus simple ; & cette étude vous préparant à le suivre dans toutes les formes qu'il pourra prendre, vous donnera plus de facilité pour vous faire une idée exacte des gouvernements compliqués.

Le premier gouvernement a été monarchique.

Dans les commencements, il n'y avoit encore ni rois, ni nations : il n'y avoit que des familles dont le pere étoit le chef.

Si dans la suite, plusieurs familles se sont réunies, c'est que dans les commencements elles se seront trouvées trop foibles contre les bêtes féroces, ou contre d'autres familles ennemies.

Le motif de cette réunion les aura donc forcées à marcher sous un chef; elles auront choisi celui qu'elles jugeoient plus propre à les conduire.

Le gouvernement d'un seul est donc celui que l'usage aura introduit le premier; & ce gouvernement se sera conservé, tant que les familles réunies auront eu à se défendre contre des ennemis communs. Etabli sans violence, l'usage le consacre : on s'y accoutume : on n'imagine pas qu'il puisse y en avoir d'autres.

Les peuples ne pouvoient pas encore penser à former des républiques pour se gouverner eux-mêmes. Il falloit que l'abus du pouvoir monarchique amenât cette révolution. Il étoit même naturel qu'on changeât de maître, plutôt que de gouvernement, parce qu'on étoit prévenu pour la monarchie, à laquelle on étoit accoutumé.

Puissance limitée du monarque.

Le monarque étoit général, législateur & juge. Cependant, quelque absolue que paroisse sa puissance, elle n'étoit pas illimitée : les usages y mettoient des bornes. S'il y avoit des coutumes qui lui étoient favorables, il y en avoit qui lui étoient contraires, & qu'il n'auroit pu mépriser sans danger. Il trouvoit même, en quelque sorte, dans les familles autant de souverains que de chefs : car il n'est pas à présumer que la société, en se formant, ait exigé des peres qu'ils renonçassent à l'autorité que l'usage leur donnoit sur leurs enfants;

& qui étoit telle, qu'ils avoient sur eux droit de vie & de mort.

Le roi, quoique chef de tout le peuple, avoit donc à ménager d'autres chefs, qui se faisoient redouter. Ce n'est pas l'amour de la liberté, c'est l'ambition ou l'inquiétude des différents partis, qui occasionnoit des révolutions. Un chef détrôné étoit remplacé par un autre; & le gouvernement républicain ne pouvoit pas s'élever sur les ruines du gouvernement monarchique. L'Asie n'a jamais produit de peuples libres.

La puissance des monarques étoit d'autant plus limitée, que leurs états avoient alors peu d'étendue. Une ville avec son territoire, formoit un royaume. Sous les yeux de tous ses sujets, qui au besoin étoient autant de soldats, le roi n'en avoit pas une partie à sa solde, pour gouverner l'autre arbitrairement; & il se voyoit exposé à un soulévement général, s'il abusoit de son autorité. Ses fonctions étoient de rendre la justice, de marcher à la tête du peuple: il n'étoit législateur, qu'autant que ses loix étoient agréables; & il paroissoit moins les faire que les proposer.

En effet, il y a lieu de penser que les chefs de famille étoient au moins consultés dans toutes les occasions importantes. Ils étoient trop puissants pour qu'on négligeât toujours de prendre leurs avis. L'usage de ne rien entreprendre de considérable sans leur aveu, sera donc devenu une loi.

Pour avoir plus de poids dans le conseil du prince, il sera sans doute arrivé qu'ils auront conduit avec eux ceux de leurs enfants qui commençoient à se faire quelque réputation. Dans la suite, ils se seront même fait suivre de toute leur famille; & alors l'usage aura donné à tout le peuple assemblé quelque part dans le gouvernement.

Les premieres monarchies seront restées long-temps dans l'état de foiblesse, où nous nous les représentons; parce qu'on a été long-temps avant de penser à faire des conquêtes. Les rois étoient trop foibles pour former de grandes entreprises; & s'ils en avoient formé, leurs sujets seroient difficilement entrés dans leurs vues: ils avoient d'autres besoins. Le grand nombre de souverains, que les Israélites trouverent dans la Palestine, prouve que les circonstances n'avoient pas encore été favorables à l'agrandissement des monarchies.

Les premieres monarchies sont restées long-temps dans leur état de foiblesse.

D'ailleurs, toute l'histoire vous convaincra qu'en général les hommes n'imaginent de faire une chose, que lorsqu'ils en ont déja vu des exemples; & que par conséquent il faut, pour qu'on projette de la faire, qu'elle ait déja été faite sans avoir été projettée. On n'aura donc ambitionné d'être conquérant, que lorsqu'on aura vu des conquérants, qui l'étoient sans avoir pensé à l'être.

Elles ne pouvoient pas s'agrandir par des conquêtes.

Les premieres monarchies étoient même trop séparées pour former des entreprises les unes sur les autres. Il est vraisemblable que les différents peuples, qui s'étoient fixés, avoient laissé entre eux des montagnes & des forêts; parce qu'ils auront choisi pour s'établir les lieux les plus faciles à cultiver. Le discours d'Abraham à Lot, *vous voyez devant vous toute la terre*, paroît prouver que les villes étoient en général fort éloignées les unes des autres, & qu'elles abandonnoient aux peuples pasteurs la plus grande partie des terres.

Il est vrai que nous voyons une espece de conquérant dans Codorlahomor, & c'est le plus ancien dont il soit parlé. Mais il a vécu sur la fin de la période que nous observons, & d'ailleurs son expédition dans la Palestine, est une preuve des grands intervalles que les monarchies laissoient entre elles. Elam, dont il étoit roi, est la Perse même. Or, si toutes les contrées, qui séparoient la Perse de la Palestine, avoient été occupées par des peuples cultivateurs, il auroit eu bien des conquêtes à faire pour porter la guerre aux rois de la Pentapole.

Les peuples pasteurs ont les premiers imposé des tributs.

Les peuples cultivateurs étoient donc peu faits pour être conquérants. Il n'en étoit pas de même des peuples pasteurs. Ne pouvant subsister qu'autant qu'ils changeoient continuellement de lieu, ils faisoient souvent sans doute des incursions dans les pays cultivés. S'ils ne pouvoient pas s'en rendre maîtres, ils pouvoient au moins les piller, & dans les commencements, ils n'avoient pas d'autre objet.

Après plusieurs guerres de cette espece, les sociétés civiles ayant éprouvé qu'elles ne pouvoient pas défendre leur récolte contre des irruptions subites, consentirent à payer un tribut pour n'être plus exposées au pillage ; & de la sorte, le chef d'un peuple pasteur put avoir des rois tributaires dans toutes les provinces qu'il parcouroit, & par conséquent dans, des lieux fort éloignés les uns des autres.

Ces tributs devoient naturellement se multiplier. Ce fut assez d'en payer à un chef, pour être forcé d'en payer à plusieurs. Les sociétés civiles se trouverent donc hors d'état de satisfaire à tous leurs engagements ; & les guerres, qu'elles avoient cru éviter, recommencerent plus vivement que jamais.

Ils ont été les premiers conquérants.

Voilà le temps où commencent les conquêtes. Un peuple cultivateur est vaincu, il est exterminé, ou réduit en esclavage ; & les vainqueurs s'établissent dans le pays qu'ils ont conquis. Il se pourroit que Codorlahomor fût le chef d'une troupe errante, qui venoit de se fixer. Si de tous temps il eût été établi dans la Perse, il seroit difficile de comprendre qu'il eût eu des rois tributaires dans la Palestine.

Je conjecture donc que les peuples pasteurs ont été les premiers conquérants. Tels en effet paroissent avoir été les peuples, qui ont conquis une partie de l'Egypte dans le cours de cette période. Mais ces conquérants, une fois fixés, se contentoient d'étendre leur domination sur les peuples voisins. Ils n'imaginoient pas de traverser de vastes déserts pour subjuguer des nations éloignées : ou si, comme Codorlahomor, ils voulurent en exiger le tribut qu'ils leur avoient autrefois imposé, ils éprouverent des obstacles, qui dûrent les dégoûter de pareilles entreprises.

Il n'étoit pas facile de conserver des conquêtes.

Il n'étoit pas même facile dans ces temps, de conserver sous sa domination les peuples voisins, qu'on avoit subjugués. Toujours prêts à secouer un joug, auquel ils n'étoient pas accoutumés, ils n'attendoient que le moment de pouvoir s'y soustraire : & on ne pouvoit pas les assujétir, comme on les pouvoit vaincre. Il auroit fallu avoir toujours sur pied des troupes soudoyées : il auroit fallu élever des places fortes : & au défaut de ces moyens, il auroit fallu une politique bien adroite, & bien supérieure à des temps où l'art de gouverner étoit tout-à-fait ignoré. Les grandes monarchies sont l'ouvrage de plusieurs siecles.

On faisoit la guerre pour piller & pour exterminer, plutôt, que pour conquérir.

Dans l'impuissance de retenir les peuples sous le joug, il devoit arriver, & il arriva en effet, que les conquérants les plus ambitieux ne porterent leurs armes au loin que dans la vue de piller & de détruire. Ils dévastoient tout sur leur passage : ils exterminoient les nations : ils ne laissoient la vie que pour donner des fers :

& sans avoir reculé leurs frontieres, ils revenoient avec du butin & des esclaves.

Vous voyez, Monseigneur, que les premieres monarchies sont bien éloignées de cette grandeur qui éblouit ajourd'hui les peuples, & qui malheureusement éblouit aussi les monarques.

CHAPITRE VIII.

Conjectures sur le culte religieux des anciens peuples.

Ancienneté de l'idolâtrie.

Le culte d'un seul Dieu, créateur de toutes choses, se conserva tant que les enfants de Noé se souvinrent de l'arche qui les avoit sauvés. Mais dans la dispersion la religion s'altéra, & bientôt après, elle fut tout-à-fait défigurée. Il faut que le polythéisme ait été bien prompt & bien rapide, puisque les ancêtres d'Abraham adoroient les idoles, & que les traditions profanes les plus anciennes nous représentent tous les peuples plongés dans l'idolâtrie.

Nous allons, Monseigneur, observer les hommes dans cet état où ils ont oublié le Dieu qui les a faits. Plus vous réfléchirez sur les erreurs où ils tombent, lorsqu'il les abandonne; plus vous sentirez ce qu'ils lui doivent, lorsqu'il les éclaire. C'en est assez pour vous faire comprendre l'importance de cette recherche.

L'homme croit voir la divinité dans

L'homme semble chercher la divinité dans toutes les choses qui l'avertissent de sa dépendance, & si sa vue, couverte d'un nuage, ne perce

perce pas jusqu'au vrai Dieu, il s'arrête sur ce qu'il voit, & il prend pour autant de dieux tous les objets dont il dépend.

tous les objets, dont il dépend.

Les astres ont été les premieres divinités des nations idolâtres.

Le soleil, sans doute, a été la premiere divinité des nations idolâtres. Ses bienfaits paroissoient exiger un culte, & ce culte remonte à la plus haute antiquité. On voit les peuples chercher dans le feu un symbole propre à leur rendre cette divinité toujours présente, conserver ce feu avec superstition, & l'adorer.

Du culte du soleil, on passa au culte de la lune, des astres, des cieux, de la terre, de ses parties, de la nature entiere; en un mot, le culte ne se dirigea que sur des objets sensibles, parce que ce sont là les objets que les hommes regardoient avec crainte ou avec amour, & qu'ils ne portoient pas leurs regards au delà.

Comment le polythéisme devint un systême d'erreurs.

L'astronomie a été une des premieres études des peuples cultivateurs. Le besoin fit faire les premieres découvertes: la curiosité en fit faire de nouvelles: & on crut bientôt connoître parfaitement les cieux. Alors on fit un mélange des observations astronomiques & des dieux qui étoient adorés: les vérités & les mensonges se confondirent: & le polythéisme parut une science raisonnée.

Les Egyptiens & les Assyriens, qui ont les premiers cultivé l'astronomie, ont aussi les premiers donné naissance aux systêmes d'erreurs que les idolâtres ont adoptés. Ces peuples, de tous temps peu capables d'apprécier les expressions dont ils se servoient, ont toujours aimé les hyperboles & les allégories ; & ce goût entretenu & augmenté par l'usage de l'écriture hiéroglyphique, a été la source d'une multitude d'opinions absurdes. Les allégories, employées dans les hiéroglyphes, passant dans le langage, perdirent insensiblement leur sens figuré : on s'accoutuma peu-à-peu à les prendre littéralement ; & elles furent une occasion de personnifier la nature, ses différentes parties, tout jusqu'aux êtres moraux. On donna à chacune de ces choses, différents caractères ; on les fit agir, & on crut expliquer l'origine, la formation & l'ordre de l'univers. Un systême de cosmogonie, déja fort absurde par lui-même, le devint tous les jours davantage par les nouvelles allégories dont on l'enveloppoit. Susceptible de mille interprétations différentes, il prit avec le temps toutes les formes que l'imagination voulut lui donner ; & c'est alors que tout devint dieu, le chaos, le jour, la nuit, le sommeil, les songes, les passions, les vertus, les vices, en un mot, tout ce qui pouvoit être regardé comme objet de crainte ou d'amour.

Culte rendu aux animaux.

C'est à ce goût pour les allégories, qu'il faut attribuer l'origine du culte rendu aux animaux. Sans doute les animaux ne furent d'abord employés dans l'écriture hiéroglyphique, que comme des signes propres à faire connoître les différents caractères des dieux : mais vous comprenez que c'en fut assez pour confondre dans la suite le symbole avec la divinité. On crut qu'un dieu avoit pris la figure d'un animal, parce que cet animal avoit été choisi pour le caractériser. Ce merveilleux plut : ces métamorphoses parurent naturelles ; & on en imagina uniquement pour le plaisir d'en imaginer. Je conjecture que l'opinion de la métempsycose est egalement née de quelques allégories, qui ont donné lieu de penser que le même homme avoit passé par plusieurs métamorphoses.

Culte rendu aux hommes.

Toutes ces absurdités n'appartiennent pas sans doute aux temps antérieurs à la vocation d'Abraham : mais j'anticipe pour n'y plus revenir. Il nous reste à parler du culte rendu aux hommes. Voyons comment il a pu s'introduire.

Aussitôt que les hommes ont eu des chefs, ils ont su leur donner des démonstrations de leur crainte, de leur reconnoissance, de leur amour & de leur respect. Mais on ne peut pas dire qu'aussitôt qu'ils ont connu des dieux, ils ont su les honorer : on ne peut pas même dire qu'ils se sont fait des dieux, aussitôt qu'ils se sont fait des chefs. Les hommages rendus aux chefs, sont donc antérieurs au culte rendu aux dieux.

La premiere fois que les peuples ont voulu établir un culte, c'est à-dire, la premiere fois qu'ils ont voulu donner à la divinité des marques exterieures de respect & d'amour, ils n'ont donc pu faire autre chose, que de se servir des démonstrations dont ils se servoient déja pour témoigner ces sentiments à leurs chefs: & par conséquent, les hommages, qu'ils rendoient à leurs chefs, ils les ont rendus aux dieux.

On croit que dès les commencements des sociétés, on a imaginé de mettre parmi les dieux, les citoyens qui avoient rendu de grands services; & on accuse les hommes qui ont été adorés les premiers, d'avoir voulu usurper les honneurs divins. On suppose que dans tous les temps, on a su, comme aujourd'hui, distinguer entre les démonstrations d'amour & de respect qu'on doit à la divinité, & les démonstrations d'amour & de respect qu'on rend aux grands de la terre: & on juge en conséquence que c'est par dépravation qu'on a confondu ces choses.

Il me semble néanmoins que cette erreur est dans son origine, une méprise, plutôt qu'une profanation; & je conjecture qu'il en est des apothéoses comme des conquêtes: on n'en a fait avec dessein, qu'après qu'on en a eu fait sans avoir eu dessein d'en faire.

En effet, le culte rendu à la divinité, ayant été imaginé d'apres les hommages rendus aux chefs, on ne pouvoit parler d'un roi, dont la mémoire étoit chere, que comme on auroit parlé d'un dieu. Les marques d'amour, de respect, de reconnoissance, les titres, les noms, tout étoit commun. Par-là, tout fut bientôt confondu. Les dieux devinrent des hommes, & les hommes devinrent des dieux. Telle est l'origine de ces fables, qui d'un côté font regner les dieux sur la terre, leur donnent nos passions, nos vertus, nos vices; & qui de l'autre, placent les souverains dans les cieux, & leur confient le gouvernement de l'univers. Il étoit naturel de confondre dans une même personne, les actions d'un roi & les attributs d'une divinité: il seroit même difficile de comprendre que cela ne fût pas arrivé.

Dès qu'une fois ce désordre a été introduit, c'est alors qu'on a fait des apothéoses avec le projet d'en faire: c'est alors qu'il s'est trouvé des monarques qui ont voulu jouir des honneurs divins, & qu'on a vu des peuples empressés à les leur offrir.

Trois sortes de divinités.

D'après les observations que nous venons de faire, on peut distinguer trois sortes de divinités dans le polythéisme des anciens peuples. Les premieres habitoient les cieux; & elles se multiplierent à mesure qu'on remarqua des astres auxquels on crut pouvoir attribuer quelque influence. Les secondes n'étoient que des idées allégoriques, qui, ayant servi à expliquer de mauvais systêmes de cosmogonie, furent prises pour les dieux qui avoient formé le monde. Enfin les dernieres sont des hommes, que l'ignorance confondit avec les dieux, parce que le culte religieux ne différoit pas des hommages rendus aux grands de la terre. Tout cela ensemble a fait un chaos, qu'il n'est plus possible de débrouiller.

Comment le culte religieux s'établit.

Vous voyez, Monseigneur, que le culte idolâtre s'est formé comme tous les autres établissements. Il est l'ouvrage des circonstances : il a été modifié différemment suivant les opinions que le hasard a fait naître : & ayant été reçu par un consentement tacite, il a été consacré par les coutumes, qui ont été généralement adoptées.

Les monarques, parce qu'ils présidoient à tout, ont présidé à ce culte. Cependant, ils n'en sont pas les premiers instituteurs : ils y ont seulement coopéré, comme ils coopéroient à tous les usages qui s'établissoient.

Le sacerdoce étoit donc réuni dans leur personne avec le sceptre. Les monuments des nations les plus anciennes le prouvent : d'ailleurs il étoit naturel que dans les cérémonies religieuses, ils continuassent d'être les chefs du peuple.

Il y a eu des guerres, avant qu'il y ait eu une discipline militaire : de même, il y a eu un culte, avant que les cérémonies religieuses aient été réglées. A mesure que la société s'éclaira, on reconnut qu'il importoit d'avoir quelque chose de mieux déterminé sur l'un & l'autre de ces objets ; & alors le monarque, en qualité de pontife, fit des réglements sur le culte ; comme, en qualité de général, il en fit sur la discipline militaire.

Il choisit parmi les cérémonies reçues : il en rejeta quelques-unes : il fit quelques changements à d'autres: & il parut à la postérité le premier auteur du culte qu'il n'avoit fait que régler. Ses réglements, s'ils furent faits avec sagesse, affermirent son autorité, donnerent de la force aux loix & adoucirent les mœurs du peuple.

Tant que sa domination fut bornée au territoire d'une ville, il put exercer lui seul les fonctions de pontife & celles de général. Mais ne pouvant plus vaquer également aux unes & aux autres, lorsque sa domination fut plus étendue, il partagea le sacerdoce avec des citoyens, qu'il choisit à cet effet, & il resta le premier des pontifes. Sur la fin de la seconde période, il y avoit déja des corps de prêtres en Egypte.

Par cet établissement, les prêtres se trouvant n'avoir d'autres intérêts que ceux du monarque, eurent beaucoup d'influence dans le gouvernement. Ils furent regardés comme juges souverains de tous les différents, qui pouvoient naître; & ils jouirent d'une autorité & d'une considération, qu'ils devoient à leur caractère & à l'opinion qu'on avoit de leur savoir.

Utilité des conjectures précédentes.

Si mes conjectures ne sont pas le tableau exact de ce qui est arrivé dans des siecles aussi peu connus, elles vous font voir au moins les effets qu'a du produire le caractère général de l'esprit humain, dans les circonstances où nous avons supposé les hommes. Vous avez vu le commencement des loix, de l'idolâtrie & des monarchies: vous avez vu celui de la puissance royale, qui comprenoit alors le pouvoir législatif, le pouvoir sacerdotal, & le commandement des armées: enfin, vous avez vu le commencement de tout ce qui a concouru à former les sociétés civiles. Voilà, Monseigneur, ce que je m'étois proposé de mettre sous vos yeux; & il me semble que les observations que nous avons faites, doivent vous préparer à étudier l'histoire avec plus d'intelligence.

CHAPITRE IX.

Troisieme période de 430 ans, depuis la vocation d'Abraham jusqu'à la loi écrite.

Les Assyriens.

NINUS & Sémiramis n'ont pu regner que dans cette période, & nous pouvons adopter l'opinion qui fait commencer l'empire d'Assyrie à la prise de Babylone par Ninus, sur la fin du sixieme siecle après le déluge. Il a fini sous Sardanapale, plus de huit cents ans après la mort de Ninias, & cet intervalle est tout-à-fait inconnu.

L'Egypte sous Sésostris.

C'est sur la fin de cette période que paroît avoir regné Sésostris, le plus célebre des monarques qui ont gouverné l'Egypte. Destiné par son pere à la conquête du monde, il fut élevé avec tous les enfants mâles qui nâquirent le même jour que lui; &, comme eux, il s'endurcit aux fatigues & aux travaux de toute espece.

Monté sur le trône, son premier soin fut d'assurer la tranquillité de ses états, & de prévenir les troubles qui auroient pu naître en son absence. Dans cette vue, il divisa l'Egypte en trente-six Nomes ou provinces, dont il donna le gouvernement à autant de personnes de confiance. On ajoute qu'il fit un nouveau partage des terres, & qu'il les distribua aux habitants par égale portion, ce qui auroit dû souffrir de grandes difficultés dans un pays qui pour lors nourrissoit, dit-on, vingt-sept millions d'habitants. Comment les grands propriétaires se seroient-ils laissé enlever leurs possessions? & comment Sésostris, après les avoir mécontentés, auroit-il pu s'éloigner & ne pas exposer son royaume à de grands troubles?

Il distribua encore, dit-on, ses sujets en autant de classes que de professions; & il ne permit point aux enfants de quitter le métier de leurs peres, quand même ils auroient eu plus de talents pour tout autre. Mais cet usage, tout-à-fait contraire aux progrès des arts, paroît avoir été plus ancien que ce monarque, & a été commun à tous les peuples de l'Asie.

Après avoir tout réglé, Sésostris leva des troupes; & il en donna le commandement aux jeunes gens, avec lesquels il avoit été élevé. Ils avoient alors quarante ans comme lui, & on prétend qu'il en restoit mille sept cents: ce qui ne peut être, parce qu'il auroit fallu qu'il fût né en Egypte plus de dix mille enfants par jour, & qu'il y eût eu plus de soixante millions d'habitants (*a*).

(*) Voyez le calcul que fait à ce sujet Mr. Goguet, Orig. des loix 2 part. liv. 1 ch. 3.

On dit que l'armée de Sésostris étoit de six cents mille hommes de pied, de vingt-quatre mille chevaux, de vingt-sept mille chariots armés en guerre; & qu'il avoit encore sur la mer rouge, une flotte de quatre cents vaisseaux. Apres avoir défait les Ethiopiens, & les avoir rend s tributaires, il subjugua les Arabes, il soumit toutes les parties occidentales de l'Asie; & ayant passé l'Hellespont, il termina ses conquêtes dans la Thrace, où le défaut de vivres manqua faire périr son armée. Selon quelques-uns, il passa le Gange, il traversa les Indes & il pénétra jusqu'à l'océan oriental.

Il n'employa que neuf ans à cette expédition. De retour, il éleva un mur depuis Péluse jusqu'à Héliopolis, pour fermer l'Egypte aux peuples mêmes qu'il avoit vaincus; & il ne parut occupé qu'à mettre ses états à l'abri d'une irruption, semblable à celle qu'il venoit de faire.

Il n'imagina donc pas de reculer les bornes de sa monarchie. Il avoit dévasté des provinces, il avoit pillé des peuples, il avoit fait des captifs: ce fut là tout le fruit de son entreprise; & c'est aussi, comme nous l'avons remarqué, tout ce qu'on entendoit par *faire des conquêtes*, dans ces temps où, par la même raison qu'il étoit facile de s'ouvrir un pays, il étoit difficile de le conserver.

Pendant la paix, il bâtit des temples, il éleva des obélisques; & coupant l'Egypte par de nouveaux canaux, il favorisa le commerce intérieur, facilita l'arrosement des terres, & opposa une nouvelle barriere aux invasions des ennemis.

Avant lui, on n'avoit mis les villes à l'abri des inondations du Nil, qu'en contenant ce fleuve par des digues, qui, pouvant se rompre, exposoient les habitants à être submergés. Il fit construire des chaussées, sur lesquelles les villes, qu'on bâtit, parurent dans le temps des débordements, comme des îles au milieu des eaux: on remarque au reste qu'il n'employa à ces ouvrages aucun Egyptien, & qu'il n'y fit travailler que les captifs qu'il avoit faits dans ses expéditions.

On assure qu'il atteloit à son char les souverains des nations vaincues, lorsqu'ils lui apportoient les tributs qu'il leur avoit imposés. Cette idée de grandeur, toute fausse qu'elle est, paroît s'associer avec celle qu'on se faisoit alors d'un conquérant. Il étoit naturel de traiter en captifs les rois mêmes, puisqu'on ne prenoit les armes que pour faire des captifs. Cependant il y a lieu de croire que les rois, qui étoient trop voisins pour ne pas redouter Sésostris, étoient aussi les seuls qui s'exposoient à cette humiliation.

Il paroît que les révoltes avoient été fréquentes sous les prédécesseurs de Sésostris. C'est qu'ils avoient formé leur monarchie des débris de plusieurs royaumes, & que par conséquent, ils ont eu long-temps à combattre des partis, qui devoient toujours se relever, tant qu'ils n'étoient pas tout-à-fait détruits. Pour prévenir de pareils soulévements, qui n'étoient plus à craindre, Sésostris amollit les Egyptiens. Mais, Monseigneur, il est pour un souverain un moyen plus sûr de maintenir son autorité : c'est de la faire aimer. S'il regne plus despotiquement après avoir énervé ses sujets, il ne regne pas plus sûrement ; parce qu'il manque de soldats pour défendre ses provinces contre l'étranger. Aussi l'Egypte sera-t-elle conquise, toutes les fois qu'elle sera attaquée. D'autres monarchies vous prouveront combien cette politique, attribuée à Sésostris, est condamnable.

On voit que l'Egypte a été florissante sous les successeurs de ce conquérant. Mais jusqu'à Bocchoris, nous connoissons peu les événements de leur regne. Celui-ci regnoit environ neuf-cents ans après Sésostris.

Les Phéniciens puissans par le commerce.

Les Phéniciens, si célebres dans l'antiquité, ont commencé, dans le cours de cette période, à se rendre puissants par le commerce ; & Sidon, leur capitale, pouvoit être dès lors une ville florissante. Situés sur les côtes de la Palestine, dans un pays ingrat & stérile, ils ont été de bonne heure industrieux, parce qu'ils ont eu besoin de l'être. Des ports commodes sembloient leur ouvrir la mer : le mont Liban & d'autres montagnes leur offroient des bois de construction. Il ne faut donc pas s'étonner, si dans la nécessité d'aller chercher au loin des ressources qu'ils n'avoient pas chez eux, ils se sont appliqués à la navigation. Pour se rendre puissants sur terre, il eût fallu livrer des combats : il ne falloit que de l'industrie pour le devenir sur mer, où ils n'avoient point de concurrents.

Maîtres de la méditerranée, ils s'enrichirent par le commerce. Ils pourvurent d'abord aux besoins d'absolue nécessité : ils s'en firent bientôt après de superflus : ils créérent de nouveaux arts : & il paroît qu'ils firent à cet égard des progrès rapides.

On a remarqué que les Phéniciens ont eu les premiers des villes fortifiées. Ils en avoient dans le temps des guerres qu'ils ont soutenues contre les Israélites, ce qui prouve qu'ils en avoient sur la fin de cette période. En effet, c'étoit à eux, plutôt qu'aux autres peuples, à se mettre à l'abri des invasions, auxquelles on étoit alors exposé : car ils avoient plus à perdre, & cependant le commerce auquel, ils s'adonnoient uniquement, les rendoit moins propres au métier des armes. Voilà à peu-pres pour ces siecles, tout ce que nous savons des Phéniciens.

La Grece lors des Titans.

Avec cette période commencent les temps fabuleux de la Grece, jusqu'àlors tout-à-fait inconnue.

De toutes les colonies venues d'orient dans cette contrée, la plus ancienne dont l'histoire profane ait conservé quelque souvenir, c'est celle des Titans, qui passerent le Bosphore au commencement de cette période, ou à la fin de la précédente. Alors les peuples de la Grece étoient les Pélasges, les Aones, les Hiantes, les Leleges, & d'autres dont on ne connoît que les noms. Barbares au point d'errer sans chefs & sans discipline, ils n'avoient d'autres retraites que les antres & les cavernes, ils ne faisoient point usage du feu ni des aliments convenables à l'homme, & ils étoient féroces jusqu'à se manger les uns les autres.

On représente Ourane, pere des Titans, comme un conquérant qui étend son empire sur la Thrace, la Grece, l'Italie, les Gaules & l'Espagne. On veut dire sans doute, que dans toutes les parties de l'Europe qu'il parcouroit, il faisoit fuir devant lui les troupes de sauvages, ou qu'il en forçoit quelques-unes à le suivre. En effet, on ne peut conquérir que des peuples cultivateurs. Ils sont dans la nécessité de subir le joug, parce qu'ils tiennent aux champs qu'ils cultivent. Quant aux sauvages, pour qui tous les lieux sont égaux, ils fuient lorsqu'ils ne sont pas les plus forts; & comme on ne sauroit les chasser à la fois de toutes leurs retraites, on leur en laisse plusieurs pour une qu'on leur enleve. Comment les Titans auroient-ils étendu leur domination sur plusieurs provinces de l'Europe? ils n'ont point bâti de villes, ils vivoient sous des tentes, ils n'étoient eux-mêmes qu'une troupe errante. Ils ne dominoient donc que dans les can, tons qu'ils habitoient, & pour se soustraire à eux, il suffisoit de s'éloigner.

La Grece alors n'avoit point de culte public; & en effet, il ne pouvoit pas y en avoir parmi des sauvages, qui n'avoient ni chefs ni discipline. On ne peut pas même dire quelle idée ils se formoient des dieux, & on voit qu'ils ne les distinguoient pas encore par des noms différents. Ce sont les Titans, qui les premiers leur apporterent le culte de Saturne, de Jupiter, de Cérès, &c. Ce qui a fait conjecturer que cette colonie venoit d'Egypte, où ces dieux étoient honorés de temps immémorial.

Dans la suite les Grecs confondirent les dieux avec les Titans, qui les leur avoient apportés; & en conséquence, ils regarderent comme des guerres que les dieux s'étoient faites, celles qui s'étoient élevées parmi les Titans, & dont il restoit une tradition confuse. Telle a été la premiere origine des fables de la Grece.

La colonie errante des Titans se détruisit elle-même par les guerres, que se firent les chefs. Il ne resta de toute cette race qu'Inachus, qui s'établit dans le Péloponese, & qu'on regarde comme le fondateur du royaume d'Argos. Cependant il paroît que ce prince n'a fait aucun établissement fixe, & qu'il vivoit sous des tentes. Il eut deux fils, Phoronée & Egialée: le premier bâtit Argos, & le second fonda le royaume de Sicyone.

Ogygès,

Ogygès, contemporain d'Inachus, regnoit dans l'Attique. Il eut de son mariage avec Thébé, fille de Jupiter, un fils nommé Eleusinus, qui bâtit la ville d'Eleusis. C'est pendant son regne, que l'Attique a été ravagée par une inondation, dont le souvenir s'est conservé sous le nom de *déluge d'Ogygès*.

Déluge d'Ogygès.

Il n'y avoit donc encore dans toute la Grece que deux villes, Argos & Eleusis: mais elles sont l'époque de la révolution, qui va tirer les Grecs de la barbarie. Ce commencement de police est dû aux connoissances que les Titans avoient apportées: c'est tout l'effet qu'a produit leur irruption. D'ailleurs la Grece retomba bientôt dans son premier état; & elle n'en fut retirée que plus de deux siecles après, lorsque de nouvelles colonies vinrent d'Egypte & de Phénicie.

La Grece retombe dans la premier barbarie.

1582 ans avant l'ére vulgaire, Cécrops, originaire d'Egypte, aborda dans l'Attique, où Actée, qui regnoit alors, lui donna sa fille en mariage. Ayant succédé à ce prince dans un temps où des pirates & des brigands infestoient l'Attique, il fit sentir à ses sujets combien il leur importoit de se mettre à l'abri de pareilles incursions. Il leur apprit l'art de bâtir, & il fonda une ville qu'il nomma Cécropie.

Cécrops regne dans l'Attique.

Cependant les Grecs n'avoient aucune idée de l'union conjugale: ils n'en avoient que de fort confuses de la divinité, & des hommages qui lui sont dûs. C'est Cécrops, qui le premier, institua le mariage: il régla le culte : enfin il établit plusieurs tribunaux, & entre autres le fameux aréopage.

Regne de Cranaüs Déluge de Deucalion

Après un regne de cinquante ans, il mourut sans laisser de postérité ; & Cranaüs, Athénien, lui succéda. Deux evénements ont rendu ce dernier regne mémorable. Le premier est le jugement rendu par l'aréopage, lorsque Mars & Neptune, deux princes qui regnoient dans la Thessalie, soumirent leur différent à la décision de ce tribunal. Le second est le déluge de Deucalion, fils de Prométhée, qui regnoit sur le mont Parnasse & dans la basse Thessalie.

Conseil des Amphictyons.

Aprés neuf ans de regne, Cranaüs fut chassé par Amphictyon, dont on ignore l'origine. Alors regnoit aux Thermopyles un autre Amphictyon, fils de Deucalion. C'est celui-ci qui forma une confédération de douze villes grecques, dont les députés devoient se rendre deux fois l'année aux Thermopyles. Cette assemblée, qui deviendra célèbre, fut nommée *le conseil des Amphictyons* (*a*).

Cadmus apporte aux Grecs l'écriture alphabétique.

C'est pendant le regne d'Amphictyon, roi d'Athenes, soixante-trois ans après Cécrops & 1519 avant J. C. que Cadmus apporta aux Grecs l'écriture alphabétique & plusieurs arts.

(*) Mr. Freret croit que ce conseil n'a été créé que [illegible] ou 80 ans après la guerre de Troye: mais j'ai suivi l'opinion la plus commune.

Maître de la Béotie après plusieurs combats, il bâtit la Cadmée; & pour repeupler le pays, dont il avoit chassé les premiers habitants, il offrit une asyle à tous ceux qui se réfugieroient auprés de lui. Il est le premier qui ait introduit cet usage en Grece. L'histoire de sa postérité a été une suite de malheurs & de catastrophes tragiques.

Arrivée de Danaüs.

Enfin, huit ans après l'arrivée de Cadmus, Danaüs vint d'Egypte dans l'Argolide, & enleva la couronne à Gélanor, le dernier des descendants d'Inachus.

Vers le temps où ces dernieres colonies s'établissoient Sésostris montroit les arts au nord de la Grece.

Voilà les colonies qui ont le plus contribué à policer les Grecs, C'est vers le temps qu'elles s'établirent, que Sésostris, autant qu'on le peut conjecturer, pénétra dans la Thrace, & montra les arts aux peuples de l'Asie mineure, & à ceux du nord de la Grece. A cette époque les Grecs commencerent à sentir la nécessité de se réunir, soit pour résister aux entreprises des étrangers, soit pour jouir des arts qui leur avoient été apportés.

CHAPITRE X.

Qu'il étoit difficile aux Grecs de se policer.

L'histoire de la Grece est une des plus instructives.

L'HISTOIRE de la Grece est, en quelque sorte, un abrégé de toutes les révolutions possibles. Après nous avoir représenté les Grecs dans l'état le plus grossier & le plus barbare, elle nous montre le commencement des arts & des sociétés; & nous faisant observer ces choses depuis leur origine jusqu'à leur perfectionnement, & depuis leur perfectionnement jusqu'à leur décadence, elle nous fera remarquer dans tous les genres d'études, les progrès & les erreurs de l'esprit humain. Les Grecs perfectionneront les arts qui leur ont été apportés: ils en créeront de nouveaux; ils feront une étude particuliere de la législation: ils imagineront de nouvelles formes de gouvernement; & ils cultiveront avec passion toutes les sciences. Vous jugez donc, Monseigneur, combien leur histoire doit être instructive. Mais pour vous préparer à l'étudier avec fruit, il faut nous arrêter quelque temps sur les premiers siecles: il faut tâcher de démêler dans ces commencements, les circonstances, dont l'influence s'étendra jusques dans les siecles suivants.

La Grece est coupée par une chaîne de montagnes, qui, formant plusieurs sinuosités, & jetant des branches de côté & d'autre, la divise en plusieurs vallées, & éleve autour de chacune des enceintes qui les ferment presque de toutes parts.

La disposition des différentes provinces de la Grece paroissoit interdire tout commerce aux Grecs, & devoit faire durer la barbarie.

Cette disposition ne permettoit pas aux étrangers de pénétrer facilement dans l'intérieur: elle étoit même un obstacle à la communication des sauvages; & les troupes, passant rarement d'un canton dans un autre, erroient sur les montagnes & dans les vallées où chacune se trouvoit.

En considérant cette position des différentes parties de la Grece, on voit que les sauvages qui l'habitoient, ne pouvoient se policer que bien lentement. En effet il y a deux choses également certaines: l'une que les hommes ne font des découvertes, qu'autant qu'ils ont des besoins; l'autre qu'ils ne conservent leurs découvertes, qu'autant qu'ils peuvent se les communiquer. Si on les tenoit tout-à-fait séparés, si on leur ôtoit tout moyen de communication; chacun, borné à sa propre expérience, seroit condamné à recommencer les mêmes études: les découvertes des peres seroient perdues pour les enfants, & les dernieres générations seroient aussi ignorantes que les premieres. Ajoutons encore que dans cette supposition les besoins seroient en petit nombre, & que par conséquent, ils conduiroient chaque individu à peu de connoissances. Besoins, société, communication d'idées: voilà les machines qui ont élevé l'édifice des arts & des sciences.

Je ne veux pas dire que les sauvages de la Grece, absolument isolés, fussent dans l'impuissance de vivre plusieurs ensemble. Mais d'un canton à l'autre, la communication étoit difficile. Il n'y avoit donc que ceux d'un même canton, qui vivoient ensemble; & les troupes qu'ils formoient, devoient être fort petites, parce que des montagnes & des vallées couvertes de bois, ne pouvoient nourrir que peu d'habitants.

Voilà pourquoi, jusqu'aux Titans, les Grecs ont vécu dans un abrutissement qu'on a peine à comprendre, se nourrissant de fruits, de plantes, de racines, telles qu'ils les trouvoient dans les bois, & n'imaginant seulement pas de s'attrouper sous un chef.

Dans de pareilles circonstances, il n'y avoit que les enfants singuliérement bien constitués, qui pussent vivre âge d'homme. La population ne pouvoit donc pas croître facilement, & cependant elle pouvoit facilement diminuer par les inondations, auxquelles les vallées étoient exposées.

En effet, la Béotie est un bassin formé par des montagnes, & dans lequel les rivieres n'ont leur écoulement que par des conduits souterrains. On voit encore des puits qui ont été taillés dans le roc pour descendre dans ces conduits & les nettoyer : ce qui prouve qu'ils n'ont pas toujours laissé un libre passage aux eaux.

La Thessalie est également un bassin, & le fleuve Pénée se jette dans la mer par une embouchure si étroite, qu'il n'est pas difficile de comprendre qu'elle a pu se combler,

Par conséquent, quoique les déluges d'Ogygès & de Deucalion soient les seuls, dont la tradition ait conservé le souvenir ; on peut conjecturer qu'il y en avoit déja eu plusieurs autres. Or, plus la Grece aura été exposée à de pareilles inondations, moins elle se sera peuplée. Tout paroît donc confirmer la tradition, qui représente les Grecs épars de côté & d'autre, & n'ayant presque pas de commerce ensemble.

Peut-être que de la conformité qu'on a remarquée dans leur langage, on croiroit pouvoir conclure qu'ils communiquoient beaucoup entre eux. Mais cette conformité prouve seulement qu'ils avoient tous la même origine. Si d'un canton à l'autre, la langue primitive a été des siecles sans éprouver de grands changements, c'est que pendant des siecles, l'ignorance a été la même par-tout, & que par conséquent on n'a pas senti le besoin d'enrichir le langage de nouveaux mots & de nouveaux tours. Il y auroit eu dans la Grece autant de langues que de provinces, si les peuples s'étoient éclairés séparément, & sans avoir aucun commerce entre eux : mais c'est ce qui n'est pas arrivé.

Pourquoi les Titans n'ont pas pu tirer les Grecs de la barbarie.

Quoique les Titans n'aient point fait d'établissements fixes, on conjecture avec raison qu'ils ont enseigné l'agriculture aux Grecs, puisqu'ils leur ont apporté le culte de Cérès. On ne peut pas douter qu'ils ne la connussent eux-mêmes, & qu'ils n'aient été dans la nécessité de la cultiver. Leur peuplade paroît avoir été trop nombreuse, pour avoir pu se passer de ce secours dans un pays qui nourrissoit à peine ses premiers habitants. Mais les guerres qu'ils se firent, ne permirent pas à l'agriculture de faire de grands progrès : ils se ruinerent mutuellement, & ils disparurent bientôt ; ou du moins ceux qui resterent, se disperserent dans les bois, & se confondirent avec les anciens sauvages. Cette colonie, qui ne fit que passer, ne put donc pas tirer les Grecs de la barbarie. Pour une pareille révolution, il falloit qu'il en arrivât de nouvelles ; & cependant de nouvelles colonies ne pouvoient pas s'établir sans de grands obstacles.

Combien les autres colonies ont eu de peine à policer les Grecs.

Les étrangers, qui ont contribué à policer les Grecs, s'établirent d'abord sur les côtes, soit parce que c'étoit la position la plus avantageuse pour le commerce, soit parce qu'il étoit difficile de s'engager dans des bois & dans des montagnes. Les sauvages n'eurent rien de plus pressé que de s'éloigner. Ils voyoient la perte de leur liberté à rester, & ils ne prévoyoient pas ce qu'ils perdoient à fuir. Pouvoient-ils imaginer qu'il pût leur être avantageux de se faire des besoins, qu'ils ne connoissoient pas? Sentoient-ils la nécessité de ces choses dont les Egyptiens & les Phéniciens ne pouvoient pas se passer? Enfin une vie fixe & laborieuse pouvoit-elle avoir quelque attrait pour eux?

Les premiers royaumes de la Grece étoient donc bien peu de chose. Un petit nombre de cabanes formoit une ville & un royaume. Lors de Cécrops, il n'y avoit que vingt mille ames dans toute l'Attique.

Il n'étoit pas même toujours nécessaire de commander dans une ville, pour être ce qu'on appelloit alors un roi. Il suffisoit d'être le chef d'une troupe, & de chasser toutes les autres d'un canton dont on se rendoit maître. Tels ont été Inachus & Ogygès; & tels vraisemblablement ont été encore Neptune & Mars dans des temps postérieurs.

De pareils rois ne contribuoient pas à policer les Grecs. Ils dévastoient la Grece: ils étoient le fléau des peuples fixés dans les villes: ce n'étoient dans le vrai que des chefs de brigands, dont il faudra purger la Grece. Ils retarderont d'autant plus les progrès de la société, que le brigandage sera long-temps en honneur, & qu'il faudra des héros pour le détruire.

Comment les Grecs commenceront à se policer.

A mesure que les étrangers, établis sur les côtes, pénétreront plus avant, les sauvages, vaincus par la force, ou gagnés par les manieres avec lesquelles on les traitera, commenceront à connoître un nouveau genre de vie, & desireront d'avoir part aux avantages qui leur seront offerts. Quelquefois chassés des lieux qu'ils habitoient, ils seront forcés de chercher un asyle dans les villes, qui s'ouvriront à eux. D'autres fois ils y seront attirés par des combats, dont on leur donnera le spectacle. C'est un artifice que les colonies ont employé avec succès, & c'est de cet usage que naîtront dans la suite les jeux célébres de la Grece.

Combien les Grecs étoient peu disposés à subir le joug des loix.

Cependant la disposition des différentes contrées de la Grece, en faisoit autant de petits royaumes indépendants; & cette indépendance rendoit les Grecs peu propres à subir le joug des loix. Autant les peuples sont portés à l'esclavage dans les grands empires; autant dans les petits états, ils ont de peine à se soumettre à une autorité légitime. Les Grecs n'oublieront point qu'ils ont été libres: ils voudront toujours concilier une liberté sans bornes avec les avantages de la société; & cet esprit sera une source de désordres & de révolutions.

Les etrangers, qui vinrent dans la Grece n'étoient pas assez habiles

On devoit donc trouver bien des obstacles à policer la Grece, & cependant pour les vaincre promptement, il eût fallu être plus habile que les étrangers qui aborderent dans cette contrée. Quoique la tradition fasse de Cadmus un fils du roi de Sidon, & de Danaüs un frere d'Egyptus, qu'on dit être Sésostris même; on ne les connoît dans le vrai, ni l'un ni l'autre, non plus que Cécrops; & cette origine, qu'on leur donne, doit être mise au nombre des fables, imaginées pour embellir l'histoire de leur établissement.

pour vaincre promptement les obstacles, que les Grecs trouvoient à se policer.

D'un côté, rien n'étoit plus opposé à l'esprit des Egyptiens, que de songer à porter les arts chez d'autres peuples; & de l'autre, il est vraisemblable, que, lorsque les Phéniciens ont envoyé des colonies quelque part, ils n'ont eu d'autre objet que d'étendre leur commerce. De là, je conjecture que ces étrangers, qui aborderent dans la Grece, étoient des aventuriers qui n'ayant aucune considération dans leur patrie, chercherent des établissements dans les pays les moins fréquentés. Ils n'avoient sans doute que des connoissances bien imparfaites: car ils n'auroient pas quitté l'Egypte ou la Phénicie, pour aller exercer leurs talents parmi des sauvages.

Dans la période suivante, un grand nombre de colonies sortirent de Sidon. Ce fut une suite des conquêtes de Josué. Cette ville, ne pouvant fournir à la subsistance de tous les Phéniciens pour qui elle fut un asyle, leur donna des vaisseaux; & elle les répandit en Afrique, en Espagne & dans plusieurs îles. On ne voit pas néanmoins qu'elle ait alors envoyé des colonies dans la Grece, & c'eſt cependant dans ces circonſtances qu'elle auroit dû y former des établiſſements: mais ce pays étoit trop pauvre pour attirer l'attention d'une ville commerçante.

Au reſte, quoique nous ayons lieu de conjecturer que Cécrops, Cadmus & Danaüs n'ont été que des aventuriers; il eſt certain qu'ils durent paroître comme des prodiges à des hommes dépourvus de toutes lumieres; & la Grece leur doit ſes premieres connoiſſances.

CHAPITRE XI.

De l'origine de la Mythologie.

Les Grecs ont altéré le culte qui leur a été apporté.

CEUX qui apporterent en Grece des dieux étrangers, n'en donnerent sans doute que des idées imparfaites, & le culte Egyptien ou Phénicien fut altéré dès son établissement. Les sauvages encore contribuerent à le dénaturer: il est vraisemblable qu'ils ne le conçurent pas tel qu'on le leur présentoit; ils y mêlerent leurs préjugés, ils le modifierent de bien des manieres.

Ils ont cru que les dieux, adorés en Egypte ou en Phénicie, étoient nés en Grece.

Les dieux eurent différentes époques, soit parce que les colonies arriverent dans des temps différents, soit parce que les peuples de la Grece ne se policerent que les uns après les autres.

Le temps, où leur culte s'établit, fut pris dans la suite pour celui de leur naissance, & parce que pour les faire connoître, on leur avoit donné des noms grecs, ils passerent bientôt pour Grecs eux-mêmes, & on les crut nés dans le pays.

Cette méprise changea la généalogie des dieux: ceux qui étoient les plus anciens en Egypte furent les plus modernes en Grece, & réciproquement. En effet, les Grecs ayant confondu l'époque de leur établissement avec celle de leur naissance, les généalogies qu'ils imaginerent, ne purent pas être toujours d'accord avec celles des Egyptiens.

Ils ont pris, pour des combats des dieux, les combats mêmes que les prêtres se sont livrés.

Les divinités ne s'établirent pas toujours sans obstacles : les ministres d'un culte déja ancien, craignirent de le voir aboli par un nouveau culte. Les prêtres eurent donc des intérêts contraires : ils se livrerent des combats; ils usurperent les uns sur les autres : & la religion essuya bien des changements. Or, l'histoire de ces changements, présentée sous des allégories, & chargée de circonstances, prendra insensiblement la forme d'une histoire des dieux mêmes, considérés comme autant de personnages, qui se seroient enlevé tour-à-tour l'empire de l'univers.

Ils n'ont pu se faire des mêmes dieux une idée uniforme & permanente.

Toutes ces fables seront long-temps confiées à la tradition seule. Les prêtres ne feront point un corps : ils ne se concerteront point. Chacun formera un culte, suivant l'essor que prendra son imagination. Ainsi il y aura autant de dieux & de pratiques religieuses, que de territoires : chaque divinité, en changeant de lieux, changera de noms, d'attributs, de fonctions; & les notions que s'en feront les Grecs, ne seront ni uniformes ni permanentes.

C'est d'après toutes ces méprises que s'est formée

Cependant à mesure que les peuples se mêleront, ils se communiqueront leurs idées; & leurs idées se mêlant comme eux, l'histoire des dieux ne ſera plus qu'un chaos. C'eſt cette hiſtoire qu'on nomme *mythologie*.

La mythologie.

La mythologie n'offre donc rien de déterminé : elle laiſſe une libre carriere à l'imagination. Par conſéquent, il ſuffira d'être poëte pour être théologien ; & chaque âge verra naître de nouvelles fables. Mais elles ſeront ingénieuſes, & vous verrez que ſi tous les peuples ont eu des préjugés, les Grecs ſeuls ont ſu faire de l'erreur un art agréable.

Il me ſuffit, Monſeigneur, de vous montrer ces choſes dans leur origine. Vous apprendrez la mythologie en liſant les poëtes, & au beſoin, un dictionnaire de la fable vous inſtruira (*).

(*) Voyez sur ce ſujet une diſſertation de Mr. Fréret. J'en tire à peu près tout ce que je dis dans ce chapitre.

CHAPITRE XII.

Des cérémonies religieuses & des effets qu'elles produiront.

Les forêts ont été les premiers temples.

Les forêts ont été les premiers temples des dieux de la Grece, comme elles ont été les premieres habitations des Grecs. En effet, les dieux n'ont pu se fixer dans des édifices, que lorsque les hommes se sont fixés dans les villes. C'est vraisemblablement cette premiere habitation des dieux, qui a introduit l'usage des bois sacrés qu'on élevoit auprès des temples.

Sacrifices faits aux dieux.

On ne se contenta pas d'adresser aux dieux ses prieres & ses vœux : on crut devoir leur offrir les choses qu'on imagina leur être agréables. Ces sacrifices eurent pour objet de les remercier, d'en obtenir de nouveaux bienfaits ou d'appaiser leur colere ; & ces motifs firent offrir, suivant les circonstances, des fruits, des animaux & des hommes.

Les Grecs consultoient les dieux sur toutes leurs entreprises.

Les cérémonies, qui accompagnoient les sacrifices, firent accourir aux pieds des autels : mais rien ne contribua plus à ce concours, que l'usage où étoient les Grecs, de ne point former

mer d'entreprises, sans avoir interrogé les dieux sur l'événement.

Différentes especes de divinations.

Les astres sont les premieres divinités : aussi furent-ils interrogés les premiers, & l'astrologie est la plus ancienne espece de divination. L'influence de ces corps parut sensible : on crut qu'il n'y avoit qu'à les observer pour juger de l'avenir. On étudia donc les cieux, & aussitôt rien n'y parut arriver naturellement. Les cometes, les éclipses, les nuages, les vents, le tonnerre, tout fut prodige & présage ; & pour mieux observer ces choses, on plaça les temples sur des lieux élevés.

Mais sans doute les sacrifices sont agréables aux dieux. Pourquoi donc ne saisiroient-ils pas cette occasion de manifester leur volonté ? Pourquoi ne liroit-on pas l'avenir dans les entrailles des victimes ? On ouvrit donc les victimes.

Mais encore pourquoi des paroles échappées au hasard, un mouvement involontaire, un tintement d'oreille, un éternuement fait à droite ou à gauche, une chûte imprévue, un songe, &c. ne seroient-ils pas autant d'avertissements que nous donnent les dieux ? ne peuvent-ils pas se servir de ces moyens ? ils le peuvent, ils le font donc.

Au pied du mont Parnasse, il y avoit une crevasse dont on ne pouvoit approcher sans entrer dans une espece de fureur. Il en sortoit une exhalaison qui faisoit extravaguer.

On prit cette exhalaison pour une inspiration, & on crut qu'un dieu vouloit se communiquer. Aussitôt une Pythie monte sur le trépied, des prophetes l'entourent, ils recueillent les mots qui lui échappent, les interprêtent, les mettent en vers, & on a des oracles. Ainsi s'est établi l'oracle de Delphes, le plus célébre de la Grece.

Celui de Dodone commença & s'accrédita avec la même facilité. Une prêtresse de Thebes, enlevée par un marchand phénicien, & vendue en Grece, se retira dans la forêt de Dodone, bâtit une chapelle à Jupiter, promit des oracles : on accourut, & le dieu parla.

Ces superstitions ont contribué à policer les Grecs.

Quelque grossieres que soient ces superstitions, elles auront leur utilité ; parce qu'elles pourront seules faire franchir aux peuples les obstacles, qui les séparoient. En se réunissant à Delphes, à Dodone, &c. leurs mœurs commenceront à s'adoucir. Ils réfléchiront sur leur situation, ils se communiqueront leurs idées, & ils deviendront tous les jours plus sociables. C'est ce concours qui a fait créer le conseil des Amphictyons, formé des députés de plusieurs peuples ; & ce conseil par son institution, devoit contribuer à policer les Grecs.

Ce n'est pas qu'on doive, avec Denis d'Halicarnasse, regarder ce conseil comme une assemblée politique, où les Grecs traitoient des affaires d'état, & des moyens de se rendre formidables aux Barbares, en réunissant toutes les forces. Il est difficile de comprendre qu'ils eussent déja des vues si étendues; & on ne voit pas pourquoi ils auroient pensé dès-lors à se réunir contre les Barbares qui ne les attaquoient pas encore. Ce seroit leur supposer trop de prévoyance.

Il est vrai que les villes, qui jouissoient du droit d'amphictyonat, avoient toutes un intérêt commun; & que cette confédération, qui les unissoit, les mettoit dans une situation à se donner mutuellement tous les secours dont chacune pouvoit avoir besoin. Mais ce n'est pas dans le conseil des Amphictyons qu'elles traitoient leurs affaires purement politiques. Ce corps n'étoit encore que le gardien du temple, & le juge des différents que le concours pouvoit faire naître; s'occupant de la police, réglant les cérémonies religieuses, faisant respecter le culte, & ne s'armant que pour venger la divinité. Si dans la suite il se mêle des querelles des Grecs, il prendra la religion pour prétexte; & cela seul fera connoître l'esprit de sa premiere institution.

Les jeux qui se mêleront aux cérémonies religieuses, contribueront à policer les Grecs.

Le concours aux lieux où il y avoit des oracles, rendra plus fréquents les jeux, où les Grecs aimoient à montrer leur force & leur adresse; & ces jeux rendront eux-mêmes le concours plus grand. Dans ces siecles, où l'adresse & la force étoient au rang des premieres vertus, on ne pouvoit pas imaginer des spectacles plus intéressants pour les peuples.

C'est pourquoi ces jeux se mêleront aux cérémonies religieuses ; ils en deviendront une partie essentielle : on en donnera pour célébrer la mémoire des grands hommes : les héros se feront une gloire de s'y distinguer ; & la passion, avec laquelle on y accourra de toutes parts, déterminera à les donner réguliérement dans des temps marqués. Les premiers de cette espece sont ceux qu'institua Lycaon, qui regnoit en Arcadie sur la fin de la troisieme période. Quelques temps après, les jeux Panathéniens commencerent à Athènes sous Erichthonius.

Dans ces assemblées de la Grece, on s'entretenoit d'actions héroïques, de merveilles, de fables. Tout ce qu'on voyoit, tout ce qu'on entendoit, entretenoit le courage, portoit à l'héroïsme, & faisoit durer les préjugés utiles. La curiosité avoit toute la vivacité, que donne un commencement de connoissances; & la crédulité étoit grande, parce que l'ignorance rendoit tout possible. Ainsi les mœurs s'adoucissoient, sans s'amollir : on se portoit aux grandes choses, parce qu'on en croyoit de plus grandes : les prodiges fabuleux préparoient à de vrais prodiges ; & ces peuples, qui, auparavant épars, se connoissoient à peine, commençoient à se regarder comme une seule & même nation, & à mépriser toutes les autres.

Les Grecs conserveront toujours quelque chose du ca-

Voilà les temps où il faut d'abord observer les Grecs, parce qu'alors les circonstances leur faisoient prendre un caractère, dont ils conserveront toujours quelque chose. Crédules & superstitieux dans ces commencements, ils continueront de l'être dans les siecles où ils seront plus éclairés. Mais ils auront aussi le même courage, la même activité, la même curiosité, la même passion pour le merveilleux, le même mépris pour les autres nations. Ils semblent dés ces temps, se former pour les plus grandes vertus & pour les plus grands vices, pour les plus grandes lumieres & pour les plus grandes erreurs ; en un mot, pour tout ce qui est grand.

ractère qu'ils prenoient alors.

CHAPITRE XIII.

Quatrieme période, depuis la loi écrite jusqu'à l'établissement de la royauté chez les Hébreux, l'an 1079 av. J.C. ou jusqu'à l'établissement de l'Archontat chez les Athéniens en 1088: espace de quatre cents & quelques années.

Les Grecs se policent dans les trois siecles qui précédent la guerre de Troye, & qui sont des temps fabuleux.

DEPUIS l'arrivée des colonies égyptiennes ou phéniciennes, jusqu'à la guerre de Troye, il y a plus de trois cents ans. Un grand nombre de royaumes commencent dans cet intervalle: les peuples semblent se policer à l'envi; & il y a aussi tous les jours plus de communication entre eux. Mais c'est dans la fable qu'il faut étudier ces temps, plutôt que dans l'histoire.

On ne sait rien de la plupart des souverains qui ont regné dans la Grece pendant ces trois siecles; & ce qu'on sait des autres, si on le dépouille du merveilleux, se réduit à peu de chose. Les Grecs ont, à la vérité, sur les autres peuples, l'avantage d'avoir rendu intéressants les prodiges qu'ils ont crus, comme ceux qu'ils ont faits, & il seroit honteux d'ignorer tout-à-fait leurs fables : mais j'ai déja remarqué que vous pourrez vous en instruire dans les poëtes.

Erecthée établit l'agriculture dans l'Attique, & a de grands obstacles à vaincre.

L'agriculture n'avoit fait encore que peu de progrès dans le premier siecle de cette periode, lorsqu'Érecthée, parti d'Egypte avec des vaisseaux chargés de bleds, aborda dans l'Attique, délivra ce pays d'une famine qui le pressoit, & devint par ce bienfait, roi des Athéniens. On comptoit alors plus de cent cinquante ans depuis l'établissement de Cécrops, & on a remarqué que jusqu'à cette époque, l'Attique tiroit les bleds de la Sicile ou de la Libye. On n'y connoissoit encore que la culture de l'olivier : Cécrops, qui l'avoit apportée avec le culte de Minerve, trouva le terroir trop sec & trop aride pour toute autre production.

Érecthée, jugeant que les plaines d'Éleusis seroient propres au labourage, les fit défricher & ensemencer ; & cette entreprise ayant eu tout le succès qu'il s'étoit promis, il institua à Éleusis les mystères de Cérès, à l'imitation de ceux que les Egyptiens célébroient en l'honneur d'Isis.

Il n'est pas douteux que les Grecs n'aient connu l'agriculture long-temps auparavant. Nous avons vu que les Titans leur en avoient au moins donné une idée grossiere ; &, si après l'extinction de ces étrangers, cet art se perdit, Cadmus & Danaüs le renouvellerent dans la suite. Mais il étoit fort peu répandu, & vraisemblablement fort négligé, même dans les cantons où on le conservoit encore. Pour le rendre plus commun, il fallut vaincre bien des obstacles : c'est ce qu'on apperçoit dans le merveilleux, qui a défiguré cette révolution. On a dit que, sous Érecthée, Cérès étoit venue elle-même enseigner l'agriculture aux Grecs; & on a fait faire des prodiges à cette déesse, pour garantir les jours de Triptolème, lorsque ces peuples encore barbares, qu'il vouloit forcer à cultiver la terre, se soulevoient contre lui.

Le regne d'Erecthée est l'époque, où les Grecs changent de mœurs.

Le regne d'Érecthée, qui commence l'an 1423 av. J. C., est donc l'époque où l'agriculture change les mœurs des Grecs; & c'est dans le siecle suivant qu'elle fait de nouveaux progrès & se répand. Alors de nouveaux royaumes se forment de toutes parts : la Grece sent croître ses forces : les peuples contractent des alliances; & les chefs arment pour différentes entreprises. Telles sont l'expédition des Argonautes, sous la conduite de Jason; la guerre de Thèbes, où sept rois se réunissent contre Étéocle; & la guerre de Troye, où toute la Grece prend part.

Pourquoi les jeux deviennent plus fréquents que jamais.

On n'avoit pas encore vu autant de mouvement. Mais si les Grecs sont mieux qu'ils n'ont jamais été, les arts qu'ils connoissent ne leur suffisent pas; & c'est-là le principe de l'inquiétude qui les agite, & qui les agitera encore long-temps.

Il falloit un aliment à cette inquiétude. C'est pourquoi les jeux devinrent plus fréquents que jamais. Ils continuerent de faire partie du culte & des honneurs qu'on rendoit à la mémoire des héros. Les rois en donnerent à leur avénement : Théſée rétablit les Panathénées : il institua les jeux Isthmiques à Corinthe : Hercule renouvella ceux qu'un ſiecle auparavant on avoit institués à Olympie en l'honneur de Jupiter. En un mot, on ne parut occupé qu'à multiplier ces ſortes de ſpectacles. Les noms de ceux qui les instituoient, les grands hommes dont ils rappelloient les actions, les dieux auxquels on les conſacroit, les rois & les héros qui entroient en lice, les couronnes qu'on distribuoit aux vainqueurs, l'affluence de tous les peuples de la Grece : voilà les circonstances qui entretenoient la paſſion pour ces jeux, & qui préparoient les Grecs à de grandes choſes

Théſée jete les fondements d'Athènes.

Tel étoit l'eſprit de ces peuples dans le ſiecle que termina la guerre de Troye. Mais ils étoient encore bien ignorants dans l'art de ſe gouverner. Les uſages, qui leur tenoient lieu de loix, étoient pour eux une ſource d'abus ; & on pouvoit prévoir dés-lors que les déſordres ruineroient la Grece, ou qu'ils ameneroient une révolution, qui la rendroit plus floriſſante que jamais. C'est dans ces circonſtances, que Théſée jeta les fondements de la grandeur d'Athènes.

Jusqu'alors l'Attique avoit été divisée en douze bourgs, qui, ayant chacun leurs magistrats & leurs assemblées particulieres, se gouvernoient séparément d'après leurs usages, & qui, bien loin de se réunir pour l'intérêt commun, se faisoient ordinairement la guerre.

Thésée cassa ces magistrats, ces assemblées, & fit des douze bourgades un seul peuple, qui s'assembloit à Athènes. Là, les habitants de la campagne eurent droit de suffrage, comme les habitants de la ville, & toute l'Attique fut soumise à la jurisdiction de cette capitale. Par cette réforme, Athènes s'agrandit, & devint tous les jours plus puissante.

Erecthée avoit distribué les citoyens en quatre classes : Thésée n'en fit que trois; les nobles, les laboureurs & les artisans. Les deux dernieres, étant plus nombreuses, étoient aussi plus puissantes. Il voulut donc en balancer l'autorité ; & il se flatta d'y reussir, en réservant pour la premiere seule tout ce qui concerne le ministère de la religion, celui de la justice & celui de la police. Mais ses précautions n'assurerent pas l'équilibre qu'il vouloit établir. Les laboureurs & les artisans, plus puissants par le nombre, devoient se rendre maîtres de la république, toutes les fois qu'il se trouveroit parmi les nobles des citoyens, qui, jaloux du commandement, se détacheroient de leur corps pour s'attacher au peuple. Ce gouvernement renfermoit donc un germe de factions : il tendoit à l'anarchie, & l'autorité devoit passer continuellement d'une main dans une autre. En effet, Théfée lui-même, victime d'un parti qui s'éleva contre lui, fut banni d'une ville dont il avoit été le second fondateur.

Pourquoi le siecle de Thésée est celui du merveilleux.

C'est sur-tout sur le siecle de Thésée que les Grecs se sont plus à répandre un merveilleux, qui fait connoître leur esprit & leur caractère. Sans entrer néanmoins à ce sujet dans aucun détail, je me contenterai d'observer les circonstances, qui ont pu donner lieu à tant de fables.

Si les Titans furent pris pour les dieux quils avoient apportés, ce ne fut qu'une méprise involontaire. Cécrops, Cadmus & Danaüs, malgré les services quils avoient rendus, ne passerent jamais que pour des rois. Pourquoi donc, dans des temps postérieurs, tous les grands hommes sont-ils autant de demi-dieux ? Pourquoi semble-t il que les Grecs veuillent absolument s'y méprendre ?

Dans l'établissement des colonies & long-temps après, il n'y avoit, comme nous l'avons remarqué, aucune communication entre les provinces de la Grece. Les troupes sauvages, répandues de côté & d'autre, ignoroient chacune ce qui se passoit hors de leur canton.

Les choses étant ainsi, la réputation de Cécrops, de Cadmus & de Danaüs ne pouvoit pas encore s'étendre. Elle s'arrêtoit, pour ainsi dire, aux bornes de leurs petits états. On conçoit donc que n'étant connus que de leurs sujets, ils ne pouvoient passer que pour des rois. Or, ce titre étant le seul qui leur avoit été donné, la postérité ne leur en donna pas d'autres. Il arriva seulement que les événements les plus simples, transmis avec des expressions équivoques ou figurées, furent une occasion d'imaginer des prodiges, dont on embellit leur regne.

Dans la suite, la face de la Grece changea. Comme il y eut plus de peuples policés, il y eut aussi plus de communication entre les provinces. Les hommes qui se distinguerent, eurent donc un plus grand théatre : leurs noms furent portés d'un peuple chez l'autre ; & leurs faits, plus racontés, furent plus embellis.

Dans le systême de la théologie payenne, les dieux étoient sujets à toutes les passions humaines. Ils pouvoient donc aimer des mortelles, & par conséquent un homme pouvoit avoir un dieu pour pere. Rien n'étoit plus conforme au préjugé introduit par la méprise qui avoit confondu l'histoire des dieux avec celle des Titans.

Cependant je ne présume pas que la premiere erreur de cette espece ait été l'effet d'un mensonge prémédité : je croirois plutôt qu'elle est venue de quelque expression figurée, qui, passant de bouche en bouche, aura été mal interprétée. En effet, quoique les Grecs parlassent tous la même langue, chaque peuple avoit cependant son idiome; & par conséquent, les mêmes expressions n'étoient pas entendues par-tout de la même maniere. Par exemple, lorsque pour faire entendre qu'un homme étoit arrivé par mer, on a dit qu'il étoit fils de Neptune; n'a-t-on pas dû faire tomber les Grecs dans l'erreur de croire qu'il étoit réellement le fils de ce dieu?

Voilà donc un demi dieu. Or, si on croit à un, on pourra croire à beaucoup d'autres. Il sera donc facile alors d'abuser de la crédulité des peuples. On en abusera par conséquent, & l'Olympe peuplera la terre de demi-dieux. Aussi la Grece en offre un grand nombre dans le même siecle.

Il est naturel que le fils d'un dieu fasse des choses extraordinaires. C'est même ce qu'on attend de lui: & si toutes ses actions étoient dans l'ordre commun, il les faudroit raconter avec des circonstances fabuleuses pour les rendre vraisemblables. Il ne s'agit plus que d'imaginer comment des faits fort simples ont pu se défigurer, & devenir des prodiges dans la bouche de ceux mêmes qui n'avoient pas dessein de tromper.

Dans ce siecle, pendant qu'une partie de la Grece travailloit à se policer, une autre partie résistoit encore au joug des loix. Les sociétés civiles avoient donc à se défendre contre des chefs de troupes errantes, qui vivoient de brigandages: & elles avoient encore à combattre les bêtes féroces, qui infestoient les campagnes. Or, ayant toutes le même intérêt à detruire ces ennemis communs, elles ne pouvoient manquer d'accorder la plus grande considération aux citoyens qui les alloient chercher pour les vaincre, & qui revenoient avec la victoire. Tous les héros se sont signalés dans ces sortes de combats ; & leur célébrité est un monument de l'état où étoit alors la Grece.

Ils auroient été moins célebres, si, dans le récit de leurs exploits, un brigand n'eût été qu'un brigand, & une bête feroce n'eût été qu'une bête feroce. Mais plus on redoutoit ces ennemis, plus l'imagination s'appliquoit à les peindre redoutables. Elle ne trouvoit point de termes assez forts: elle employoit les expressions les plus exagérées : elle les accumuloit les unes sur les autres, & le merveilleux s'établissoit.

Dès que le merveilleux commence, il fait des progrès rapides. Chaque instant le produit sous de nouvelles formes : l'ignorance le saisit, la curiosité en devient avide, & la crédulité lui donne toute la réalité qui lui manque.

Les héros n'avoient garde de détruire des erreurs, qui contribuoient à leur gloire. Leur naissance demandoit d'eux des exploits extraordinaires, la renommée qui publioit leurs victoires, ne permettoit pas de les mettre au nombre des choses communes; & le merveilleux devenoit vraisemblable.

Pourqui après la guerre de Troye le merveilleux cesse tout-à-coup.

La prise de Troye est l'époque, où la Grece cesse tout-à-coup de produire des demi-dieux. Ce n'est pas qu'elle fût moins crédule: mais en considérant les circonstances où elle se trouvoit, nous concevrons que de pareilles fables ne pouvoient plus avoir cours.

Les Grecs n'avoient pris les armes, que pour venger l'affront fait à Ménélas. Ils n'avoient pas projeté de faire des établissements en Asie. Ils ne vouloient pas conquérir Troye: ils ne vouloient que la détruire. Cependant l'absence des principaux chefs de la Grece ramena la licence & les désordres, Les villes furent troublées par des dissentions: elles perdirent les citoyens, que chassoient les factions puissantes: & les peuples recommencerent à errer de contrée en contrée, & à vivre, comme autrefois, de brigandage.

La prise de Troye a donc été funeste aux Grecs, comme aux Troyens. Les vainqueurs, divisés & victimes de leurs dissentions, ne retirerent de leur entreprise qu'un butin, qui fut bientôt dissipé. Les uns périssent par la tempête: les autres sont jettés sur des rivages étrangers: & s'il en est qui reviennent dans leurs états, ils sont, pour la plûpart, assassinés ou chassés. Tel fut le sort de ces héros: les malheurs, qui les suivent, ne fournissent pas matiere au merveilleux.

Cependant les soldats accoutumés au pillage, ne sont plus capables de redevenir citoyens. Les pirates infestent les mers: les brigands infestent les campagnes : toute communication est interceptée : les jeux cessent, & la Grece épuisée paroît sans mouvement. Les circonstances, qui suivent la guerre de Troye, sont donc tout-à-fait différentes de celles qui l'ont précédée. Mais une nouvelle guerre va rendre le mouvement à la Grece. Pour en expliquer la cause, il faut prendre les choses de plus haut.

Guerre des Héraclides. Effets qu'elle produit.

Persée, fondateur de Mycénes, avoit laissé la couronne à Électrion son fils. Amphitryon, petit-fils de Persée par Alcée, avoit épousé Alcméne, fille d'Électrion, & auroit dû succeder à son beau pere. Mais ayant eu le malheur de le tuer involontairement, il fut obligé de se retirer, & d'abandonner la couronne à son oncle Sthénélus, frere d'Électrion. Par cette usurpation, Hercule, fils d'Amphitryon & d'Alcmene, fut exclus du trône de Mycénes.

Vous verrez dans la fable les dangers auxquels Eurysthée, fils & successeur de Sthénélus, exposa ce héros, Il en poursuivit les enfants, & déclara la guerre aux Athéniens qui leur avoient donné asyle : mais il perdit la bataille & la vie.

Cette mort ouvrit le Péloponese aux Héraclides; mais lorsqu'ils s'étoient rendus maîtres de presque toutes les villes, l'oracle, consulté sur une peste survenue, répondit que ce fléau

fléau ne cesseroit qu'après qu'ils se seroient retirés.

Ils se retirerent: cependant trompé par les expressions ambiguës de l'oracle, Hyllus, fils d'Hercule, revint au bout de trois ans, & fut tué dans un combat singulier, qu'il proposa pour épargner le sang des deux partis. On étoit convenu, que, s'il étoit vaincu, les Héraclides ne reviendroient dans le Péloponese qu'après cent ans.

Ce terme étant expiré, Téménès, Cresphonte & Aristodeme, descendants d'Hercule par Hyllus, revinrent dans le Péloponese, quatre-vingt ans après la guerre de Troye, lorsque Tésamene, fils d'Oreste, regnoit sur Argos, Mycénes & Lacédémone. Vainqueurs de ce prince, ils partagerent leurs conquêtes. Cresphonte regna à Mycénes, Téménès à Argos, & Aristodeme étant mort pendant la guerre, Sparte fut le partage de ses deux fils.

Les troupes des Héraclides étoient en grande partie, composées des Doriens de Thessalie, peuple grossier qui, ne connoissant d'autre métier que la guerre, ramena la barbarie, & mit toute la Grece dans la nécessité de prendre les armes. D'anciennes villes furent détruites, de nouvelles furent fondées: les peuples refluérent les uns sur les autres; & plusieurs, forcés d'abandonner leur ancienne patrie, en chercherent une nouvelle dans les îles ou sur les côtes de l'Asie mineure.

Dans ce mouvement général, tous les peuples se trouvoient séparément trop foibles, pour qu'aucun d'eux pût s'établir solidement. Les dissentions étoient au dedans des villes, des ennemis étoient au dehors ; & on gémissoit sous la tyrannie des rois, qui étant montés sur le trône dans des temps de troubles, croyoient ne pouvoir se maintenir que par la violence.

La royauté devient odieuse aux Grecs.

Cependant les guerres continuoient : les rois eux-mêmes les faisoient durer, parce qu'elles les rendoient nécessaires. Mais enfin les désordres devoient avoir un terme, & ce terme devoit être funeste aux rois. Ils devinrent presque tout-à-coup l'objet de la haine des peuples, qui, les regardant comme les auteurs des malheurs publics, se lasserent dêtre les victimes de leur ambition, & secouerent le joug. Thébes en avoit donné le premier exemple après la mort de Xantus, & quelque temps après les Athéniens déclarerent qu'ils ne reconnoissoient d'autre roi que Jupiter. La circonstance, où ils abolirent la royauté, fait voir combien elle étoit devenue odieuse.

Les Héraclides leur ayant déclaré la guerre, l'oracle quils avoient consulté suivant l'usage, les assura du succès de leur entreprise, s'ils ne tuoient pas Codrus, alors roi d'Athènes. En conséquence ils ordonnerent de respecter les jours de ce prince : mais Codrus, qui veut se dévouer pour sa patrie, se déguise en paysan : il échappe à la vigilance de ses sujets, qui l'amoient & qui veilloient sur lui : il passe dans le camp des ennemis, & il insulte un soldat qui lui ôte la vie. Les Héraclides alors, n'osant hasarder un combat, se retirerent.

Les deux fils de Codrus, Médon & Nilée, se disputent la couronne : mais, quoique les Athéniens pleurent le pere, ils ne veulent pour roi ni l'un ni l'autre. S'ils sentent ce qu'ils ont perdu, ils sentent aussi ce quils ont à craindre ; & considérant l'oppression, où ils voient tous les peuples, ils proscrivent la royauté. Seulement en mémoire de Codrus, à qui ils déferent les honneurs héroïques, ils confient à Médon la premiere magistrature sous le titre d' Archonte.

Voilà l'époque où commence la république d'Athènes. On ne sauroit dire quel étoit précisément le pouvoir du premier magistrat. Il paroît avoir été trop foible pour réprimer les excès de la démocratie. Jaloux de la liberté, & trop peu éclairés pour la concilier avec la soumission aux loix, les Athéniens n'ont pensé qu'à prendre des précautions contre l'abus de l'autorité ; & ils en ont pris de si grandes, qu'ils seront long-temps exposés à tous les désordres de l'anarchie.

CHAPITRE XIV.

Cinquieme période. Depuis l'établissement de l'Archontat perpétuel chez les Athéniens l'an 1088 av. J. C. jusqu'à l'Archontat rendu annuel l'an 684: espace de 404 années.

Cause de l'inquiétude des Grecs.

LORSQU'ON voit les peuplades, qui erroient, commencer à se fixer, ce changement doit être moins régardé comme les premiers temps des sociétés civiles, que comme les derniers de la vie errante. Elles ont encore la même inquiétude, qui auparavant les portoit à changer continuellement de lieu. Elles s'attachent donc foiblement aux cantons où elles s'établissent: elles ne s'y fixent, qu'autant qu'elles y sont forcées; & à la plus légere occasion elles, sont prêtes à les abandonner, parce qu'ayant peu de besoins, tous les pays leur paroissent égaux. Voilà la cause des émigrations continuelles, qui se font dans le cours des périodes précédentes.

Nous observons sur-tout cette inquiétude dans les révolutions de la Grece. Les temps de barbarie ont été longs : ceux qui se sont écoulés depuis la premiere ville bâtie jusqu'aux sociétés civiles répandues de toutes parts, ont été longs encore : & si dans le siecle des héros, les Grecs paroissent se policer à l'envi, on les voit toujours également inquiets, chercher dans des entreprises au loin, un aliment à leur inquiétude. Il est vrai qu'après la guerre de Troye la Grece est quelque temps plus tranquille : mais cette tranquillité est l'effet de son épuisement, & c'est un état violent pour elle.

Transmigrations occasionnées par la guerre des Héraclides.

La guerre des Héraclides, qui la tire de cet état, force à faire au dehors des émigrations, qui auparavant ne se faisoient que dans l'intérieur. Les peuples, qui tombent les uns sur les autres, & qui ne sauroient tous subsister dans des pays dévastés, cherchent de nouveaux établissements dans l'Asie mineure, que la guerre de Troye a fait connoître, & qui offre un asyle aux plus foibles & aux plus inquiets.

Les Éoliens, chassés du Péloponese par les Doriens, y aborderent les premiers ; ils y fonderent douze villes, dont Smyrne fut la plus considérable ; & ils donnerent le nom d'Éolide à la contrée où ils s'établirent.

Quelque temps après, Nilée, fils de Codrus, mécontent de n'avoir point d'autorité parmi les Athéniens, rassembla les Ioniens, qui ayant aussi été chassés du Péloponese, s'étoient réfugiés dans l'Attique; & les ayant conduits sur les côtes de l'Asie mineure, il y fonda encore douze villes, Éphése, Colophon, Clasoméne, &c. & ce pays prit le nom d'Ionie.

Enfin vers le même temps, c'est-à-dire, immédiatement après la guerre des Héraclides contre les Athéniens, les Doriens, qui eux-mêmes avoient chassé les autres, furent en partie obligés de sortir aussi de la Grece. Les Héraclides, en reconnoissance des secours qu'ils en avoient reçus, leur avoient donné la Mégaride, qu'ils avoient enlevée aux Athéniens: mais cette province ne suffisant pas à leur subsistance, ils se répandirent dans les îles de Créte, de Rhodes, de Cos; & ayant passé dans l'Asie mineure, ils bâtirent Halicarnasse, Cnide & plusieurs autres villes. Cette contrée fut nommée Doride. Il est à remarquer que ces trois peuples sont ceux qui jusqu'alors avoient paru les plus inquiets: ils s'étoient répandus à diverses reprises dans differentes parties de la Grece.

Vous voyez que ces colonies sont une suite des circonstances, qui favorisoient les nouveaux établissements, & qui dégoûtoient des anciens; & vous jugez que si ces premieres réussissent, il s'en formera nécessairement beaucoup d'autres. Cet usage caractérisera particuliérement les Grecs, parce que les circonstances, où ils se trouveront, rendront pour eux les colonies plus nécessaires que pour les autres peuples. Mais il est plus ancien qu'eux : ce n'est, à le considérer dans son principe, qu'un reste de l'inquiétude des peuplades errantes.

Epoque où l'amour de la liberté devient le caractère dominant des Grecs.

Ces premieres transmigrations, qui se firent dans le temps que la royauté devenoit odieuse, porterent avec elles l'amour de la liberté, & elles établirent sans obstacles le gouvernement républicain par-tout où elles se fixerent. Ces peuplades furent donc libres, aussitôt qu'elles se furent éloignées, & cet avantage, qu'elles avoient sur les villes de la Grece, devoit porter les peuples de cette contrée à former encore de nouvelles colonies, ou à faire de nouveaux efforts pour secouer tout-à-fait le joug des tyrans. C'est en effet ce qui arriva, & c'est l'époque d'une façon de penser, qui changera peu-à-peu la face de la Grece. Dès-lors toutes les villes conspirerent contre les tyrans : toutes voulurent se gouverner, & l'amour de la liberté devint le caractère dominant des Grecs.

Dans cette conjoncture, il étoit naturel qu'aucun peuple n'imaginât de dominer sur ses voisins. L'ennemi que les villes avoient au dedans, ne permettoit pas de porter la guerre au dehors. Ainsi les républiques se formoient de tout côté, & en même temps l'amour de la liberté écartoit toute idée de conquête. Quoique indépendantes, elles sembloient ne former qu'un corps animé d'un même esprit.

Unies contre les tyrans, toutes vouloient être libres : toutes vouloient que chacune le fût : aucune ne prévoyoit qu'elles auroient un jour des intérêts contraires ; & quelquefois un peuple prenoit les armes, pour briser les fers d'un peuple voisin. C'est ainsi que commença la république d'Achaïe, formée de plusieurs villes confédérées, qui se gouvernoient chacune par ses loix & par ses magistrats ; & c'est aussi dans ces sortes de guerres, que se signala Corinthe, située d'ailleurs si avantageusement pour étendre sa domination.

Les meilleurs esprits s'appliquent à l'étude de la législation, & les peuples demandent des loix.

Cette fermentation des esprits ouvrit une nouvelle carriere à l'ambition. Si on ne pouvoit pas devenir le tyran de sa patrie, on en pouvoit devenir le législateur. La morale & le gouvernement devinrent donc l'étude des meilleurs esprits. Ils observerent les abus de la démocratie, & ils chercherent les moyens de les réprimer : mais il y avoit long-temps qu'on ne faisoit que pallier les maux, lorsque les désordres portés à leur comble, firent sentir le besoin d'une réforme générale ; & c'est alors qu'on vit des peuples demander des loix, & de simples citoyens exercer une puissance, qu'ils devoient à leurs vertus ainsi qu'à leurs lumieres.

Cette révolution étoit nécessaire. Il falloit qu'après avoir été jaloux d'une liberté sans bornes, les peuples reconnussent enfin que, pour être véritablement libres, il faut avoir des loix. La démocratie, qui sembloit craindre jusqu'à l'ombre de l'autorité, n'étoit pas un gouvernement: c'étoit une anarchie, où les factions armoient les citoyens les uns contre les autres, & finissoient par donner un maître à la république épuisée.

Il suffit d'étudier Sparte & Athènes.

Il n'est pas possible de suivre toutes les révolutions qui naissoient de ce désordre: elles sont peu connues: on voit seulement qu'elles étoient à peu près les mêmes par-tout, parce que par-tout le même esprit dominoit. Toutes les républiques de la Grece étoient déchirées par des factions, & l'amour de la liberté luttoit continuellement avec l'ambition des citoyens qui aspiroient à la tyrannie.

D'ailleurs, l'histoire de toutes ces villes n'est pas également intéressante. Celle de Lacédémone & celle d'Athènes sont les plus instructives, & il suffira d'observer ces deux républiques, pour juger de ce qui se passoit dans les autres.

Etat de Sparte au temps de Lycurgue.

Nous avons vu que le retour des Héraclides donna deux rois aux Lacédémoniens. Euristhene & Proclès fils d'Aristodeme, regnerent conjointement; & cette forme de gouvernement ayant subsisté après eux, le sceptre se conserva dans deux branches, pendant neuf cents ans ou environ.

Cependant Euristhene & Proclés, jaloux l'un de l'autre, n'avoient jamais pu ni s'aimer, ni s'accorder; & la même mésintelligence passa à leurs descendants. Ainsi Sparte eut dans ses deux rois deux chefs de partis, qui, cherchant à l'envi la faveur du peuple, firent mépriser leur autorité & leur personne. C'est dans ces temps d'anarchie & de licence, que parut Lycurgue. Appellé au trône après la mort de son frere aîné, qui n'avoit point laissé d'enfants mâles, il regna: mais la reine, sa belle-sœur, ayant au bout de trois mois accouché d'un fils, il remit la couronne à cet enfant. Libre alors, il voyagea en Créte, en Asie & en Egypte, afin d'observer les gouvernements, & de se préparer à réformer celui de Lacédémone. Il jugea encore à propos de s'éloigner, pour ôter tout fondement à la crainte qu'on avoit de son ambition, & que ses ennemis sur-tout affectoient de montrer.

En effet, son absence dissipa les soupçons: elle fit même sentir le besoin qu'on avoit de ses vertus & de ses lumieres. Il fut donc desiré, & il se rendit aux vœux de ses concitoyens.

Législation de Licurgue.

Dans le dessein de remédier aux désordres qui déchiroient sa patrie, il jugea qu'il falloit remonter à la source des maux: en conséquence, il se proposa une réforme entiere du gouvernement. Une pareille entreprise demandoit de grandes précautions: il importoit sur-tout d'avoir l'aveu des dieux, & l'oracle de Delphes fut consulté. La Pythie apella Lycurgue l'ami des dieux, presque dieu; & l'assura que le gouvernement qu'il établiroit, seroit le plus parfait qu'on eût jamais vu. C'est alors qu'assuré des principaux citoyens, il se rendit en armes dans la place publique & fit la réforme telle qu'il l'avoit projetée.

Il créa un sénat composé de vingt-huit membres électifs. Ce corps, placé entre les rois & le peuple, étoit tout-à-la fois une barriere à la tyrannie & à l'anarchie; s'unissant aux rois, lorsqu'il falloit réprimer la licence du peuple, s'unissant au peuple, lorsqu'il falloit réprimer le despotisme des rois.

La souveraineté résidoit proprement dans le peuple. C'est dans ses assemblées que se faisoit l'élection des senateurs, & qu'on prenoit les dernieres résolutions. Le sénat n'avoit que le droit de délibérer sur les affaires : il en rendoit compte, & ses avis pouvoient être rejetés comme approuvés.

Quant aux deux rois, ils présidoient au sénat, ils avoient double suffrage, ils étoient les généraux de la république. Mais d'ailleurs leur pouvoir étoit très limité, jusques-là qu'à la tête des troupes, ils ne pouvoient rien entreprendre sans l'avis d'un certain nombre de citoyens, qu'on choisissoit pour veiller sur eux. En un mot, on ne paroissoit avoir conservé le trône aux deux branches des Héraclides, que pour ne pas le laisser vacant, & pour ôter aux autres citoyens l'espérance d'y monter. D'ailleurs l'autorité, que la loi donnoit également aux deux rois, étoit dans le fait inégale; parce que l'un des deux avoit toujours plus que l'autre le talent de l'attirer à lui. Elle devenoit donc pour eux une source de jalousie, & par là deux rois étoient moins redoutables qu'un seul.

Pour établir une parfaite égalité parmi les citoyens, Lycurgue fit un nouveau partage des terres; & bannissant les richesses, les arts & le luxe, il substitua une monnoie de fer aux monnoies d'or & d'argent.

Il ordonna que tous les citoyens mangeroient ensemble: les rois mêmes furent soumis à cette loi. Par là, l'égalité devenoit plus sensible: les nœuds, qui unissoient les citoyens, se resserroient: tous s'accoutumoient à la même frugalité, & les richesses devenoient tous les jours plus inutiles.

Enfin Lycurgue, jugeant que les enfants appartenoient à l'état, jugea aussi que c'étoit à l'état à les élever. Tous eurent donc la même éducation: tous se formerent de bonne heure aux mêmes mœurs; & les loix, qui se gravoient dans les ames, n'eurent pas besoin d'être écrites. Aussi ce législateur ne les écrivit pas.

En formant ce gouvernement, l'objet de Lycurgue avoit été de partager en quelque sorte l'autorité, & de balancer les pouvoirs les uns par les autres.

Le sénat, établi pour maintenir l'équilibre

entre les rois & le peuple, étoit dans l'impossibilité d'usurper la tyrannie. Les deux autres puissances, réunies par un intérêt commun, auroient facilement réprimé ce corps dont les membres étoient électifs. Il ne pouvoit avoir d'autorité, qu'autant que toutes ses vues se dirigeoient au bien public. Il falloit qu'il devînt l'ame de la république ; & pour ce la, il falloit qu'il en méritât la confiance : l'abus de la puissance n'eût pas été respecté en lui, non plus que dans les rois.

Le peuple tout seul ne pouvoit rien : parce que tout peuple est foible, lorsqu'il est sans chef. D'ailleurs il n'étoit point de son intérêt de s'unir au sénat pour abaisser les rois, ni aux rois pour abaisser le sénat. Il lui importoit que ces deux puissances fussent redoutables l'une à l'autre, & qu'aucune ne prévalût : sa liberté en dépendoit.

Les rois enfin, encore plus foibles, n'avoient d'autorité, que comme chefs de la république ; & en cette qualité, ils avoient également à ménager & le peuple & le sénat.

Aucune de ces puissances ne pouvoit donc usurper l'une sur l'autre. C'est ainsi que Lycurgue, en combinant la monarchie, l'aristocratie & la démocratie, forma un gouvernement qui avoit les avantages des trois, sans avoir les inconvénients d'aucune. Mais ce qui contribua sur-tout à maintenir l'équilibre, c'est la pauvreté, c'est qu'à Sparte les ames ne pouvoient être vénales.

Changement fait au gouvernement de Lycurgue.

Il est vraisemblable que le sénat ayant gagné la confiance par sa conduite, ses décrets étoient d'ordinaire confirmés dans l'assemblée du peuple; & c'est alors que le roi Théopompe, jaloux de l'influence de ce corps, & desirant d'y mettre des bornes, au hasard même d'affoiblir sa propre autorité, imagina de donner des chefs au peuple, & créa de nouveaux magistrats qu'on nomma éphores. Cette innovation est d'environ cent trente ans après Lycurgue.

Les éphores furent au nombre de cinq. On les changeoit tous les ans. Elus par le peuple, ils en étoient les protecteurs. A ce titre, ils devinrent les juges des magistrats, des sénateurs & des rois. Ils se faisoient rendre compte de l'administration: ils cassoient les sénateurs: ils condamnoient les rois à l'amende: ils les pouvoient faire arrêter. Tous les mois, les rois juroient solemnellement de se conduire suivant les loix, & les éphores promettoient de les maintenir, tant qu'ils seroient fideles à leur serment. Il est évident que dans une république, où l'on auroit connu les richesses, de pareils magistrats auroient pu causer de grands désordres.

Mais Sparte étoit pauvre. C'est pourquoi les éphores n'étoient puissants, qu'autant qu'ils se bornoient à être les protecteurs du peuple; & le peuple, contens d'être protégé, n'ambitionnoit rien au delà. Un éphore, qui eût montré de l'ambition, eût été perdu. On respectoit les droits du sénat, on respectoit ceux des rois. L'opinion ne permettoit d'attenter ni aux uns ni aux autres; & ces droits restoient, lorsque les éphores en réprimoient les abus.

Lycurgue n'a pas voulu que les Spartiates fussent conquérants.

Sparte étoit proprement un camp, où les citoyens, abandonnant aux esclaves la culture des terres, s'exerçoient uniquement au métier des armes. Accoutumés, pendant la paix, à une discipline dure & sévere, la guerre étoit pour eux un temps de repos. Mais Lycurgue ne les avoit armés que pour leur défense. Il leur avoit interdit toute conquête: il leur en avoit ôté les moyens: il ne leur avoit laissé que la gloire d'être libres & de donner la liberté. Tant qu'ils conserverent cet esprit, ils jouirent de la plus grande considération; & ils auroient obtenu une sorte d'empire sur la Grece, s'ils s'étoient toujours bornés à se regarder comme les protecteurs des peuples opprimés.

Je n'entrerai pas pour le moment dans de plus grands détails sur le gouvernement de Lacédémone: nous aurons occasion d'y revenir. Je remarquerai seulement que Lycurgue paroît l'avoir formé d'après les circonstances, où se trouvoit alors la Grece: circonstances, qui paroissoient interdire toute conquête aux peuples, & qui bornoient leur ambition à être libres. La législation de Lycurgue est de 872 av. J. C.

Guerres des Spartiates dans le cours de cette période.

Sparte a eu plusieurs guerres dans cette période. La premiere, sous Agis fils d'Euristhene, réduisit les Ilotes en esclavage. Lycurgue ne brisa pas leurs fers. Il semble néanmoins qu'il eût été plus avantageux à la république de les avoir pour citoyens, que pour ennemis. Les autres guerres sont postérieures à ce législateur, & il y en a quatre.

Dans la premiere, les Spartiates s'étant flatés, sur la foi d'un oracle équivoque, de mesurer au cordeau le territoire des Tégéens, allerent au combat avec une provision de cordes, qui servirent à garrotter les prisonniers qu'on fit sur eux. Ils terminerent, par la ruine entiere d'Ithome, la seconde qui fut contre les Messéniens, & qui dura vingt ans. Elle se passa sous Théopompe. Une troisieme se fit sous le même roi, au sujet d'un champ sur lequel les Argiens & les Lacédémoniens formoient également des prétentions. Les deux armées étant en présence, convinrent, pour épargner le sang, de vuider leur querelle, en n'exposant de part & d'autre que trois cents champions, & le choix ayant été fait, elles se retirerent. Le combat entre ces deux troupes fut si violent, qu'il ne resta qu'un seul Lacédémonien & deux Argiens, qui, se croyant vainqueurs, coururent en porter la nouvelle à Agos.

Argos. Mais le Lacédémonien, s'étant saisi des dépouilles des ennemis, resta sur le champ de bataille, & par cette raison, prétendit aussi avoir eu la victoire. Il fallut donc en venir à une action générale : elle fut à l'avantage des Lacédémoniens.

La derniere guerre, dont il me reste à parler, commença la derniere année de cette période, & dura quatorze ans. Elle fut encore contre les Messéniens. C'est dans cette occasion que l'oracle de Delphes, consulté par les Spartiates, leur ayant ordonné de prendre un Athénien pour chef, Athènes leur offrit le poëte Tyrthée, ne voulant pas leur donner un bon général, & n'osant pas non plus désobéir à l'oracle. Ce poëte, plus utile qu'on n'avoit cru, rendit le courage aux Lacédémoniens; & les Messéniens, chassés de toutes leurs places, allerent s'établir en Sicile, où ils donnerent à la ville de Zancles le nom de Messéne, aujourd'hui Messine.

Athènes dans le cours de cette période.

Dans cette période, Athènes n'offre qu'une suite de factions & de dissentions. L'archontat perpétuel & héréditaire pendant 331 ans, devint électif, & sa durée fut réduite à dix. Cependant on se fit une loi de continuer de prendre les archontes dans la famille de Médon: la mémoire de Codrus vivoit encore, & faisoit aimer sa postérité. Enfin il y avoit quatre cents & quelques années, que les Médontides gouvernoient, lorſque les Athéniens, toujours plus jaloux de leur liberté, partagerent entre neuf archontes, la puiſſance qu'ils avoient juſqu'alors confiée à un ſeul, & bornerent cette magiſtrature à une ſeule année d'exercice.

CHAPITRE XV.

Obſervations ſur la cinquieme période.

La démocratie n'a pas dans les petits états les mêmes inconvénients, que dans les grands.

DANS le cours de cette période, la guerre la plus conſidérable eſt celle que les Spartiates ont faite aux Meſſéniens. D'ailleurs les républiques occupées à ſe former, même à ſe donner des ſecours contre les tyrans, ont rarement fait des entrepriſes les unes ſur les autres. Pendant cette paix, la Grece ſe peuploit, & prenoit des forces.

Il eſt vrai que les villes étoient troublées par des diſſentions continuelles. Sans loix, gouvernées par des uſages, elles ne pouvoient prendre une forme aſſurée, & les révolutions ſe ſuccédoient, comme les factions qui ne ceſſoient de ſe reproduire.

Mais quelque vicieuſe que ſoit la démocratie, elle n'a pas dans de petites républiques, les mêmes inconvenients que dans de grands états. Elle y produit des diſſentions, plutôt que des guerres civiles; & c'eſt par des brigues plutôt que par les armes, qu'on uſurpe l'autorité. Comme le parti qui ſuccombe, eſt bientôt ſans reſſource; le parti ſupérieur, s'il a pris les armes, les quitte bientôt. Il ne lui faut qu'un combat, il ne lui faut que se montrer pour dissiper ses ennemis. Il a même intérêt à les ménager; & sa vengeance ne tombe que sur les chefs, qui lui échappent facilement par un exil volontaire.

Maître de la république, le tyran n'ignore pas qu'il commande à des citoyens: il sait que, jaloux de leur liberté, ils portent impatiemment le joug; & il voit qu'on peut lui enlever le sceptre avec la même facilité qu'il s'en est saisi. Il lui importe par conséquent, de faire aimer son administration; & il met tout son art à persuader aux citoyens qu'ils sont libres encore, & qu'ils se gouvernent eux-mêmes. Il paroît donc que dans le cours de cette période, les peuples de la Grece n'ont pas été exposés à de grandes vexations.

La Grece, qui se peuple, envoie en colonie le superflu de ses habitans.

Aussi remarque-t-on que la population des villes s'accrut au point, que leur territoire ne pouvoit plus suffire au nombre des habitans. Si, dans une pareille conjoncture, elles avoient entrepris de reculer leurs frontieres, les peuples auroient encore reflué les uns sur les autres; & on auroit vu une révolution semblable à celle qu'avoit produit le retour des Héraclides.

Mais toutes également puissantes ou à peu-près, chacune étoit trop foible pour une pareille entreprise. Le sol même opposoit des obstacles aux conquêtes: les montagnes étoient des barrieres; & si l'on pouvoit les franchir, il étoit difficile de faire au delà des établissements solides. Ajoutons à ces raisons que l'idée de conquérir ses voisins ne pouvoit s'offrir à des peuples accoutumés à respecter mutuellement leur liberté.

Il ne restoit donc aux villes de la Grece d'autre ressource, que de former des colonies. Elles y étoient invitées par l'état florissant des peuplades, qui avoient été forcées à s'établir dans l'Asie-mineure ; & la nécessite de se débarasser du superflu de leurs habitants, leur en faisoit même une loi. Non seulement c'étoit une occasion d'éloigner les esprits inquiets, qui pouvoient causer des troubles : c'étoit encore un moyen de former des établissements, qui pouvoient être avantageux.

Les colonies sont pour elle un principal objet de la politique.

Les colonies devinrent donc un des principaux objets de la politique. S'il y avoit de l'inconvénient pour une ville, à se priver d'une partie de ses citoyens, c'étoit un mal nécessaire : il s'agissoit pour elle de ne les pas perdre tout-à-fait, & par conséquent, de se les tenir attachés par quelques liens.

Dans cette vue, on déterminoit les droits respectifs des métropoles & des colonies. On régloit ce qu'elles se devoient réciproquement les unes aux autres : on en dressoit un acte authentique: & pour rendre ces préliminaires plus solemnels & plus sacrés, on les accompagnoit de sacrifices & d'autres cérémonies religieuses.

La métropole fournissoit à ses colonies les

armes & tout ce qui étoit nécessaire à leur établissement. Elle leur donnoit des généraux, des magistrats, des ministres du culte, & elle s'engageoit à leur continuer sa protection. Voilà les titres qui fondoient ses droits.

En conséquence, les colonies étoient dans l'obligation d'aller au secours de leur métropole avec toutes leurs forces, d'ouvrir leurs ports à ses flottes, leur territoire à ses armées, & de rompre au besoin toute autre alliance.

Sans entrer dans un plus grand détail à ce sujet, vous prévoyez que les colonies resteront attachées à la métropole, tant qu'elles seront trop foibles pour ne pas sentir le besoin d'en être protégées. Alors la métropole en retirera de grands secours; & elle sera d'autant plus puissante, qu'elle aura fondé un plus grand nombre de colonies.

Cet usage, d'abord avantageux aux villes de la Grece, sera donc tous les jours plus suivi. Elles mettront leur gloire à donner naissance à de nouvelles villes : cette fécondité deviendra l'objet de leur ambition: & cet esprit écartera encore loin d'elles toute idée de faire des conquêtes les unes sur les autres.

Les avantages que la Grece retiroit de ses colonies, ne pouvoient être que passagers.

Cependant, l'utilité qu'elles retirent de leurs colonies, ne peut être que passagere. Ces nouvelles républiques, une fois affermies, se feront des intérêts conformes à leur situation, & oublieront, par conséquent, leur métropole. La reconnoissance ne passera donc pas d'une génération à l'autre : les dernieres générations jugeront que les premieres les ont acquittées : & elles n'imagineront pas qu'il soit de leur devoir de se sacrifier, lorsqu'elles n'en retireront aucun avantage.

Il n'y a qu'un intérêt commun, qui puisse unir plusieurs républiques : & pour avoir cet intérêt, il faut qu'elles aient les mêmes ennemis. En effet, nous verrons que les colonies politiques, qui se sont établies en Sicile & en Italie, prendront peu de part aux guerres que les Perses feront aux Grecs. Les colonies au contraire de l'Asie mineure, armeront pour la Grece contre la Perse ; & cependant ce sont des peuples que la révolution des Héraclides a chassés de leur premiere patrie, & qui, par conséquent, n'ont contracté d'engagement avec aucune métropole.

Sur la fin de cette période on prévoit que la Grece va cultiver les beaux-arts.

A la population de la Grece, & aux nouveaux établissements qu'elle fait dans cette période, vous pouvez juger, Monseigneur, que les républiques ont abondamment pourvu aux besoins les plus nécessaires ; & que par conséquent, nous ne sommes pas loin des temps, où les Grecs, se faisant des besoins superflus, doivent cultiver les beaux-arts. Quelques années avant la législation de Lycurgue, c'est-à-dire, 884 av. J. C., Iphitus, descendant d'Hercule, avoit renouvellé à Olympie ces jeux célebres, où tout concouroit à répandre l'émulation & l'amour de la gloire. Comment donc talents ne prendroient-ils pas l'essor parmi des peuples, qui aiment les nouveautés, & sur-tout aiment à applaudir? Dès-lors, l'Asie mineure avoit déja de grands poëtes: Hésiode & Homere vivoient dans le siecle qui a précédé celui de Lycurgue: la Grece, depuis ce législateur, commençoit à les connoître: & avec quel empressement ne devoit-elle pas rechercher des poëmes aussi intéressants pour elle que ceux d'Homere? Quand on rapproche toutes ces circonstances, on voit qu'elle se prépare elle-même à produire des poëtes. C'est en effet sur la fin de cette période qu'elle commence à cultiver la poësie avec quelques succès.

CHAPITRE XVI.

Des loix de Dracon & de la législation de Solon.

Inutilité des loix de Dracon.

En limitant à plusieurs reprises la puissance des archontes, les Athéniens, sans assurer leur liberté, n'avoient fait que donner des preuves de leur inquiétude. On eût dit que ces magistrats étoient seuls à redouter. Cependant leur foiblesse enhardissoit les factions; & la république, qui craignoit de confier l'autorité, obéissoit aux différents partis qui se l'arrachoient tour-a-tour.

624 av. J. C.

Las des dissentions, les Athéniens demanderent enfin des loix à Dracon: mais ce citoyen ne répondit pas à l'opinion qu'ils en avoient conçue. En effet, il ne paroît pas avoir rien changé à la forme du gouvernement. Il humilia l'aréopage: il créa un nouveau tribunal, qui ne subsista pas long-temps: il punit de mort les fautes les plus légeres, comme les plus grands forfaits: en un mot, il fit des loix, qui, n'ayant de remarquable que leur cruauté, devinrent tout-à-fait inutiles: le non-usage les abrogea.

Désordres qui continuent.

Les désordres étant toujours les mêmes,

600. av. J.C. Cilon, allié de Théagene tyran de Mégare, forma le projet d'usurper la tyrannie & se rendit maître de la citadelle. Il échoua à la vérité. Assiégé par les Athéniens, il fut forcé à prendre la fuite; & ceux qui ne purent pas s'échapper avec lui, chercherent un asyle dans le temple de Minerve.

Mégaclès, alors archonte, leur promit la vie, s'ils se livroient à lui; & cependant, lorsqu'il les eut en son pouvoir, il les fit massacrer. Les Athéniens eurent horreur de cette trahison, & regarderent la famille de cet archonte, comme une race impie & maudite. Elle est connue sous le nom d'Alcméonide, qu'elle a pris d'Alcméon, fils de Mégaclès. Nous aurons bientôt occasion d'en parler.

L'entreprise de Cilon ouvrit les yeux: mais il étoit difficile d'accorder les factions sur la forme qu'on donneroit au gouvernement. Les habitants des montagnes se déclaroient pour la démocratie; ceux de la plaine, pour l'oligarchie; ceux de la côte, pour un gouvernement mixte; & les pauvres, vexés pour des dettes qu'ils ne pouvoient acquitter, demandoient un nouveau partage des terres. C'est dans ces circonstances que Solon fut choisi pour donner des loix à sa patrie. Il balança quelque temps à se charger de cette commission; mais, élu archonte d'un consentement unanime, & revêtu de toute l'autorité nécessaire, il
594 entreprit la réforme du gouvernement.

Réforme faite par Solon.

Aprés avoir caſſé toutes les loix de Dracon, excepté celles qui concernoient les meurtriers, il donna un édit par lequel il déclara quittes tous les débiteurs. Cette premiere démarche rendit la liberté à plusieurs citoyens qui, dans l'impuiſſance de s'acquitter, avoient été forcés à ſe réduire en eſclavage.

Il réſerva les charges, les dignités & les magiſtratures pour les citoyens riches, qu'il diſtribua en trois claſſes. Il mit dans la premiere ceux dont le revenu annuel montoit à cinq cents meſures. Ceux qui en avoient trois cents, & qui pouvoient entretenir un cheval en temps de guerre, composoient la ſeconde. La troiſieme ſe forma de ceux qui n'en avoient que deux cents. Enfin dans une quatrieme furent compris les citoyens moins riches, les artiſans qui vivoient de leur travail, les journaliers, tous les mercenaires en un mot.

Ceux de cette derniere claſſe furent donc exclus de toutes les charges. Pour les dédommager, Solon leur accorda le droit de ſuffrage dans les aſſemblées publiques, où ſe décidoient toutes les affaires; telles que la paix, la guerre, les alliances, le culte, les loix, les finances, l'élection des magiſtrats. Ces aſſemblées étoient même un tribunal ſuprême, auquel on pouvoit appeller, & qui caſſoit ou confirmoit les ſentences rendues par les autres tribunaux.

Vous voyez que le dédommagement, accordé aux citoyens pauvres, étoit trop fort. Etant en plus grand nombre, ils devoient avoir la plus grande influence dans les assemblées. Leur donner le droit de suffrage, c'est par conséquent confier les intérêts de la république à des citoyens, qui, n'ayant rien à perdre, n'ont rien à ménager; & qui, présumant que les révolutions peuvent leur être favorables, les desirent, & n'attendent que le moment de les faire naître.

Afin de prévenir ces inconvénients, ou du moins afin de les diminuer, Solon donna pour conseil à la république, un sénat composé de quatre cents membres. Les tribus, qui étoient alors au nombre de quatre, en fournirent chacune cent. Dans la suite, les Athéniens seront distribués en dix tribus, chacune fournira cinquante sénateurs, & le nombre en sera porté à cinq cents.

Ce corps délibéroit sur les affaires: mais son avis n'étoit pas un décret qui fît loi: c'etoit un décret préparatoire. Il le falloit porter à l'assemblée du peuple, & il pouvoit être rejeté comme agréé. Sur quoi Anacharsis, un Scythe qui étoit alors à Athénes, disoit à Solon: *j'admire que chez vous les sages n'aient que le droit de délibérer, & que celui de décider soit réservé aux fous.* On pourroit encore dire qu'un conseil de quatre cents personnes n'est pas un conseil de sages: il est trop nombreux. Quelque bien composé qu'on le suppose, il lui est très-difficile d'user du droit de délibérer : on peut même assurer qu'il en usera mal.

Pour mettre encore un frein à l'inquiétude du peuple, Solon rétablit l'aréopage. Il lui rendit tout son lustre : il le fit dépositaire des loix, & il lui donna l'inspection sur toute la police. Cependant, malgré ces précautions, le peuple restoit le maître du gouvernement ; & Anacharsis avoit raison de dire encore à Solon : *vos loix sont des toiles d'araignées, où les foibles seront pris, & que les forts briseront.* Aussi ce législateur convenoit-il qu'elles n'étoient pas les meilleures possibles, mais les meilleures que les Athéniens fussent capables de recevoir.

Législation de Solon considérée par opposition à celle de Lycurgue.

La démocratie, comme nous l'avons remarqué, n'a pas pour les petits états les mêmes inconvénients que pour les grands. Ce qu'il importoit le plus aux Athéniens, c'étoit d'avoir de bonnes loix, des loix qui se fissent respecter même d'un tyran, s'il arrivoit jamais qu'un citoyen usurpât la tyrannie. Or, c'est en quoi Solon a rendu le plus grand service à sa patrie. Comme mon dessein n'est pas d'entrer à ce sujet dans un grand détail, je ne considérerai sa législation que par opposition à celle de Lycurgue ; & nous tâcherons de prévoir les effets différents, qui doivent naître de l'une & de l'autre.

Les exercices militaires étoient, comme nous l'avons dit, l'unique occupation des Spartiates : toute autre leur avoit été interdite. Il ne leur étoit permis de s'appliquer, ni à l'agriculture, ni aux arts méchaniques, ni au commerce : d'ailleurs, ils ne pouvoient avoir aucune affaire domestique, puisque tous les biens étoient en commun ; ils n'avoient pas même les soins du ménage.

Ils étoient donc fort désœuvrés. Il est vrai que l'oisiveté a peu d'inconvénients pour un peuple qui ne connoît pas le luxe : cependant il falloit y pourvoir. C'est pourquoi Lycurgue régla jusqu'aux actions les plus indifférentes de la vie privée. La regle fut la même pour tous les citoyens : elle les assujettit tous également ; jusques là que dans les salles communes, où l'on se rassembloit par désœuvrement, les sujets de la conversation étoient déterminés par la loi.

Accoutumés dès l'enfance à la même regle & à la même discipline, les Lacédémoniens seront donc austères, constants dans leurs résolutions, excellents soldats. Toujours conduits par le même esprit, ils auront plus de tenue, & par conséquent des succès plus assurés.

Méprisant les arts, ils mépriseront les peuples qui les cultivent ; & pour peu qu'ils aient sur eux quelque avantage, ils seront fiers & impérieux avec eux, comme avec leurs Ilotes.

N'étant que soldats, ils ne connoîtront que la force: l'utilité de la république sera leur unique loi. Ils seront donc perfides & cruels. Tel sera leur caractère: l'histoire ne le confirme que trop.

Les inconvénients de l'oisiveté auroient été grands dans une république telle qu'Athènes: car des citoyens pauvres, qui n'auroient subsisté d'aucun travail, n'auroient trouvé de ressources que dans les troubles. Aussi Solon voulut que tous fussent également occupés. Le fils par la loi étoit dispensé de nourrir un pere, qui ne lui avoit fait apprendre aucun métier. L'aréopage avoit été préposé pour prendre connoissance des moyens dont chaque citoyen subsistoit. Cette loi étoit d'autant plus sage que le terrain aride de l'Attique faisoit une nécessité de tourner l'industrie des habitants aux arts & au commerce.

Il falloit donc s'occuper à Athenes: mais chacun avoit le choix de ses occupations. Ainsi la liberté, le besoin, la loi, tout favorisoit les arts. Ils fleuriront par conséquent, & on peut prévoir que les Athéniens excelleront dans tous les genres.

Aussi jaloux de leur liberté que les Spartiates, ils ne seront pas moins courageux; & ils auront des mœurs plus douces, parce qu'ils s'occuperont des arts utiles & agréables.

Plus justes appréciateurs des talents, ils les estimeront davantage. Ils en seront plus généreux; & dès qu'ils seront plus généreux, ils seront aussi plus humains, plus bienfaisants, plus équitables: ils auront en un mot toutes les vertus sociales.

Mais parce que la forme de leur gouvernement entretiendra leur inquiétude, ils seront légers, inconstants, amateurs du merveilleux, capricieux, frivoles, emportés; & parce qu'ils ne cesseront pas d'être humains & généreux, ils seront quelquefois honteux de leurs caprices & de leurs emportements. Vous jugez qu'avec ce caractère, ils finiront par avoir tous les vices du luxe.

C'est assez vous faire connoître la législation de Lycurgue & celle de Solon, que de vous montrer d'avance les effets qui naîtront de l'une & de l'autre. Vos lectures, Monseigneur, acheveront de vous instruire à cet égard, & je dois me borner à des observations générales.

Fins que se sont proposés ces deux législateurs.

Les derniers siecles, que nous avons parcourus, seroient peu dignes d'attention, s'ils n'avoient pas produit ces deux législateurs: mais ils les ont produits, & il semble que Lycurgue & Solon suffisent pour remplir ce long intervalle. Le premier a donné dans les Spartiates, un modele subsistant des talents militaires & des vertus guerrieres; le second a déa développé dans les Athéniens le germe de toutes les vertus sociales & des talents de toute espece. Il est l'époque où la Grece a commencé à produire de grands hommes en tous genres.

Parce que les mœurs assurent seules la durée d'un gouvernement, tous deux ont donné leurs soins à l'éducation des citoyens, quoique avec des vues différentes. A Sparte, les enfants élevés par l'état, ne prenoient que les habitudes utiles à la patrie. La république veilloit sur leurs exercices, sur leurs actions, sur leurs discours. Rien n'étoit indifférent : tout étoit réglé par la loi ; & les citoyens s'accoutumoient dès l'enfance à la même façon de penser, comme à la même façon d'agir.

Une parfaite égalité pouvoit seule maintenir une discipline aussi sévere. Il falloit par conséquent que tous les biens fussent en commun : il falloit ôter aux citoyens tout moyen de s'enrichir ; bannir les arts, le commerce, l'or, l'argent. Il falloit, en un mot, pour fermer Sparte à la corruption, la fermer aux richesses. C'est donc la monnoie de fer, qui a donné toute la consistance au gouvernement des Spartiates ; & la pauvreté pouvoit seule conserver les mœurs de cette république : ce moyen étoit infaillible, comme il étoit le seul.

Solon ne pouvoit donc pas assurer à son gouvernement la même durée, & il ne se le promettoit pas. Dans une république, où tous les citoyens n'étoient pas pauvres, ce sont les pauvres qui auroient été dangereux. Il falloit que l'éducation fît à tous un besoin de s'occuper, & ce fut là le principal objet du législateur. Mais il lui suffisoit aussi qu'on s'occupât: car en gênant la liberté, il eût étouffé l'industrie, & dégoûté de toute occupation. Il étoit donc nécessaire que tous les arts fussent estimés; que la considération qui leur étoit attachée, fît un besoin d'avoir des talents; & qu'elle fît même encore un besoin de cultiver les talents dans les autres. Or, voilà l'esprit qui distinguera les Athéniens: parmi eux les grands hommes se feront un honneur de former des éleves.

On a dit que Lycurgue a donné aux Spartiates des mœurs conformes à ses loix, & que Solon a donné aux Athéniens des loix conformes à leurs mœurs. L'entreprise du premier demandoit plus de courage, & celle du second demandoit plus d'art. Peut-être la différence de leur caractère a-t-elle eu beaucoup de part à la différence des plans qu'ils se sont faits. Lycurgue étoit dur & austère, Solon étoit doux & même voluptueux.

Quoi qu'il en soit, tous deux ont réussi. Lycurgue a voulu faire des soldats, & il en a fait: Solon a voulu réunir tous les talents aux vertus militaires, & il a fait des hommes dans tous les genres.

L'événement, favorable à l'un & à l'autre, est peut-être le seul moyen de les juger: car nous sommes bien éloignés de pouvoir raisonner sur toutes les circonstances où ils se sont trouvés. Lacédémone conservera plus long-temps ses mœurs & ses loix. Mais Athènes survivra à sa liberté. Toute la Grece sera assujettie, & les Athéniens auront sur leurs vainqueurs, l'empire que donne la supériorité des talents.

Tous ces talents auroient été perdus, si Solon avoit fait à Athènes ce que Lycurgue avoit fait à Sparte. Mais le pouvoit-il? auroit-il été sage de le tenter? Pour en juger, connoissons nous assez le siecle où il a vécu? Admirons le courage de Lycurgue, & chérissons la mémoire de Solon.

CHAPITRE XVII.

Depuis la législation de Solon jusqu'au commencement de la guerre avec les Perses.

Pourquoi les Grecs ne pourront jamais s'agrandir par des conquêtes.

LE gouvernement de Lacédémone étoit établi sur de solides fondements, lorsque chaque ville de la Grece, troublée au dedans par ses propres dissentions, étoit trop foible pour former des entreprises au dehors. Toutes auroient même succombé sous la puissance des Spartiates, si ce peuple eût eu l'ambition des conquêtes, & un gouvernement favorable à son agrandissement. Il semble en effet qu'il n'avoit qu'à entretenir ces dissentions, pour étendre insensiblement sa domination sur tous les Grecs.

Cette politique, trop adroite pour des soldats, étoit trop contraire à l'esprit de leur législation. Ils laisserent donc aux autres peuples le temps de s'affermir : ils leur en fournirent même les moyens ; & ils leur donnerent de si grandes preuves de leur justice & de leur modération, que les villes eurent plus d'une fois recours à eux, pour terminer les différents qui s'élevoient entre elles. Mais ils n'ont pas long-temps mérité cet éloge.

Cette modération, qu'ils avoient d'abord montrée, les avoit empêché de former des projets d'agrandissement. Ils la perdirent, & ils ne s'agrandirent pas davantage. Il suffit d'observer leur conduite avec les Messéniens, pour prévoir qu'ils ne feront jamais de grandes conquêtes.

Les Messéniens, chassés d'Ithome, l'unique place qu'ils avoient conservée, s'étoient retirés chez les peuples voisins, & Ithome avoit été rasée. Invités cependant par les Spartiates, & comptant sur les conditions dont on étoit convenu, ils revinrent dans leurs villes; & ils furent en effet traités avec douceur, tant qu'on crut devoir les ménager. Mais insensiblement le joug s'appesantit. Les Lacédémoniens, infideles à leurs engagements, parurent méditer la ruine entiere de ce peuple, & ils employerent à cet effet les injustices & les vexations les plus criantes. Enfin il y avoit trente-neuf ans que les Messéniens gémissoient dans cette servitude, lorsqu'ils reprirent les armes, & la fortune leur fut tout-à-fait contraire: le vainqueur, devenu plus fier & plus inhumain, ne leur laissa pour ressource que l'esclavage ou la fuite.

Les Spartiates ne mettoient donc point de différence entre conquérir & réduire en servitude. Or, cette façon de penser avoit d'abord l'inconvénient de rendre les conquêtes d'autant plus difficiles, que tous les peuples de la Grece étoient également jaloux de leur liberté. En second lieu, elle les rendoit inutiles, ou même contraires à l'accroissement de la puissance de Sparte; parce qu'une république s'affoiblit, lorsqu'elle augmente le nombre de ses esclaves, sans augmenter celui de ses citoyens. Les Lacédémoniens sentoient eux-mêmes qu'ils n'en étoient pas plus puissants pour avoir des esclaves; & c'est leur foiblesse qui a été le principe de leur inhumanité envers les Ilotes: ils les massacroient, dans la crainte qu'ils ne devinssent redoutables par leur nombre. Or, ces précautions perfides & cruelles annonçoient aux autres peuples le sort qui les attendoit, & les invitoient à périr plutôt qu'à se soumettre.

Si les Spartiates eussent été dans l'usage d'accorder les droits de citoyen aux peuples vaincus, les forces de la république se seroient accrues avec les victoires, & chaque conquête eût pu conduire à une autre. Mais, jaloux de ces droits, ils ne les vouloient pas communiquer, & ce préjugé leur ôtoit le pouvoir de s'agrandir.

Ce préjugé n'étoit pas particulier aux Spartiates. Commun à toutes les villes de la Grece, il étoit cher sur-tout aux Athéniens. Athènes sera donc toujours foible, ainsi que

Sparte ; & les conquêtes seront impossibles aux Grecs, dans les temps mêmes qu'il sera impossible de les vaincre.

Lors de Cécrops, il n'y avoit que vingt mille habitants dans l'Attique; & de deux dénombrements qui ont été faits depuis Solon, l'un sous Périclès, l'autre sous Démétrius de Phalere, le plus fort porte le nombre des citoyens à vingt & un mille. Il est donc prouvé qu'il étoit à peu-près le même dans tous les temps.

Lycurgue trouva neuf mille citoyens dans Sparte, & trente mille dans la Laconie. Par conséquent, si nous jugeons de Lacédémone par Athenes, cette république n'aura jamais eu qu'environ quarante mille citoyens. Voilà cependant les deux grandes puissances de la Grece.

Semence de jalousie entre les républiques de la Grece.

Telle étoit donc la situation des peuples de cette contrée : aucun n'étoit assez puissant pour commander, & aucun n'étoit assez foible pour recevoir la loi. Cependant, parce que toutes les villes commençoient à s'affermir au dedans, elles commençoient chacune à regarder autour d'elles; & dès-lors sans doute, elles auroient eu l'ambition de reculer leurs frontieres, si elles en avoient eu les moyens. Ce fut donc parce qu'elles sentirent leur impuissance, qu'elles n'entreprirent pas de faire des conquêtes les unes sur les autres : mais elles n'en ont pas été plus tranquilles, parce que les plus foibles avantages que quelques-unes remportoient, suffisoient pour semer la jalousie parmi elles.

Ainsi toujours jalouses les unes des autres, elles le seront sur-tout de l'ascendant qu'Athènes & Sparte prendront tour-à-tour. Elles feront des ligues pour tenir ces deux puissances en équilibre; & parce que la balance penchera alternativement, elles seront dans la nécessité de faire continuellement de nouvelles combinaisons de leurs forces. Cependant elles ne seront pas assez éclairées pour se décider sur le choix des alliances, chacune d'après leurs vrais intérêts. La jalousie leur fera faire de fausses démarches: les vues particulieres des hommes qui les conduiront, leur en feront faire de plus fausses encore: le système politique de la Grece sera sujet à des révolutions continuelles; & après bien des guerres, que l'inquiétude, plutôt que l'ambition, aura suscitées, il ne restera aux peuples qu'un épuisement général & une haine qui les divisera de plus en plus. C'est alors qu'affoiblis, & incapables de se réunir contre un ennemi commun, ils finiront par être la proie d'une puissance étrangere.

C'est vers les temps de Solon, que commence cette jalousie, qui est le présage de la ruine des Grecs. Les effets en seront suspendus pendant la guerre contre la Perse: aussitôt après, elle éclatera d'autant plus qu'ils auront eu de plus grands succès. Elle croîtra de jour en jour parmi les dissentions qu'elle fera naître, & elle sera la principale cause des révolutions.

Il y avoit déja long-temps que les Spartiates donnoient de la jalousie aux peuples du Péloponese, lorsque les Athéniens ne faisoient encore ombrage à aucun de leurs voisins. C'est qu'Athènes, toujours troublée, n'avoit jamais été dans une situation à former de grandes entreprises. Depuis même que Solon lui avoit donné des loix, elle n'en étoit pas plus redoutable : car ce législateur n'avoit pas, comme Lycurgue, tari la source des dissentions. En laissant l'autorité entre les mains du peuple, il avoit proprement livré la république aux ambitieux, & il vit lui-même un citoyen usurper la tyrannie, environ trente ans après qu'il eut réformé le gouvernement.

Circonstances où Pisistrate aspire à la tyrannie.

Nous avons remarqué plus haut que les habitants de la montagne, ceux de la côte & ceux de la plaine formoient trois partis, qui se déclaroient chacun pour un gouvernement différent, & que les pauvres demandoient un nouveau partage des terres. Or, tous ces partis étoient mécontents des loix de Solon, les uns, parce qu'il n'avoit rien fait pour eux, les autres, parce qu'il n'avoit pas assez fait. Ils continuoient donc de remuer; le premier, à qui les pauvres s'étoient joints, ayant pour chef Pisistrate ; le second, Mégaclès de la famille des Alcméonides ; & le troisieme, Lycurgue.

Pisistrate étoit puissant par la faveur du peuple, qui le regardoit comme le partisan zélé de la liberté & même de l'égalité. Mégaclès l'étoit par ses richesses. Quant à Lycurgue, il pouvoit être de quelque secours à l'un ou à l'autre : mais tout seul, il n'étoit redoutable à aucun des deux.

Il usurpe le trône.

Solon voyoit le danger où étoit la république. Il pénétroit les vues de Pisistrate, qui s'attachoit les pauvres par sa bienfaisance, & qui gagnoit jusqu'à ses ennemis par sa générosité. Cependant le peuple séduit, se livroit sans défiance, & le parti de Pisistrate se fortifioit tous les jours. Cet homme, aussi adroit qu'ambitieux, s'assura donc de l'affection du plus grand nombre des citoyens. Alors s'étant fait lui-même une blessure, il se fit porter sur la place : il accusa ses ennemis d'avoir attenté à ses jours : il demanda des gardes pour sa sûreté : il en obtint cinquante : bientôt il en augmenta le nombre, & ne dissimulant plus, il s'empara de la citadelle.

Tout céda : les chefs des deux autres partis s'exilerent. Solon seul résistoit, reprochant au tyran sa perfidie, & aux Athéniens leur imprudence & leur lâcheté. Mais Pisistrate se défendoit par le respect qu'il montroit pour les loix : il les observoit, il les faisoit observer ;

& plus le législateur s'élevoit contre lui, plus il affectoit de lui donner des marques d'estime & de confiance. Solon mourut l'année suivante.

559 av. J. C.

Cette même année, Pisistrate, contraint de céder aux deux autres factions qui se sont réunies, se retire. Rappellé presque aussitôt par Mégaclès, qui lui donne sa fille en mariage, il recouvre l'autorité. Quelques mois après, un différent, survenu au sujet de ce mariage même, la lui enleve, & il reste onze ans en exil. Enfin il revient, il fait bannir les Alcméonides, & il n'éprouve plus de revers. La douceur de son gouvernement parut même faire oublier aux Athéniens la haine qu'ils avoient pour les rois, & en mourant il transmit sa puissance à ses fils Hippias & Hipparque.

528 av. J. C.

Gouvernement d'Hippias & d'Hipparque.

On ne sait si ces deux princes regnerent conjointement, ou si l'un des deux regna seul. On sait seulement qu'ils s'appliquerent, encore plus que Pisistrate, à rendre le joug de la tyrannie moins sensible. Ils protégerent les lettres, qui commençoient à fleurir; & cette protection sans doute ne contribua pas peu à donner de leur gouvernement l'idée la plus avantageuse. Les éloges, vrais ou flatteurs des gens de lettres, font souvent la réputation des souverains. Le peuple, qui goûte leurs écrits, juge d'après eux; & plus il s'occupe des ouvrages qui l'amusent, moins il fait attention à la maniere dont on le gouverne. Ce fut donc vraisemblablement autant par politique que par goût, que les fils de Pisistrate protégerent les lettres.

Conjuration, qui coûte la vie à Hipparque.

Il y avoit treize ans qu'ils regnoient, lorsqu'Harmodius & Aristogiton formerent une conspiration, pour se venger d'un affront qu'Hipparque avoit fait à la sœur d'Harmodius. Hipparque périt par leurs mains le jour des Panathénées : mais il périt seul. Ayant eux-mêmes été arrêtés, ils perdirent la vie; & Hippias, de ce jour livré à tous les soupçons, devint cruel, sanguinaire, & se rendit odieux.

Les Lacédémoniens chassent Hippias.

Cependant les Alcméonides, qui ne cherchoient que l'occasion de revenir dans leur patrie, s'étoient fait charger par les Amphictyons de la construction du nouveau temple de Delphes. Ils s'en acquitterent avec une générosité, où la politique eut plus de part que la religion; & bientôt la Pythie ne rendit plus que les oracles qu'ils lui dictoient. Les Lacédémoniens, à qui elle ne cessa de répéter, qu'ils ne réussiroient point dans leurs entreprises, s'ils ne commençoient par délivrer Athénes de la tyrannie, déclarerent la guerre aux Pisistratides, & Hippias, forcé de s'exiler, se retira à Lampsaque.

Athènes libre, éleva dans la place publique des statues à Harmodius & à Aristogiton: honneur qui n'avoit point encore été accordé, mais très-propre à ranimer l'amour de la liberté & la haine des tyrans.

Les troubles cependant recommencent. Clisthene, de la famille des Alcméonides, aspire à la tyrannie, & la faveur du peuple paroît la lui assurer, lorsqu'Isagoras, son concurrent, demande des secours aux Spartiates. Cléomène, leur roi, arrive à Athenes. Il force Clisthene à se retirer : il fait bannir sept cents familles, qui lui étoient attachées : il tente d'abolir le sénat : il veut confier le gouvernement aux seuls partisans d'Isagoras. Alors le peuple se souleve, chasse les Lacédemoniens, rappelle les exilés ; & Clisthene, effrayé du danger qu'il a couru, abandonne ses premiers projets, & rétablit la démocratie. C'est lui qui distribua le peuple d'Athènes en dix tribus.

Nouveaux troubles.

Fiers de leur liberté, les Lacédémoniens se croyoient, en quelque sorte, seuls nés pour être libres, & ne pardonnoient pas aux Athéniens de vouloir l'être. Honteux d'ailleurs d'avoir eu la simplicité de prendre les armes sur la foi d'un oracle, dont on avoit reconnu l'imposture, ils se reprochoient d'avoir chassé les Pisistratides. Ils projeterent donc de les rétablir.

Les Lacédémoniens projettent inutilement le rétablissement d'Hippias.

Trop foibles par eux-mêmes pour exécuter cette entreprise, ils la proposerent à leurs alliés. Mais tous s'y refuserent à l'exemple des Corinthiens, qui témoignerent combien elle leur étoit odieuse.

Corinthe, alors libre, avoit été sous la domination des tyrans. Florissante par le commerce, elle l'étoit sans rivales. Elle n'avoit donc d'autre intérêt que de conserver cet avantage qu'aucune ville ne lui disputoit. D'ailleurs plus faite, parce qu'elle étoit commerçante, pour connoître le prix de la liberté, elle vouloit être libre; & elle vouloit aussi que chaque peuple le fût, parce qu'elle n'aspiroit point à dominer. Il lui importoit même qu'Athènes pût toujours balancer la puissance de Sparte. Voilà pourquoi dans cette occasion, on voyoit encore en elle l'esprit de ce siecle, où toutes les villes conspiroient ensemble contre les tyrans.

Hippias demande des secours aux Perses.

Hippias, ne pouvant donc compter sur les secours d'aucun peuple de la Grece, tenta d'engager Artapherne, gouverneur de Sardes, à travailler à son rétablissement, & le fit entrer dans ses vues. Sur ces entrefaites, les Ioniens s'étant révoltés, les Athéniens se joignirent à eux, méprisant les menaces d'Artapherne, & consultant leur passion plutôt que leurs forces.

504 av. J. C. C'est alors que la Grece se vit menacée des armes du roi de Perse.

CHAPITRE XVIII.

Des révolutions de l'Asie avant la guerre que les Perses ont faite aux Grecs.

Le premier empire des Assyriens finit sous Sardanapale, lorsqu'Arbace, gouverneur des Medes, & Bélésis, gouverneur de Babylone, se souleverent contre ce prince efféminé. Des débris de cet empire se formerent trois monarchies, celle de Ninive, ou le second empire des Assyriens, celle de Babylone & celle des Medes.

Fin du premier empire des Assyriens. 770 — 747 av. J.C.

A Bélésis succéda Nabonassar, dont l'avénement au trône est le commencement d'une ére astronomique, appellée de son nom *ére de Nabonassar.* D'ailleurs l'histoire des rois de Babylone est tout-à-fait inconnue.

Monarchie de Babylone.

Nous ne connoîtrions pas mieux celle des rois de Ninive, sans les ravages qu'ils ont faits dans la Palestine. Vous avez vû dans l'écriture sainte les conquêtes de Théglathphalasar, que l'impie Achaz, roi de Juda, avoit appellé à son secours; celles de son fils Salmanasar, qui emmena Osée & les dix tribus en

Monarchie de Ninive, ou second empire des Assyriens.

captivité ; celles de Sennachérib, fils de Salmanasar, dont l'armée fut exterminée au siege de Jérusalem, qui fut assassiné par ses deux fils aînés, & dont la couronne passa à son troisieme, Assaradon. Sous ce dernier regne, le royaume de Babylone fut réuni à celui de Ninive.

Monarchie des Medes.

Il paroît que la monarchie des Medes a commencé plus tard que les deux autres. L'avénement de Déjocès, son premier roi, est de la même année que celui d'Assaradon.

710 av. J. C.

Temps d'anarchie parmi les Medes.

Arbace ne regna pas, ou regna peu ; & les Medes, sans aucune forme de gouvernement, apprirent par leur expérience combien les peuples ont besoin d'une autorité capable de réprimer les violences & les injustices. Les funestes effets de la licence devoient donc tôt ou tard rétablir la monarchie, que la crainte de la servitude avoit proscrite.

Il n'est pas possible de terminer toujours les différents par les armes. Le droit du plus fort, quoiqu'on soit porté à le reconnoître, n'assure rien. Il se détruit par les abus qui en naissent ; & il expose à des révolutions continuelles, non seulement les foibles, mais encore les plus puissants. C'est pourquoi dans les temps mêmes, où la licence paroît bannir toutes les loix, les hommes, forcés par les circonstances, s'en font comme à leur insu, & adoptent tacitement des usages qui leur en tiennent lieu.

Cepen-

Cependant de pareilles loix sont équivoques & variables ; & quand elles seroient claires, elles seroient sans force, parce qu'elles ne sont pas protégées par une puissance capable de les faire respecter. Alors, au défaut de cette puissance, on est souvent forcé à prendre des arbitres, & à se soumettre à leurs décisions. Voilà où en étoient les Medes, lorsque Déjocès devint l'arbitre de la contrée où il vivoit. Il y rétablit l'ordre par sa sagesse ; & bientôt on vint à lui de toutes parts, comme au juge le plus éclairé & le plus équitable.

Déjocès est élu roi.

Il s'étoit rendu nécessaire à tous les peuples de la Médie, lorsque, sous prétexte de vaquer à ses affaires, il se refusa à celles des autres. Aussitôt l'anarchie renouvella les anciens désordres ou en produisit de plus grands encore. Déjocès, qui l'avoit prévu, avoit jugé qu'on seroit dans la nécessité d'élire un roi, & il s'étoit flatté que le choix tomberoit sur lui. Il ne se trompa pas. Personne n'avoit plus de droits à la royauté, puisque personne n'étoit plus capable de maintenir l'ordre & la paix : mais ses titres auroient été plus beaux encore, s'il les eût fait valoir sans artifice.

Gouvernement de Déjocès.

Jusqu'alors les Medes avoient vécu dispersés dans une multitude de villages. Déjocès, qui voulut en rassembler une partie, bâtit Ecbatane. Il leur fit sentir le besoin de se réunir : il leur donna des loix : il les accoutuma à la discipline : il adoucit leurs mœurs. Il s'appliqua sur-tout à leur inspirer la crainte & le respect, se rendant invisible, ne se montrant que par l'éclat qui environnoit le trône, & gouvernant du fond de son palais. Ceux qui avoient le privilege de l'approcher, ne pouvoient, dit-on, ni le regarder en face, ni rire, ni cracher en sa présence.

On prétend que la férocité des Medes rendoit ces précautions nécessaires. Mais, quelque féroces qu'ils fussent, ils avoient senti la nécessité de se soumettre à un roi; ils n'avoient choisi Déjocès, que parce qu'ils avoient la plus haute idée de ses lumieres & de sa justice, & ils l'avoient choisi librement. Il me semble donc que pour diminuer la férocité de ce peuple, ce prince n'avoit qu'à se montrer: un libre accès auprès de Déjocès, encore particulier, avoit commencé cet ouvrage: un libre accès auprès de Déjocès, devenu roi, l'auroit achevé. Aux précautions qu'il prend, on pourroit donc conjecturer qu'il a usurpé le trône. Hérodote, de qui nous tenons l'histoire de cette révolution, peut n'en avoir pas connu les circonstances, ou s'être plu à les embellir. Car, Monseigneur, on a écrit des romans, avant d'écrire l'histoire.

Du fond de son palais, Déjocès, dit Hérodote, instruit de tout ce qui se passoit, faisoit rendre une exacte justice dans toute l'étendue de ses états. Comment donc ce monarque, qui ne voyoit rien par lui-même, pouvoit-il toujours trouver, chez un peuple ignorant & féroce, des hommes assez éclairés pour bien voir; & assez justes pour lui rendre un compte fidele de ce qu'ils voyoient? Il est bien étrange qu'on se ferme les yeux, au moment qu'on se charge de conduire les autres.

Les fautes sont contagieuses sur-tout pour les souverains; c'est ce que l'histoire ne prouve que trop. L'exemple de Déjocès, qui s'enferme dans son palais, sera suivi par les monarques d'orient. Prisonniers sur le trône, ils seront environnés de gardes, qu'ils croiront avoir armés contre le peuple, & qu'ils auront armés contre eux-mêmes. La royauté sera respectée comme une puissance invisible. Mais on ne prendra aucun intérêt à la personne des souverains. Ils seront égorgés, & le peuple verra avec indifférence des revolutions, qui ne passeront pas l'enceinte du palais.

Déjocès regna cinquante-trois ans. Ce long regne, qui ne fut troublé par aucune guerre, affermit son autorité, & il la laissa à son fils Phraorte, qu'on croit l'Arphaxad de l'écriture.

Regne de Phraorte.

Phraorte assujettit les Perses, conquit une partie de la haute Asie, & il échoua contre le roi d'Assyrie, Saosduchin ou Nabucodonosor I, fils d'Assaradon. Ce prince l'ayant vaincu & fait prisonnier, le fit périr à coups de javelot.

Nabucodonosor, après sa victoire, ne songea qu'à se venger des peuples, qui lui avoient refusé leurs secours contre les Medes; & ce fut alors qu'Holopherne porta l'épouvante dans le royaume d'Israël, assiégea Béthulie, & périt par le courage de Judith. L'armée des Assyriens fut entiérement défaite.

Regne de Cyaxare, pendant lequel les Scythes font une irruption en Asie.

Le regne de Phraorte avoit été de vingt-deux ans: celui de Cyaxare, son fils, fut de quarante. Ce prince, s'étant rétabli pendant que les Assyriens s'occupoient à d'autres guerres, tourna ses armes contre eux, les défit, & assiégea Ninive. Sur ces entrefaites, les Scythes, sortis des environs des palus Méotides sous la conduite de Madiès leur roi, font une irruption dans la Médie, pendant que les Cimmériens, qu'ils avoient chassés d'Europe, dévastent l'Asie mineure. Cyaxare, forcé à lever le siege de devant Ninive, marche contre ce nouvel ennemi: il est défait, & les Scythes, qui se répandent librement, pénetrent jusqu'en Egypte.

Révolutions en Egypte.

On sait peu de chose de l'histoire d'Egypte, depuis Sésostris jusqu'a Psamméticus, qui regnoit alors.

Dans l'intervalle qui s'est écoulé, depuis la révolte des Medes jusqu'à l'avenement de Déjocès, les Egyptiens ont eu deux monarques, qui se font remarquer: Bocchoris, qui est au nombre de leurs législateurs, & Sabacos, roi d'Ethiopie, qui conquit l'Egypte, & qui, après l'avoir gouvernée cinquante ans, retourna en Ethiopie, abandonnant volontairement sa conquête.

Enfin pendant que Déjocès regnoit en Médie, l'Egypte fut partagée entre douze rois, qui gouvernoient avec une autorité égale, lorsque Psamméticus, devenu suspect aux autres, fut relégué dans les pays marécageux de l'Egypte. Ce fut son salut : car avec le secours de quelques soldats de Carie & d'Ionie, que la tempête jeta sur les côtes, il défit ses ennemis, & se rendit maître des douze royaumes. Il donna des établissements aux Ioniens & aux Cariens, qui l'avoient secouru : il contracta des alliances avec les Grecs, & il leur ouvrit l'Egypte, jusqu'alors fermée aux étrangers. 685 av. J. C. 670.

Assuré sur le trône, il fit la guerre à Nabucodonosor I, au sujet de la Palestine qui séparoit les deux royaumes. Le siege de la ville d'Azoth, le plus long dont il soit parlé, l'arrêtoit depuis vingt-neuf ans; lorsque les Scythes, qui menacerent ses états, ne lui permirent pas de poursuivre ses conquêtes. Il se crut trop heureux de les pouvoir éloigner à force de présents, & ces barbares s'établirent dans la haute Asie, où ils regnerent vingt-huit ans. Leurs ravages & leurs conquêtes nous font voir quelle étoit la foiblesse des anciennes monarchies. Psamméticus mourut après un regne de cinquante quatre ans.

Pendant que les Scythes regnoient en Asie, Sarac qui avoit succédé à Nabucodonosor I, perdit par sa lâcheté le royaume de Babylone, que Nabopolassar, un de ses généraux, lui enleva. C'étoit une occasion favorable pour assiéger Ninive une seconde fois. Cyaxare la saisit : Nabopolassar se joignit à lui : Ninive fut rasée : & ces deux rois partagerent la monarchie, qu'ils venoient de conquérir.

Quelque temps après, les Scythes succomberent enfin dans une conjuration des Medes; & ceux qui purent échapper, s'étant réfugiés dans les états d'Alyate, roi de Lydie, Cyaxare déclara la guerre à ce roi.

Royaumes de l'Asie mineure.

Aussi haut qu'on peut remonter, on trouve que les peuples de l'Asie mineure parloient la même langue, que ceux de la Grece. Ils avoient donc la même origine; & ils avoient encore de commun avec les Grecs, d'avoir été sans aucune forme de gouvernement. On en voit la preuve dans la maniere dont Gordius parvint au trône.

Les Phrygiens ayant consulté l'oracle sur les moyens de mettre fin aux désordres, auxquels l'anarchie les exposoit, la réponse fut d'élire un roi; & l'oracle, consulté une seconde fois sur le choix qu'on devoit faire, répondit de choisir le premier qu'on rencontreroit, allant sur une charrette au temple de Jupiter. Gordius, qui fut rencontré, fut donc proclamé; & en mémoire de cet événement, il consacra sa charrette à ce dieu. Le nœud, qui attachoit le joug au timon, est le fameux nœud gordien, qui, selon l'oracle, promettoit l'empire de l'Asie à celui qui le pourroit délier.

Midas, fils de Gordius, lui succéda. Il commença à policer les Phrygiens, encore ignorants & barbares; & il régla le culte public conformément aux cérémonies religieuses, qu'il avoit lui-même apprises d'Orphée. On a remarqué que les reglements, qu'il fit à ce sujet, contribuerent à l'affermissement de son autorité. 1418 av. J. C.

Vers ce temps, c'est-à-dire, aux environs de la sortie d'Egypte, commencerent vraisemblablement dans l'Asie mineure une multitude de petits royaumes, dont il ne reste aucun souvenir. Mais les Phrygiens, les Lydiens & les Troyens sont des peuples fort connus, & la monarchie des derniers paroît avoir été assez considérable.

Dans le temps de la guerre de Troye, ou environ, Argon, arriere-petit fils d'Alcée dont Hercule étoit pere, regna sur les Lydiens. Ses descendants, dont on n'a pas la suite, conserverent cette couronne pendant plus de cinq cents ans. Gygès l'usurpa, après avoir ôté la vie à Candaule, le dernier des Héraclides, & la transmit à ses enfants. Alyate étoit son arriere petit fils. 718 av. J. C.

La guerre, que Cyaxare fit à ce prince, duroit depuis six ans, lorsqu'une éclipse de soleil, prédite par Thalès de Milet, effraya les deux armées, & fit faire la paix. Alyate chassa les Cimmériens. Il se rendit maître de Smyrne; & il fit pendant onze ans la guerre aux Milésiens, uniquement pour leur enlever leurs moissons, ne leur faisant d'ailleurs aucun autre dommage : vraisemblablement il les vouloit punir de quelque injure qu'il en avoit reçue.

Conquêtes de Nabucodonosor II.

Vers ce temps commencent les conquêtes de Nabucodonosor II, fils de Nabopolassar. Inquiet de l'agrandissement des Babyloniens, Néchao avoit armé contre eux, & leur avoit enlevé la Palestine & & la Syrie, après avoir défait Josias, roi de Juda, qui lui refusoit un passage par la Judée. Nabucodonosor recouvra ces provinces, & en conquit de nouvelles. Vous savez, Monseigneur, la captivité des Juifs, la prise de Jérusalem, celle de Tyr après un siege de treize ans, & les dévastations que ce conquérant fit dans l'Egypte. Il laissa le gouvernement de ce royaume à Amasis, qui s'étoit soulevé contre Apriès ou Aphrée, petit fils de Néchao,

Nabucodonosor mourut après un regne de quarante-trois ans, laissant une monarchie plus vaste que puissante, & qui fut la conquête des Perses, lorsque Cyrus, leur roi, se fut joint à Astyages, fils & successeur de Cyaxare.

Cyrus. Son histoire est peu connue.

Les commencements de Cyrus & de l'empire des Perses sont tres obscurs. Nous savons que Cyrus, ayant vaincu les Babyloniens, marcha contre leur allié, Crésus, fils & successeur d'Alyate, qu'il le défit à Thymbrée, prit Sardes, capitale de Lydie, soumit l'Asie mineure, subjugua la Syrie & l'Arabie, & se rendit maître de Babylone. D'ailleurs, nous savons mal les circonstances de tous ces événements : c'est pourquoi je me bornerai à faire quelques observations sur la maniere dont se faisoient alors les conquêtes.

Politique des conquérants dans ces siecles.

Nous avons vu, Monseigneur, un temps, où les conquérants ne prenoient les armes que pour dévaster des provinces, qu'ils ne se proposoient pas de conserver ; & ils revenoient couverts de gloire, lorsque chargés des dépouilles des nations vaincues, ils traînoient après eux un grand nombre de captifs. Par cette conduite, ils firent plus qu'ils n'avoient projeté : ils reculerent leurs frontieres, moins parce qu'ils avoient eu l'ambition de dominer sur les peuples voisins, que parce que ces peuples, continuellement épouvantés, s'empresserent à leur donner toutes sortes de marques de soumission. C'est ainsi vraisemblablement que se forma la premiere monarchie des Assyriens.

Les dévastations ayant subjugué les provinces, il étoit naturel que ces conquérants féroces imaginassent que les dévastations étoient encore le meilleur moyen de les conserver. Ils voyoient qu'un peuple épuisé ne pourroit briser ses fers, qu'il n'oseroit le tenter, & que par conséquent, son épuisement assuroit sa servitude. Ils bornerent donc toute la politique à ruiner les pays, qu'ils vouloient retenir sous leur domination. Voilà pourquoi la suite des victoires n'offre que des massacres, des villes détruites, des nations exterminées. Cet usage barbare étoit si général, que le vainqueur, qui égorgeoit le vaincu, paroissoit user de ses droits, & la captivité étoit de sa part, comme une grace.

Une preuve qu'on ne connoissoit pas d'autre moyen pour conserver les provinces conquises, c'est que dans ces siecles, où une place environnée de murs & située un peu avantageusement, pouvoit soutenir un siege de plusieurs années, on n'imagina pas de fortifier les frontieres, pour prévenir le soulevement des peuples, ou pour défendre l'empire contre l'étranger. Le pays étoit ouvert, & une victoire amenoit l'ennemi jusqu'à la capitale, où le monarque attendoit le même sort qu'il avoit fait subir à d'autres.

Ils faisoient la guerre sans art.

Nous avons remarqué que les premieres conquêtes ont été faites par des peuples errants; & ce qui paroît le confirmer, c'est que dans les siecles que nous avons parcourus, les grandes monarchies ont continué de faire la guerre, comme ces peuplades la faisoient elles-mêmes.

Premierement, un monarque commençoit souvent une campagne sans plan, sans projet, sans savoir où il porteroit ses armes. C'est ainsi que Nabucodonosor II, marchoit contre Jérusalem sans le savoir lui-même. Il consulta le sort, lorsqu'il fut arrivé dans un endroit, où deux chemins aboutissoient, & le sort tomba sur Jérusalem.

En second lieu, il paroît que les Asiatiques ont été des siecles, avant de savoir diviser une armée en différents corps. Cyaxare, selon Hérodote, est le premier qui y ait pensé. Les armées auparavant combattoient donc confusément & sans ordre.

Enfin les armées étoient moins des corps de soldats, que des peuplades, où le nombre des femmes & des enfants pouvoit être égal à celui des combattants.

Les Assyriens, les Babyloniens, les Medes & les Egyptiens faisoient donc la guerre à peu-près comme les Scythes faisoient des irruptions. Voilà pourquoi ces anciennes monarchies étoient d'autant plus foibles, qu'elles étoient plus vastes; & il ne faut pas s'étonner, si elles tombent avec la même facilité qu'elles s'élevent. L'empire appartenoit alors aux peuples qui étoient plus endurcis à la fatigue. C'est par cette raison que les Perses l'obtinrent, & j'ai peine à croire que Cyrus fût un grand général.

En effet, Monseigneur, l'art militaire peut se perfectionner dans des républiques, telles qu'Athènes & Lacédémone, parce qu'elles font la guerre avec de petites armées, & que l'amour de la liberté attache une grande considération au métier des armes. Voilà les seules causes, qui peuvent concourir aux progrès de cet art. Il n'en pouvoit donc pas faire dans des monarchies, telles que celles des Assyriens ou des Babyloniens; & j'ajoute qu'il ne pouvoit pas en avoir fait davantage parmi les Perses, puisqu'avant Cyrus, ce peuple ne s'étoit fait aucun nom par les armes, & qu'il avoit même été conquis par les Medes. Il est vrai que ce conquérant est représenté dans la Cyropédie, comme un grand général: mais c'est une des raisons qui me fait croire que Xénophon n'a voulu faire qu'un roman. En effet, il n'est pas vraisemblable qu'un grand capitaine se soit formé tout seul & tout-à-coup, parmi des peuples aussi peu expérimentés que les Perses: cela est d'autant moins vraisemblable que ce conquérant n'avoit pas besoin de talents supérieurs pour vaincre des ennemis tout-à-fait ignorants dans l'art militaire; & ce qui ne l'est pas encore, c'est l'humanité & la générosité, que montre après la victoire le Cyrus de la Cyropédie. Il contient ses soldats; il empêche le sac des villes: il respecte la valeur dans l'ennemi qui se défend; & il semble occupé à épargner le sang des vaincus.

Voilà un caractère bien différent de celui des monarques de l'Asie. Mais ce qui n'est pas moins étonnant, c'est que le héros de Xénophon joint les lumieres aux vertus. Grand homme d'état, il connoît l'art de manier les esprits: affable & d'un accès facile, il sait descendre jusqu'aux derniers de ses sujets, sans s'abaisser: il sait récompenser avec un seul mot: il sait faire un refus, sans déplaire: il a des amis, & il vit familiérement avec eux, sans en être moins respecté. En un mot, il ne se croit sur le trône que pour veiller au bonheur des peuples, & il donne tous ses soins à les rendre heureux. Il est bien difficile d'imaginer que ce soit là le Cyrus des Perses.

Cambyse, ayant succédé à Cyrus, son pere, arma contre l'Egypte. Il employa quatre ans aux préparatifs de cette guerre, & il la commença lorsqu'Amasis, qui venoit de mourir, laissoit la couronne à son fils, Psamménite.

Regne de Cambyse.

529 av. J. C.

Péluse, qui étoit la cléf de l'Egypte, autoit pu l'arrêter : il s'en rendit maître par stratagême : il défit Psamménite, marcha à Memphis, qui ne fit pas une longue résistance ; & toute l'Egypte se soumit. Psamménite ne regna que six mois. Cambyse lui avoit d'abord conservé la vie: mais ce prince ayant voulu remuer, il le fit mourir.

Voilà tous les succès de Cambyse. On remarqua bientôt en lui des accès de démence, & son regne ne fut plus qu'une suite d'extravagances & de cruautés. Il perd une grande partie de son armée, qu'il conduit contre les Éthiopiens, à travers les déserts & sans précaution. Cinquante mille hommes, qu'il envoye contre les Ammoniens, périssent sans qu'on sache comment. Il pille les temples de Thebes & les brûle. Arrivé à Memphis, lorsqu'on célébroit la fête du dieu Apis, il blesse cet animal avec son poignard : il fait fustiger les prêtres, & ordonne de tuer tous ceux qui célébroient cette fête. Il fait assassiner son frere Smerdis, parce quil le voit en songe sur le trône; & parce que Méroè, qui étoit tout à la fois sa femme & sa sœur, ne peut refuser ses larmes à ce prince, il lui donne un coup de pied, dont cette princesse, alors enceinte, meurt. Pour montrer qu'il a la main sûre dans le vin, il bande son arc contre le fils de Prexaspe, & déclarant qu'il en veut au cœur, il le lui perce. Prexaspe cependant étoit de tous ses courtisans celui auquel il montroit le plus de confiance. Le lendemain il fit mourir sans raison douze Perses. Enfin il n'y avoit presque pas de jour, qu'il ne sacrifiât des victimes à sa fureur.

Le mage Smerdis.

Il retournoit à Suse, sa capitale, lorsqu'arrivé en Syrie, il apprit que Smerdis avoit été élu roi. Ce Smerdis étoit un mage, frere de Parisithe, à qui Cambyse avoit confié le gouvernement pour le temps de son absence, & qui étoit mage lui-même. Cambyse ne put pas punir l'usurpateur. Il mourut en Syrie d'une blessure qu'il se fit avec son poignard, lorsqu'il montoit à cheval. Il a regné sept ans & quelques mois.

Le faux Smerdis est égorgé.

Cyrus avoit cru devoir donner sa confiance aux eunuques, qui étant généralement méprisés, n'avoient d'autre intérêt que de s'attacher à un prince qui faisoit leur fortune, & qui leur donnoit de la considération. De pareils ministres étoient bien plus nécessaires au faux Smerdis, qui n'osoit pas se montrer en public, & il n'en eut pas d'autres. Déja suspect, il le devint encore par cette préférence & par ses précautions à se cacher à ceux qui l'auroient reconnu. Ces soupçons parurent se confirmer, lorsqu'on crut voir dans sa conduite de l'affectation à s'attacher les peuples par des graces. Otanes enfin, s'étant assuré de l'imposture forma une conspiration avec Darius & cinq autres seigneurs Persans, & les deux mages furent égorgés.

Commencement du regne de Darius, fils d'Hystaspe.

Selon Hérodote, ces conjurés tinrent conseil sur la forme qu'ils donneroient au gouvernement, & ils ne se déterminerent qu'après avoir pesé les avantages & les inconvénients de la démocratie, de l'aristocratie & de la monarchie. Mais il n'est pas vraisemblable que des Perses aient délibéré sur un pareil sujet: les Grecs ne le croyoient pas, comme le remarque Hérodote lui-même; & je soupçonne cet historien d'avoir saisi cette occasion pour dire ce qu'il pensoit sur chaque espece de gouvernement.

Les seigneurs Persans convinrent de se trouver le lendemain dans un lieu marqué, au lever du soleil, & de reconnoître pour roi celui dont le cheval henniroit le premier: ils croyoient que le soleil, le dieu des Perses, déclareroit par-là, sur qui le choix devoit tomber. A peine ils y arriverent que le cheval de Darius se hâta de hennir, parce qu'il avoit passé dans ce lieu une partie de la nuit avec une cavale. C'est une précaution que l'écuyer de Darius avoit prise, pour assurer la couronne à son maître.

Ce prince étoit fils d'Hystaspe, gouverneur de Perse. Sous prétexte qu'il ne pouvoit veiller à la défense de l'état, s'il n'avoit des revenus fixes & assurés, il imposa les provinces, qui jusqu'alors n'avoient payé que des especes de dons gratuits. Il les imposa néanmoins avec beaucoup de modération, parce qu'il eût été imprudent à lui de n'en pas montrer. Une pareille innovation auroit soulevé les peuples, s'il ne leur avoit pas fait croire, qu'ils payeroient moins à l'avenir, qu'ils n'avoient payé jusqu'alors. Il eut sur-tout l'attention de ménager les Perses, & il n'en exigea aucune espece de tribut.

Darius soumet les Babyloniens.

510 av. J. C.

Les Babyloniens, qui portoient impatiemment le joug, parce que le siege de l'empire avoit été transféré à Suse, se révolterent la cinquieme année du regne de Darius. Ce prince assiégea Babylone avec toutes ses forces. Il fut vingt mois devant cette place; & il désespéroit de s'en rendre maître, lorsque Zopire la lui livra. Pour exécuter ce dessein, Zopire, un des sept qui avoient conjuré contre le mage Smerdis, s'étoit lui-même coupé le nez & les oreilles, & il étoit allé offrir ses services aux Babyloniens; accusant Darius de l'avoir mis dans l'état où on le voyoit, & ne paroissant respirer que la vengeance.

Darius abattit les murs de Babylone, & fit mourir trois mille habitants. Alors tout son empire étant soumis & tranquille, il crut que sa gloire demandoit de lui qu'il fît la guerre à ses voisins; & il projeta de faire une irruption en Scythie, parce qu'autrefois les Scythes en avoient fait une en Asie.

Les

Expédition en Scythie.

Les Scythes étoient des peuples pasteurs, qui, sans demeure fixe, erroient dans de vastes pays incultes. Il étoit donc impossible de les subjuguer. Ils n'avoient qu'à fuir pour vaincre; & leur ennemi, dénué de tout, périssoit sans combat. Par conséquent, autant il pouvoit être avantageux aux Scythes de faire des irruptions chez les Perses, autant il l'étoit peu aux Perses d'en faire chez les Scythes.

A la tête d'une armée de sept cents mille hommes, Darius part de Suse. Il passe le Bosphore de Thrace sur un pont de bateaux. Il est suivi d'une flotte de six cents vaisseaux, que lui ont fournis les peuples des côtes de l'Asie mineure & de l'Hellespont. Il arrive sur les bords de l'Ister, aujourd'hui le Danube: il passe ce fleuve, & laisse aux Ioniens la garde du pont, leur permettant de se retirer, s'il n'est pas de retour dans deux mois.

Ce terme étoit expiré, & Darius ne paroissoit point encore. Pour combattre un ennemi qu'il n'avoit pu joindre, il s'étoit engagé trop avant; & il n'avoit pu revenir dans le temps qu'il avoit projeté. Cependant les Ioniens étoient sollicités par les Scythes à rompre le pont & à se retirer; & ils pouvoient, sans manquer à leurs engagements, saisir cette occasion de secouer le joug des Perses. C'étoit l'avis des chefs, & sur-tout de Miltiade, athénien, alors tyran de la Chersonese de Thrace (*a*). Mais Hystiée, tyran de Milet, leur ayant représenté qu'ils n'étoient maîtres, chacun dans leurs villes, que sous la protection des Perses, ils comprirent que leur fortune étoit liée à celle de Darius, & ils résolurent de l'attendre. Ce fut le salut de ce monarque, dont la conduite est un exemple des entreprises imprudentes des conquérants de l'Asie.

Darius laissa Mégabyse dans la Thrace, pour en achever la conquête, & vint à Sardes, où il passa près d'une année. Alors, empressé de témoigner sa reconnoissance au tyran de Milet, il s'engagea à lui accorder tout ce qu'il demanderoit; & en conséquence, il lui permit de bâtir une ville sur la riviere de Strimon en Thrace: ne considérant pas que par la situation de cette place, Hystiée pouvoit devenir assez puissant, pour protéger les peuples de cette contrée, & les soustraire aux Perses. Mégabyse, lui ayant fait des représentations à ce sujet, il rappella Hystiée sous divers prétextes, & l'emmena à Suse, où il le retint.

(*) Lorsque Pisistrate étoit tyran d'Athènes, Miltiade, fils de Cypsele, invité par les Dolonces, qui habitoient la Chersonese de Thrace, à conduire une colonie chez eux, y alla avec les Athéniens, qui le voulurent suivre, & fut choisi par ce peuple pour le gouverner. Il laissa ce royaume à Stésagoras fils de Cimon, son frere de mere. Miltiade, dont il est ici question, étoit le neveu de Stésagoras, mort sans enfants.

Ayant ensuite médité une expédition dans les Indes, il équipa sur l'Indus une flotte, dont il donna le commandement à Scylax, grec de Carie; le chargeant d'observer les bords de ce fleuve dans tout son cours, de passer dans l'Océan, & de venir en Egypte par la mer rouge. Scylax exécuta parfaitement ces ordres, & aborda en Egypte trente mois après son départ. Sous Néchao, des Phéniciens avoient fait une navigation encore plus étonnante: car après s'être embarqués sur la mer rouge, ils avoient fait le tour de l'Afrique, & ils étoient revenus dans la Méditerranée par le détroit de Gibraltar.

Autre expédition dans les Indes.

Il semble que Darius, instruit par les revers qu'il avoit eus en Scythie, avoit songé à prendre ses mesures avant de s'engager dans une nouvelle guerre: aussi fit-il la conquête des Indes. L'histoire n'a pas conservé les circonstances de cette expédition.

Pendant cette guerre, une dissention, élevée à Naxe, île de la mer Egée, aujourd'hui l'Archipel, fit bannir plusieurs citoyens qui vinrent à Milet implorer le secours d'Aristagoras, gendre d'Hystiée, & gouverneur de cette ville. Aristagoras aussitôt forma le projet de conquérir Naxe, les autres Cyclades, l'île d'Eubée, & par ce moyen de préparer aux Perses la conquête de la Grece. Artapherne, satrape de Sardes, ayant approuvé ce projet, le fit goûter à Darius, son frere. On fit donc tous les préparatifs pour cette entreprise, & on en donna la conduite au gou-

Occasion de guerre que Darius médite contre les Grecs.

verneur de Milet. Elle paroissoit devoir réussir, lorsque les généraux Persans, honteux de marcher sous les ordres d'un Ionien, la firent échouer, & rejeterent la faute sur Aristagoras, qu'ils perdirent dans l'esprit d'Artapherne.

C'est dans cette conjoncture qu'Aristagoras médita de soulever les Ioniens. Il y fut même sollicité par Hystiée, qui, comptant sur la confiance de Darius, se flattoit d'être chargé de réduire lui-même les rebelles.

Pour déterminer les Ioniens à la révolte, Aristagoras leur rendit la liberté, abdiquant lui-même la tyrannie à Milet, engageant les tyrans des autres îles à remettre, à son exemple, l'autorité entre les mains du peuple, & chassant ceux qui s'y refusoient. C'est de la sorte qu'il forma une ligue, dans laquelle entrerent les Grecs des îles, ceux qui habitoient en Europe sur l' Hellespont, & les Athéniens, irrités contre Artapherne, qui vouloit rétablir Hippias. Ceux-ci fournirent vingt vaisseaux; Érétrie, ville d'Eubée, en donna cinq. Mais Cléomene, roi de Sparte, se refusa aux propositions d'Aristagoras. Les Lacédémoniens furent plus prudents sous ce roi, qu'ils ne l'avoient été, lorsqu'ils députerent à Cyrus pour lui dire, qu'ils ne souffriroient pas qu'on fît aucun dommage aux Grecs de l'Asie mineure.

504 av. J. C. La premiere année de cette guerre, les confédérés firent voile pour Éphese. Ils y débarquerent, & marcherent à Sardes, qu'ils rédui-

ſirent en cendres. Mais lorſqu'ils voulurent regagner leurs vaiſſeaux, ils furent attaqués par les Perſes, & ils perdirent beaucoup de monde. Depuis cet échec les Athéniens refuſerent leurs ſecours aux Ioniens. Bientôt après, la ligue s'affoiblit encore davantage par le peu de concert des confédérés. Car les tyrans, chaſſés par Ariſtagoras, ſemerent la diviſion parmi eux; & les Ioniens, ayant dans cette circonſtance livré un combat naval, ſe virent abandonnés de leurs
alliés au moment même de l'action. Les Perſes 498
vainqueurs prirent Milet, ruinerent cette ville, & en tranſporterent les habitants à Suſe, d'où Darius les envoya ſur les bords de la mer rouge. Alors tout ſe ſoumit, les îles, comme le continent; & la flotte des Phéniciens, ayant fait voile vers l'Helleſpont, fit une deſcente en Europe, où elle brûla les villes des peuples qui étoient entrés dans la révolte.

Miltiade, qui avoit prévu l'orage, s'étoit retiré à Athènes. Ariſtagoras périt dans une action: Artapherne fit mourir Hyſtiée, dont la trame fut découverte: & Darius ne ſongea plus qu'à ſe venger ſur les Athéniens & ſur les Erétriens de l'incendie de Sardes. Cette guerre a duré ſix ans.

LIVRE SECOND.

CHAPITRE PREMIER.

Observations sur les Perses & sur les Grecs au temps de Darius, fils d'Hystaspe.

Les Perses n'étoient pas aussi puissants qu'ils le paroissoient.

Il ne faut pas juger de la puissance des Perses par les conquêtes qu'ils ont faites. Ils ont vaincu des peuples amollis, uniquement parce qu'ils n'étoient pas amollis eux-mêmes; & s'ils ont eu quelque supériorité dans la maniere de faire la guerre, ils ne l'ont eue qu'avec des peuples chez qui l'art militaire n'avoit fait aucun progrès & qui, comme eux, n'avoient jamais combattu qu'avec de grandes armées.

Il y avoit près de quarante ans que Cyrus étoit mort, lorsque Darius porta ses armes dans l'Attique. Les Perses, qu'Hérodote représente très prompts à se corrompre, avoient commencé à prendre les mœurs des nations vaincues. Confondus avec elles, il ne leur restoit que le nom du peuple conquérant; & les armées Perses étoient en effet des armées de Medes, d'Assyriens, de Babyloniens, d'Egyptiens, &c. Ce n'étoient plus ces soldats, qui, ivres des succès d'un chef victorieux, étoient portés à tout oser, & qui combattoient pour se partager les dépouilles des monarchies les plus opulentes. C'étoient des ames mercenaires & corrompues, qu'aucune espece de gloire, aucun appas de butin n'encourageoit

Les Grecs n'étoient pas aussi foibles qu'ils le paroissoient.

Athènes étoit libre. On armoit pour lui donner des fers: on armoit dans le moment qu'elle venoit de secouer le joug des Pisistratides, & où par conséquent elle sentoit plus que jamais le prix de la liberté.

A ce motif le plus puissant qui puisse armer des citoyens, ajoutons qu'Athénes étoit alors dans toute sa force. Le luxe n'avoit pas encore énervé les mœurs; les Athéniens étoient durs à la fatigue, comme ils étoient intrépides à la vue du danger. Tous étoient soldats: ils pouvoient même au besoin armer jusqu'à leurs esclaves, & compter sur eux; parce que les esclaves dans cette république étoient traités avec humanité, & que la loi les protégeoit contre un maître, qui se seroit montré injuste à leur égard.

Les Lacédémoniens avoient le même amour de la liberté, le même courage, la même intrépidité. Plus endurcis encore que les Athéniens, ils n'étoient que soldats. Ils n'avoient pour police qu'une discipline toute militaire; & cette discipline, que Lycurgue avoit établie, s'étoit perfectionnée depuis ce législateur.

L'art militaire s'étoit perfectionné chez eux.

Il est vrai que jusqu'alors les Athéniens & les Spartiates n'avoient point eu de succès brillants : mais les guerres, qu'ils avoient faites, étoient plus instructives que toutes celles des Assyrens, des Babyloniens, des Medes & des Perses. Il est naturel que dans de petites républiques tous les citoyens s'appliquent à perfectionner l'art militaire : ils y sont portés par l'amour de la liberté, & par la considération attachée à la défense de la patrie. Ils le perfectionneront par conséquent, & d'autant plus que faisant la guerre avec de petites armées, il leur sera plus facile d'imaginer les moyens d'en régler les mouvements. Ils feront des observations sur la discipline, sur les campements, sur les marches, sur le choix des armes ; sur les ordres de bataille, sur les situations les plus avantageuses pour livrer un combat. Ils s'éclaireront par leurs fautes : ils s'éclaireront par la conduite des ennemis; & les découvertes qu'une république aura faites, seront bientôt communes à toutes les autres.

Mais dans des monarchies, telles que celles de l'Asie, le souverain, qui ne fait la guerre que pour lui, qui la conduit seul lui-même, ou qui la conduit par ses courtisans, se contentera de la faire comme on l'a toujours faite. Il levera de grandes armées: il tombera avec tout le poids de ses forces: il comptera sur le nombre: il ne connoîtra pas d'autre regle; & dans l'impossibilité de remarquer ses fautes, il ne s'instruira pas même par ses revers.

Il ne s'étoit pas perfectionné en Asie.

Vous voyez, Monseigneur, que les Perses n'avoient que l'avantage du nombre: & cet avantage, lorsqu'il est seul, n'est rien. Il est vrai que les Grecs de l'Asie mineure avoient été subjugués: mais ce n'est pas une raison de craindre pour les Grecs de la Grece proprement dite.

Amollis par le luxe, que les richesses avoient introduit, les Ioniens & les Eoliens étoient arrivés à leur décadence. Crésus les avoit déja rendus tributaires: & quoiqu'avant ce roi, ils fussent indépendants, ils n'en étoient pas plus propres à défendre leur pays. Hérodote remarque que, si les Cimmériens ne firent pas des conquêtes sur eux, c'est que ces Barbares ne songeoient pas à en faire, étant armés pour piller plutôt que pour

Pourquoi les Grecs de l'Asie mineure ont été conquis par les Perses.

prendre des villes ; & lorsqu'il nous apprend qu'Alyate chassa les Cimmériens, il ne dit rien à cette ocasion, ni des Ioniens, ni des Eoliens. Tout cela prouve que les Grecs de l'Asie mineure n'avoient plus le même amour de la liberté, que les Grecs de la Grece proprement dite, ni par conséquent le même courage.

Après la prise de Sardes par Cyrus, ils députerent à ce conquérant pour lui offrir de passer sous son empire, aux mêmes conditions qu'ils avoient été sous celui de Crésus. Ce prince, offensé de ce qu'excepté les Milésiens, ils s'étoient tous jusqu'alors refusés aux sollicitations qu'il leur avoit faites, rejeta leur offre, & voulut les conquérir. Ils ne lui parurent pas même assez redoutables pour faire par lui-même cette conquête : il la laissa à ses généraux.

Cependant ils n'étoient pas à mépriser. Ils avoient un reste de liberté qu'ils vouloient défendre, & on les auroit plutôt exterminés qu'assujettis. Les Phocéens, assiégés les premiers, se défendirent avec courage : ils s'expatrierent pour éviter le joug, s'embarquant avec leurs femmes, leurs enfants, leurs effets, & n'abandonnant aux Perses qu'une ville déserte.

On voit donc que s'il étoit facile à Cyrus de conquérir de pareils peuples, il ne lui étoit pas aussi facile de les réduire tout-à-fait en servitude. Ils pouvoient se soulever, s'il appesantissoit le joug; & il falloit qu'au lieu de s'arroger sur eux une souveraineté immédiate, il se bornât à être le protecteur des tyrans que les factions leur donnoient. Alors il assuroit sa domination, & prévenoit les révoltes. C'est aussi le parti qu'il paroît avoir pris. Ainsi, comme les tyrans furent maîtres, chacun dans leur ville, parce que les Perses les protégeoient, les villes se trouverent sous la domination des Perses, parce qu'elles avoient des tyrans. Lorsqu' Aristagoras voulut les soulever, son premier soin fut de leur rendre la liberté. Elles eurent des succès: elles se défendirent pendant six ans; & si elles succomberent, ce fut moins par la supériorité de leurs ennemis, que par les dissentions qui dissiperent leur ligue mal concertée.

Il n'étoit pas aussi facile aux Perses de conquerir les Grecs de la Grece proprement dite.

La difficulté que Darius avoit eue à les réduire, & les ménagements qu'il avoit à garder avec elles, auroient pu lui faire comprendre qu'il ne suffisoit pas d'armer pour conquérir la Grece. En effet, les Athéniens & les Spartiates étoient bien plus difficiles à soumettre que les Grecs de l'Asie mineure. Sur ceux-ci il pouvoit tomber avec toutes ses forces. Après une défaite, ses armées n'étoient pas sans ressources. Elles avoient des retraites assurées: elles se recrutoient facilement:

& ces peuples, sur qui il pouvoit retomber une seconde fois, une troisieme, qu'il pouvoit même attaquer avant qu'ils l'eussent prévu, auroient enfin succombé sous le nombre, & auroient été subjugués, parce qu'ils auroient été exterminés.

Mais les Athéniens & les Spartiates prévoyoient l'orage qui se préparoit dans l'éloignement. La barriere, qui séparoit la Grece de l'Asie, ne permettoit à Darius, ni de tomber tout-à-coup sur eux, ni de se retirer facilement après un échec, ni de revenir promptement avec de nouvelles forces. Il s'exposoit à des pertes d'autant plus grandes, que ses armées étoient trop nombreuses, pour n'être pas sans ressources après une défaite: & il semble que pour échapper au joug, les Grecs n'avoient besoin que d'une seule victoire.

La barriere qui sépare la Grece de l'Asie, les progrès des Grecs dans l'art militaire & le caractère des Athéniens & des Spartiates: voilà donc les causes qui rendoient la conquête de la Grece difficile aux Perses, c'est-à-dire, à de grandes armées, composées d'Assyriens, de Medes, d'Egyptiens, &c. & conduites par des chefs ignorants. Cependant Darius, qui jugeoit de sa puissance par le nombre de ses soldats, s'exagéroit la foiblesse des Grecs. Il les voyoit déja sous sa domiration : il ne parloit que de les punir ; & comme dans sa confiance il ne prévoyoit aucun obstacle, il ne prenoit aussi aucune mesure pour assurer le succès de son entreprise. Il en chargea Mardonius son gendre, jeune homme sans expérience, qu'il avoit fait satrape des provinces maritimes.

CHAPITRE II.

Expéditions des armées de Darius & de Xerxès dans la Grece.

Mauvais succès de l'expedition de Mardonius.

IL paroît que Mardonius voulut d'abord s'attacher les Grecs de l'Asie, & prévenir tout soulévement de leur part. Il est au moins vraisemblable, quoiqu'Hérodote n'en dise rien, que ce fut là le motif qui le détermina à chasser les tyrans, & à rétablir le gouvernement populaire dans toutes les villes grecques.

496 av. J.C.

Après avoir pris cette précaution, il passa en Europe, traversa la Thrace, pénétra dans la Macédoine, & tout se soumit. Mais sa flotte, assaillie d'une tempête, lorsqu'elle doubloit le mont Athos, fut dispersée. Il perdit trois cents vaisseaux & plus de vingt mille hommes. Dans le même temps, son armée de terre, qui campoit avec peu de précaution, fut attaquée pendant la nuit par les Briges, peuple de Thrace. Il fut blessé lui-même : il perdit encore beaucoup de monde, & il repassa l'Hellespont.

Hérauts de Darius en Grece.

Après cette premiere tentative, qui avoit si mal réussi, Darius envoya des hérauts demander la terre & l'eau à toutes les villes de la Grece : c'étoient les marques de soumission, que donnoient aux rois de Perse les peuples qui s'avouoient leurs sujets. Athènes & Sparte firent saisir chacune les hérauts, qui leur avoient été envoyés : l'un fut jeté dans un puits, l'autre dans une fosse, & on leur dit de prendre là ce qu'ils demandoient, violence qu'on ne sauroit excuser.

Dissentions parmi les Grecs.

D'ailleurs toutes les îles & la plupart des villes du continent accorderent la terre & l'eau. Elles étoient effrayées de la puissance des Perses, & c'étoit la seule chose qu'on pût raisonnablement leur reprocher. Les Athéniens cependant, parce qu'ils étoient ennemis des Eginetes, les accuserent de vouloir trahir la Grece ; & ils engagerent les Lacédémoniens à se saisir de ceux qu'ils regardoient comme les auteurs de cette prétendue trahison. Les Eginetes les ayant refusés à Cléomene, sous prétexte qu'il n'étoit pas venu avec son collegue Démarate, ce roi, qui sut que Démarate leur avoit lui-même suggéré ce prétexte, l'accusa de n'être pas du sang des Héraclides : la prêtresse de Delphes, qu'il suborna, confirma cette accusation ; & Démarate chassé du trône se retira auprès de Darius. Alors Léotychidas, qui lui succéda, passa en Egine avec Cléomene : ces deux rois saisirent dix des principaux citoyens de cette île, & les livrerent aux

Athéniens. A ces dissentions on pouvoit craindre pour les Grecs le sort des Ioniens. En effet, le plus difficile pour eux ne sera pas de vaincre les Perses: ce sera d'agir de concert pour la liberté commune.

Datis & Artapherne commandent les troupes de Darius.

Darius rappella Mardonius & donna le commandement de ses troupes à Datis, Mede, & à Artapherne, fils de celui que nous avons vu satrape de Sardes. Ces deux généraux mirent à la voile avec six cents vaisseaux. Ils avoient ordre de réduire en cendres Erétrie & Athènes, d'en faire prisonniers tous les habitants & de les envoyer à Suse.

Ces deux généraux soumettent les îles.

La flotte des Perses tomba d'abord sur l'île de Naxe. Elle brûla la ville & emmena en captivité tous les habitants, qui ne fuirent pas dans les montagnes. Elle parcourut ensuite les autres îles, & après s'en être assurée, elle aborda en Eubée.

Ils prennent Erétrie.

Les Athéniens y avoient envoyé quatre mille hommes, qui se retirerent presque aussitôt. Eschines, un des premiers d'Erétrie, les engagea lui-même à ne pas rester. En effet leur secours eût été inutile. Les divisions des Erétriens, & les traîtres qui étoient parmi eux, ne laissoient aucune espérance. Dans cette position, Erétrie ne résista pas longtemps. Les Perses s'en rendirent maîtres après un siege de sept jours: ils la brûlerent, & ils envoyerent les habitants à Darius, qui les établir établit dans un village à huit ou dix lieues de Suse.

La ruine d'Erétrie paroissoit le présage de la ruine d'Athènes; & les Perses, persuadés qu'ils trouveroient dans cette ville les mêmes divisions, & la même foiblesse, descendirent avec confiance dans l'Attique. Leur armée étoit de cent mille hommes de pied & de dix mille chevaux. Datis la commandoit, & Hippias la conduisoit dans les plaines de Marathon, petite ville située sur le bord de la mer.

490

Journée de Marathon.

Les Athéniens armerent jusqu'à leurs esclaves; & secourus de mille Platéens, ils formerent un corps de dix mille hommes. Quant aux Spartiates, ils ne marcherent pas encore; parce qu'une superstition, qui leur étoit particuliere, ne leur permettoit de se mettre en campagne qu'après la pleine lune.

L'armée des Athéniens avoit dix chefs, qui avoient une égale autorité, & qui commandoient alternativement, chacun un jour. On partageoit le commandement, parce qu'on craignoit de le confier à un seul; & parce que les tribus vouloient chacune nommer un général, elles en nommoient dix. A la rigueur, il y en avoit même onze: car le commandement de l'aîle droite appartenoit au troisieme archonte, qu'on nommoit Polémarque, & qui avoit voix délibérative dans le conseil de guerre.

Le plus grand nombre des chefs jugeoit qu'il falloit se renfermer dans la ville & attendre l'ennemi. Miltiade au contraire vouloit qu'on tînt la campagne, & qu'on en vînt promptement aux mains. Aristide appuya cet avis : trois autres s'y joignirent encore, & les suffrages furent partagés. Le sort d'Athènes étoit donc entre les mains de Callimaque, alors polémarque. Si les citoyens se renfermoient dans les murs, leur courage pouvoit se ralentir, & on avoit encore à redouter leurs dissentions; mais on pouvoit tout attendre de leur intrépidité, si on se hâtoit de les conduire à l'ennemi. Callimaque se déclara pour ce dernier avis, & la bataille fut résolue.

Le courage ne suffit pas pour vaincre. Il eût été téméraire aux Athéniens de tenir la campagne, si chaque jour ils eussent changé de plan, comme de général. C'est néanmoins à quoi ils étoient exposés. Pour prévenir cet inconvenient, Aristide, lorsque son tour fut venu, céda le commandement à Miltiade. Tous les autres suivirent cet exemple, & ce fut le salut de la république.

Miltiade profite de tous les avantages que lui donne le terrain: il dispose sa petite troupe de maniere à faire face, autant qu'il est possible, à toute l'armée ennemie: il songe sur-tout aux moyens d'en renverser les deux aîles, pour retomber sur le corps de bataille,

Tout lui réussit. Les Perses sont en déroute : ils fuient vers la mer : les Athéniens les poursuivent : ils leur prennent sept vaisseaux : ils mettent le feu à plusieurs autres. Cynégire, frere d'Eschyle, en saisit un d'une main, on la lui coupe : il le saisit de l'autre, on la lui coupe encore : il s'y attache avec les dents. Aristide & Thémistocle se distinguerent dans cette action. Hippias y fut tué. Les Barbares perdirent 6300 hommes, & les Grecs 192. Les Spartiates, qui arriverent le lendemain, virent dans les champs de Marathon la gloire dont les Athéniens venoient de se couvrir.

Cette journée dissipa la terreur, que répandoit le nom des Perses : on vit cette puissance comme un spectre, qui disparoît aussitôt qu'on cesse de le craindre. Les Grecs connurent leurs forces : ils sentirent ce que peut la conduite, le courage, l'amour de la liberté ; & cette premiere victoire fut l'avant-coureur des nouveaux triomphes qui les attendoient.

Récompense de Miltiade.

Vous voyez, Monseigneur, ce que toute la Grece devoit aux Athéniens, & ce que les Athéniens eux-mêmes devoient à Miltiade. Pour récompenser ce général, la république, dans le tableau qu'elle fit faire de la bataille de Marathon, le représenta à la tête des dix chefs, exhortant les soldats, & leur donnant l'exemple. Ce monument de l'estime publique étoit aux yeux des Grecs la plus grande récompense. C'est que la considération est de tous les motifs celui qui a le plus de pouvoir sur les ames libres. Tant qu'elle sera l'unique prix de la vertu, les Grecs auront le même courage, la même intrepidité, & ils continueront de faire des prodiges. Ils dégénéreront, s'il leur arrive jamais de penser à d'autres récompenses.

Autant les Athéniens aimoient le mérite, autant ils le redoutoient Ban de l'ostracisme.

Il falloit que l'estime publique fût un aiguillon bien puissant, puisque dans l'espérance de l'obtenir, on se portoit aux plus grandes choses; & que cependant cette estime même étoit à redouter. En effet, si les Athéniens aimoient les hommes de mérite, jusqu'au fanatisme, ils les craignoient jusqu'à les bannir. Aucun peuple n'a été plus fier d'en produire, & n'en a plus produit: aucun peuple aussi ne les a plus persécutés. S'il s'honore de les avoir pour citoyens, il craint de les avoir pour maîtres. Il les éleve, il les rejette. A peine il leur a confié l'autorité, qu'il la leur arrache. Ce peuple courageux, qui voit son foible, ne se connoît point d'armes contre de pareils ennemis, & il les éloigne. Voilà les motifs qui introduisirent l'usage de bannir les citoyens, à qui les talents & les vertus donnoient de l'autorité. Ce bannissement, qu'on nommoit *ostracisme*, s'est établi sous

Clisthène, ou, selon quelques-uns, sous Thésée même (*).

Athènes étoit trop foible pour former de grandes entreprises au dehors.

Vous comprenez, Monseigneur, qu'une république, comme Athènes, est invincible chez elle : mais vous comprenez aussi, que lorsqu'aprés avoir armé ses esclaves, elle ne met que neuf mille hommes sur pied, elle ne doit jamais porter la guerre au dehors, à moins que ce ne soit pour combattre des puissances voisines, aussi foibles qu'elle. C'est une vérité qu'Athènes ne sentira pas.

Ingratitude des Athéniens envers Miltiade.

On n'avoit d'abord vu dans Miltiade que le libérateur de la Grece, & son triomphe avoit écarté tout autre sentiment. Mais après les premiers moments donnés à la reconnoissance, on se souvint qu'il avoit été tyran dans la Chersonese. On commença donc à le redouter, & ses ennemis n'attendirent qu'une occasion pour le perdre. Elle se présenta bientôt.

Chargé de punir les peuples, qui avoient favorisé les Barbares, il obtint à cet effet soixante & dix vaisseaux. Il subjugua plusieurs

(*) Il a été en usage dans toutes les villes, où le gouvernement étoit démocratique, soit dans les colonies, soit dans la Grece. Telles sont Argos, Milet, Mégare, Syracuse. Dans cette derniere, il se nommoit Pétalisme, & on n'étoit banni que pour cinq ans ; à Athènes, on l'étoit pour dix. Au reste ce bannissement n'avoit rien de flétrissant. Il laissoit à un citoyen tous ses droits, & l'espérance d'être rappellé avant le temps fixé par la loi.

îles, & parce qu'il échoua devant la principale ville de l'île de Paros, il fut à son retour accusé de trahison par Xanthippe, & condamné à mort par les citoyens qu'il avoit sauvés. Tout ce qu'on put obtenir, fut de commuer le peine en une amande de 50 talents : amende qu'il ne put payer, & pour laquelle il fut mis en prison. Il y mourut d'une blessure qu'il avoit reçue à Paros. Les Athéniens auroient dû au moins s'empresser à rendre les derniers devoirs à un citoyen innocent, auquel ils devoient tout ; & néanmoins son fils, Cimon, n'obtint la permission de les lui rendre lui-même, qu'après que ses amis l'eurent mis en état de payer l'amende, à laquelle son pere avoit été condamné.

Darius fait de nouveaux préparatifs.

La défaite des Perses à Marathon ne fit qu'irriter Darius. Il auroit pu juger qu'il n'étoit pas facile de vaincre les Grecs. Mais aux yeux de ce monarque, le courage des Athéniens ne parut qu'une insolence ; & leur victoire, une nouvelle injure à punir. Il résolut de marcher en personne contre eux, & il donna des ordres pour armer tout son empire.

Thémistocle travaille à faire d'Athènes le rempart de la Grece.

Cependant Thémistocle, qui voyoit l'orage se former, songeoit aux moyens de le dissiper. Il sentit que le salut de la Grece dépendoit d'une marine. Il vit d'ailleurs qu'Athènes, foible sur terre, pouvoit être puissante sur mer ; & qu'en tournant toutes ses forces de ce côté, elle se rendroit nécessaire aux Grecs redoutable aux Barbares, & supérieure à Lacédemone, jusqu'alors la premiere puissance de la Grece. Il s'appliqua donc à lui donner cette supériorité. Dans cette vue il engagea les Athéniens à recommencer la guerre qu'ils avoient déja faite aux Eginetes, de tous les peuples de la Grece le plus puissant sur mer. Athènes eut bientôt une flotte considérable.

Mort de Darius.

485 av. J.

Il y avoit trois ans que Darius se préparoit à faire une nouvelle irruption en Europe, lorsque l'Egypte se révolta, & il mourut l'année suivante, après un regne de trente-six ans. Il laissa plusieurs enfants: entre autres, Artabazane, l'aîné des fils qu'il avoit eus d'une fille de Gobryas, lorsqu'il étoit particulier; & Xerxès, l'aîné de ceux qu'il avoit eus d'une fille de Cyrus, depuis qu'il étoit roi. Tous deux firent valoir leurs prétentions, sans néanmoins prendre les armes, & la couronne resta au dernier. On ne sait au reste si cette contestation fut terminée avant ou après la mort de Darius.

Xercès songe à faire la guerre aux Grecs.

Xerxès marcha la seconde année de son regne contre les Egyptiens qu'il réduisit. Il ne lui restoit plus qu'à porter ses armes contre la Grece. Tous les préparatifs étoient faits: il y étoit résolu, & cependant il voulut prendre l'avis de son conseil. C'étoit trop tard pour consulter: mais c'étoit assez tôt pour être applaudi, & il vouloit qu'on applaudît à ses grands desseins.

Quoiqu'on ne sache pas ce qui se dit dans

le conseil des princes, on sait en général qu'on y flatte d'ordinaire leurs penchants. Il n'est donc pas douteux que Mardonius, comme Hérodote le dit, ou quelque autre n'ait donné de grandes louanges à Xerxès, & ne lui ait répondu du succès de cette entreprise. Mais si Artabane, oncle de ce prince, eût voulu l'en détourner, il me semble qu'il auroit dû faire ses représentations beaucoup plutôt, & à Darius même. C'est pourquoi je soupçonne Hérodote de l'avoir fait parler. Cet historien ajoute encore à son récit des circonstances beaucoup moins vraisemblables.

Conduite ridicule de Xerxès.

Enfin la guerre fut résolue. Xerxès s'allia des Carthaginois, qui s'engagerent à tomber sur les colonies de Sicile & d'Italie, pendant qu'il tomberoit lui-même sur la Grece. Il vint à Sardes, où il passa l'hiver. De là il arriva sur l'Hellespont, où il voulut avoir le spectacle d'un combat naval. Il ordonna de donner trois cents coups de fouet à la mer, & de la mettre aux fers, en y jetant deux paires de chaînes; & il sévissoit ainsi contre cet élément, parce que la tempête avoit brisé un pont de bateaux qu'il avoit fait construire sur l'Hellespont. Ayant ensuite fait couper la tête à ceux qui avoient eu la conduite de cet ouvrage, il voulut qu'au lieu d'un pont, on en construisît deux. Enfin pour achever de vous faire connoître ce roi que vous méprisez déja, c'est lui qui promit par un édit une récompense à celui qui inventeroit un nouveau plaisir. Vous voyez qu'avec un grand empire, il est fait pour s'ennuyer : vous verrez bientôt qu'avec une grande armée il est fait pour être battu.

Deux factions dans la république d'Athènes.

Il y avoit deux partis dans la république d'Athènes: celui de Thémistocle & celui d'Aristide. Thémistocle, ambitieux, avoit aussi tous les talents qui pouvoient rendre son ambition utile à la patrie. Aristide, avec de grands talents, n'avoit pas la même ambition. Il ne vouloit que la prospérité de la république. Il lui importoit peu par qui elle fût servie, pourvu qu'elle le fût bien, & il étoit prêt à céder l'autorité à quiconque seroit capable d'en faire un meilleur usage que lui, fût-ce son ennemi. Thémistocle au contraire, jaloux de toute gloire qui n'étoit pas à lui, ne dormoit plus depuis la bataille de Marathon. Il eût voulu être seul l'ame de la république ; & ce qui peut excuser son ambition, c'est qu'il méritoit de l'être. Cependant, peu délicat sur les moyens, ce qui étoit utile lui paroissoit toujours juste ; & il souffroit avec peine que la probité d'Aristide lui fermât continuellement les routes qu'il vouloit s'ouvrir.

Ces deux hommes ne pouvoient s'accorder : mais à la gloire des Athéniens, la vertu d'Aristide eut souvent l'avantage. Ce citoyen mérita le surnom de Juste, & sa considération fut si grande, que ceux qui avoient des différents, abandonnoient les tribunaux, & préféroient de l'avoir pour juge. A la représentation d'une piece d'Eschyle, la tableau que ce poëte avoit fait d'un héros vertueux, fut aussitôt appliqué à Aristide, & tout le peuple fixa les yeux sur lui. Cependant la faction de Thémistocle donnoit à cette vertu les couleurs de l'ambition. S'il n'a pas l'appareil de la souveraineté, disoit on, il en a la puissance: il juge les citoyens, il prescrit des loix. Il fut donc banni. Vous savez le mot de ce paysan, qui, sans le connoître, le pria d'écrire lui-même le nom d'Aristide: *Je suis las de l'entendre appeller le juste.*

Républiques qui se réunissent pour la défense de la Grece.

Telle étoit la situation d'Athènes, lorsque les hérauts de Xerxès vinrent demander la terre & l'eau à toutes les villes de la Grece, excepté Athènes & Lacédémone. Ces deux républiques ne furent soutenues que par les Thespiens, les Platéens & les Eginetes, avec qui les Athéniens firent alors la paix. Tout le reste se soumit au roi de Perse, ou n'osa se déclarer.

Léonidas aux Thermopyles

Cependant l'armée de Xerxès approche. Elle étoit plus nombreuse que formidable: elle n'avoit point de chef. Léonidas, roi de Sparte, à la tête de quatre mille hommes, défend le défilé des Thermopyles. Le roi de Perse, après l'avoir inutilement tenté par des promesses, lui écrit de rendre les armes. Le Lacédémonien lui répond: *viens les prendre.* Vingt mille Medes marchent pour forcer le défilé: ils ont ordre d'emmener les Spartiates tout vivants. Mais ils sont repoussés avec perte. Un corps de Perses, nommé *les immortels*, la meilleure troupe de l'armée, n'a pas un succès plus heureux.

Les Barbares n'auroient jamais pénétré dans l'Attique, si on ne leur eût découvert, dans les montagnes, un sentier que les Grecs avoient négligé de garder. Alors Léonidas, se voyant sur le point d'être enveloppé, renvoya les alliés, & ne garda avec lui que trois cents Lacédémoniens, avec lesquels il résolut de périr. En effet il n'en échappa qu'un seul, qui fut regardé comme un lâche, & qui eût été deshonoré à jamais, s'il n'eût réparé sa faute dans la bataille de Platée.

L'intrépidité de ces trois cents Spartiates, qui s'étoient dévoués pour la patrie, fit voir aux Perses que les Grecs ne savoient que vaincre ou mourir; & Xerxès put juger qu'il étoit bien loin encore d'avoir conquis la Grece. Ce Barbare, qui n'étoit pas fait pour respecter le courage dans une ennemi, fit attacher à une potence le corps de Léonidas.

Les Athéniens se réfugient sur des vaisseaux & cedent le commandement aux Spartiates.

Les Perses alloient se répandre dans l'Attique, lorsque Thémistocle avoit persuadé aux Athéniens d'abandonner leur ville. Les femmes, les enfants, les vieillards avoient été transportés à Trezene, à Salamine, à Egine; & tout ce qui étoit capable de prendre les armes, s'étoit refugié dans des vaisseaux. Ce parti étoit l'unique ressource : cependant il falloit être Thémistocle pour donner un conseil si magnanime, & il falloit être les Athéniens pour le suivre. Ce grand homme les fit encore consentir à céder à Eurybiade, Lacédémonien, le commandement de la flotte : procédé d'autant plus généreux, qu'il y avoit lui-même plus de droit que personne, pusqu'il étoit le général des Athéniens, qui avoient fourni les deux tiers des vaisseaux. Il fallut avoir cette condescendance pour les alliés, qui refusoient de combattre sous tout autre que sous Eurybiade, D'ailleurs Thémistocle faisoit prévoir aux Athéniens que les Grecs ne tarderoient pas à leur déférer le commandement, & il pouvoit pressentir que quel que fût son titre, il se trouveroit toujours par ses talents à la tête de tous les Grecs, & qu'il régleroit jusqu'aux mouvements des Spartiates mêmes. Il fit quelque chose de plus grand encore : persuadé de l'utilité dont Aristide pouvoit être, il proposa de le faire revenir ; & en considération de cet homme juste, tous les bannis furent rappellés.

Deux combats qui ne sont pas décisifs.

La tempête avoit abymé plusieurs vaisseaux des Perses ; & les Grecs, qui avoient eu quelque avantage près d'Artémise, promontoire de l'île d'Eubée, avoient fait voir dans deux combats qu'ils ne jugeoient pas la flotte des Barbares plus formidable, pour être plus nombreuse. Mais aucun de ces combats n'avoit été décisif, & il s'agissoit de choisir un lieu favorable à une action générale.

Conduite de Thémistocle à la journée de Salamine.

Telle étoit la situation des choses, lorsque les Grecs qui apprirent que Xerxès venoit de se rendre maître du défilé des Thermopyles, quitterent Artémise, & se retirerent dans le détroit de Salamine, petite île vis-à-vis de l'Attique. C'est là qu'ils tinrent conseil sur le lieu qu'ils choisiroient pour engager une action générale.

L'avis d'Eurybiade fut de se rapprocher de l'isthme de Corinthe, pour être soutenu par l'armée de terre, qui défendoit l'entrée du Péloponese, & que commandoit Cléombrote, frere de Léonidas. Thémistocle au contraire, sentant l'avantage d'un détroit où les Barbares ne pouvoient pas déployer leurs forces, insista pour ne pas s'éloigner de Salamine. La vivacité avec laquelle il soutint son sentiment, choqua le Spartiate qui leva son bâton sur lui : *frappe*, dit l'Athénien, *mais écoute.*

La fermeté de Thémistocle, la menace qu'il faisoit d'aller avec ses concitoyens s'établir en Italie, aucune de ses raisons, en un mot, ne pouvant prévaloir, il fit auprès de Xerxès le personnage d'un traître. Il lui donna avis que les Grecs alloient se retirer, & il l'invita à les attaquer promptement, s'il vouloit leur couper toute retraite.

Conduite de Xerxès.

Le Barbare donna dans le piege. Il craignoit que les Grecs ne lui échappassent, & il se hâta pendant la nuit suivante de les faire envelopper. Voilà ce que demandoit Thémistocle. Cette nouvelle lui fut apportée par Aristide, qui étant parti d'Egine la même nuit, n'avoit traversé la flotte ennemie qu'avec un grand danger. La bataille fut donc résolue. Thémistocle fit les dispositions, donna les ordres, & Eurybiade parut ne conserver que le titre de général.

Vous voyez que Xerxès force à se réunir les Grecs, prêts à se séparer. Cependant il auroit achevé de les diviser, si, au lieu de les enfermer dans le détroit de Salamine, il eût fait de toutes parts des descentes dans le Péloponese, qu'il pouvoit encore attaquer avec son armée de terre. Alors chaque peuple auroit voulu courir à la défense de son propre pays, & tous auroient séparément succombé sous le nombre. Ce parti étoit donc le plus sage, & c'est aussi celui que conseilloit Artemise, reine d'Halicarnasse. Mais il fut rejeté de tout le conseil, parce que Xerxès le rejetoit lui-même.

Du haut d'une éminence, où il fit placer son trône, il voulut être témoin du combat, croyant que sa présence encourageroit ses troupes. Il en fut donc le spectateur.

Flotte des Perses.

Les Phéniciens, les Cypriens, les Ciliciens, les Pamphyliens, les Lyciens, les Doriens, les Cariens, les Ioniens & autres peuples de l'Asie lui avoient formé une flotte de 1200 vaisseaux à trois rangs de rames; les peuples d'Europe lui en fournirent encore cent vingt. Ce sont ces nations vaincues, ces esclaves, qui alloient combattre pour lui contre des citoyens.

Cette flotte nombreuse étoit commandée par quatre généraux Persans, & chaque nation avoit encore son général. Elle étoit donc proprement sans chef. Par conséquent, elle devoit se mouvoir avec d'autant plus de confusion, qu'elle alloit s'engager dans un détroit, où les vaisseaux par leur nombre s'embarasseroient nécessairement les uns les autres.

Flotte des Grecs.

Cependant la flotte des Grecs, composée de trois cents quatre-vingts voiles, avoit la liberté de ses mouvements; & tout devoit se faire à propos & de concert, parce que Thémistocle seul la commandoit. Ce général attendit, pour donner le signal du combat, un vent qui étoit contraire aux ennemis, & qui se levoit tous les jours à la même heure.

L'armée de Xerxès est défaite à Salamine.

480 av. J. C.

Xerxès voit sa défaite, & s'enfuit. Il laisse derriere lui toute son armée de terre; il laisse une flotte, qui, quoique vaincue, étoit beaucoup plus nombreuse que celle des Grecs; & malgré les forces qui lui restent, il craint encore d'être poursuivi. Je ne sais si, pour hâter sa fuite, il étoit nécessaire que Thémistocle le fît avertir qu'on projetoit de rompre le pont du Bosphore. Tel fut le succès de la bataille de Salamine.

479 Autres défaites des Perses.

Mardonius, qui resta dans le continent à la tête d'une armée de trois cents mille hommes, fut défait & perdit la vie à la bataille de Platée, où Pausanias, tuteur de Plistarque, roi de Sparte, commandoit les Spartiates; & Aristide, les Athéniens. Le même jour, la flotte des Grecs remporta encore à Mycale une victoire. Elle étoit sous les ordres de Xanthippe Athénien & de Léotychidas, roi de Sparte. Ces revers firent perdre à Xerxès les villes d'Ionie: elles se souleverent, & sous la protection des Grecs, la plupart conserverent leur liberté.

Triomphe de Thémistocle aux jeux olympiques.

Vous imaginez les honneurs que la Grece rendit aux généraux, qui l'avoient si bien servie. Je vous dirai seulement que Thémistocle, aux jeux olympiques, fixa tous les regards. Les yeux, qui se détournoient des jeux, paroissoient ne s'ouvrir que pour lui: il faisoit seul tout le spectacle, & les Grecs s'empressoient de le montrer aux étrangers, avides de le connoître. Ce jour fut le plus délicieux de sa vie, plus délicieux que celui de sa victoire. Vous le sentez: en effet, pourriez vous avoir de plus beaux moments, que ceux où les étrangers desireroient de vous voir, & où vos peuples aimeroient à vous montrer? Mais il faut les talents de Thémistocle & les vertus d'Aristide.

ristide. Je suis fâché de vous avoir si grossiérement crayonné ces deux grands hommes.

Fin de Xerxès

Xerxès ne forma plus de projets. Maître du plus grand empire, s'il fut insensible à la honte, il ne le fut pas à l'ennui. Il le rencontroit au milieu de sa cour, sur son trône, & dans les plaisirs qu'il cherchoit inutilement. S'il avoit su penser, s'il avoit su s'occuper, croyez vous qu'il eût jamais donné cet édit ridicule, dont je vous ai parlé? méprisé, haï, il finit par être assassiné, & sa mort fut indifférente aux Grecs.

On ne sait pas quel a été le nombre des troupes qu'il a conduites contre les Grecs.

Je ne vous ai pas parlé du nombre de soldats qui le suivirent dans son expedition; parce que ce qu'Hérodote dit à ce sujet ne paroît pas vraisemblable, & que les autres historiens, tels que Diodore de Sicile, sont venus dans un temps où il ne paroît pas qu'ils pussent le savoir. Suivant Hérodote les combattants étoient au nombre de deux millions six cents quarante-un mille six cents dix. Calcul qui paroît trop exact pour être vrai: jamais le général d'une grande armée n'a su à dix hommes près, le nombre de ses soldats.

Dailleurs cet historien rapporte une inscription, que les amphictyons avoient mise sur le tombeau des Grecs tués aux Thermopyles, & dans laquelle ils disoient que les Spartiates avoient combattu contre trois millions d'hommes. Or cette inscription, qu'Hérodote lui-même dément, est une preuve que les Grecs cherchoient à exagérer la puissance qu'ils avoient vaincue.

Enfin, selon cet historien, le nombre des personnes qui suivoient cette armée, étoit égal au nombre des soldats; de sorte que le total étoit cinq millions deux cents quatre-vingt-trois mille deux cents vingt bouches. Il est difficile de croire que les Perses aient été assez habiles pour faire subsister toute cette multitude.

CHAPITRE III.

Jusqu'à la paix avec la Perse.

Thémistocle fait relever les murs d'Athènes, malgré les oppositions des Spartiates.

LES Perses ayant été chassés, il devoit être permis aux Athéniens de relever les murs de leur ville. Cependant les Spartiates s'y opposerent, sous prétexte que si l'ennemi faisoit une nouvelle irruption, Athènes dont il s'empareroit, seroit une forteresse d'où on ne pourroit pas le chasser. Dans le vrai, ils vouloient que cette ville ne fût pas à l'abri d'une invasion de leur part; parce qu'ils craignoient qu'elle ne prît sur terre la supériorité qu'elle avoit déja sur mer. Thémistocle eut besoin de toute sa prudence pour vaincre cet obstacle: il fallut dissimuler & user d'artifice: il fallut tromper les Lacédémoniens; ils ne le lui pardonnerent pas.

La Grece sent qu'elle a besoin d'entretenir des flottes.

La Grece venoit d'apprendre combien il étoit nécessaire pour elle d'entretenir de grandes flottes. Toutes les villes y contribuerent, & ce furent les Spartiates, qui leverent l'imposition. Ils eurent d'abord le commandement sur mer, parce qu'on étoit dans l'usage de le leur donner sur terre: avantage qu'ils ne conserverent pas, & qu'ils ne pouvoient pas conserver.

Dans cette circonstance, Athènes doit devenir la puissance dominante.

Tant que les Grecs n'avoient eu de querelles qu'entre eux, Lacédémone avoit été la puissance dominante; parce que les principales guerres se passoient dans le continent. Mais dès qu'on sentit la nécessité de défendre les côtes, & qu'on forma le projet d'attaquer les Perses, jusques dans l'Asie; la supériorité, accordée à cette république, n'étoit plus qu'un vieux préjugé, sur lequel les Athéniens ne pouvoient manquer de faire ouvrir les yeux. La république de Sparte étoit trop pauvre, pour disputer à celle d'Athènes l'empire de la mer; & c'étoit l'empire de la mer, qui, dans ces circonstances, devoit donner celui de la terre. La Grece change donc de face, & voici le temps où le gouvernement de Solon a tout l'avantage sur celui de Lycurgue.

Combien alors Sparte se trouvoit foible par la nature de son gouvernement.

La puissance d'un état ne dépend pas uniquement de sa constitution: elle dépend encore des révolutions, qui se font dans les états voisins. Plus il est petit, plus il est dans cette dépendance; parce qu'en conservant toutes ses forces, il se trouve foible, aussitôt qu'un autre cesse de l'être. Le gouvernement, établi par Lycurgue, ne pouvoit donc durer, qu'autant qu'il ne s'éléveroit contre Sparte aucun ennemi puissant. Par conséquent, il dépendoit de circonstances tout-à-fait étrangeres aux mesures que ce législateur avoit prises.

Aussi ce n'est pas à la constitution de cette république, que la Grece a dû son salut. Si Athènes n'eût eu qu'une monnoie de fer, elle n'auroit point eu de marine; & alors l'unique ressource des Spartiates, comme des Athéniens, eût été de s'ensevelir sous les ruines de leur ville. La flotte de Xerxès, maîtresse de la mer, eût fait des descentes de toutes parts; & répandant l'épouvante parmi les peuples, elle ne leur eût pas permis de se réunir contre l'ennemi commun.

La pauvreté, en mettant Sparte à l'abri des causes intérieures, qui en auroient ruiné le gouvernement, la laissoit donc sans défense contre les causes extérieures, qui pouvoient lui être tout aussi funestes. Mais il n'étoit pas possible à Lycurgue de la garantir également contre les unes & les autres; & dans la nécessité d'opter, il a préféré une constitution sans vices, & qui ne devoit pas acquérir des forces, à une constitution vicieuse, qui en auroit acquis.

Sparte, dans l'impossibilité de s'accroître, n'avoit donc, pour conserver la supériorité, d'autre moyen que d'empêcher l'accroissement de toute autre république. C'est aussi tout ce qu'elle tentera. Ainsi, nous trouverons dans les loix de Lycurgue, une des causes de cet état de foiblesse, d'où la Grece n'a jamais pu sortir, quoiqu'elle ait produit les plus grands hommes, & qu'elle ait eu les plus grands succès.

Pausanias veut livrer la Grece au roi de Perse.

Les Grecs ayant équipé une flotte, pour achever de chasser les Perses de l'Europe & de l'Asie mineure, Pausanias fut nommé par les Spartiates pour la commander, & Aristide par les Athéniens. Cette flotte rendit la liberté aux villes de Chypre, & prit Byzance. Elle fit dans cette expédition un grand nombre de prisonniers, parmi lesquels il se trouva plusieurs seigneurs Persans que Pausanias laissa évader, & qu'il chargea d'une lettre pour Xerxès. Il offroit à ce roi de lui livrer la Grece, & lui demandoit sa fille en mariage. Sa proposition fut acceptée. Xerxès confia cette négociation à Artabaze, gouverneur des côtes de l'Asie mineure, & fit passer à Pausanias de grandes sommes pour corrompre les chefs de la Grece.

Par ses hauteurs il fait perdre le commandement aux Spartiates.

Ce traître, aussi mal habile qu'ambitieux, se décela lui-même. Comptant sur le succès d'un projet à peine formé, il se hâta de prendre les mœurs des Perses. Il imita leur magnificence : il se fit rendre des honneurs extraordinaires : il traita les Grecs, comme s'il eût déja été le maître de la Grece. Ses hauteurs aliénerent d'autant plus les esprits, qu'Aristide les gagnoit par une conduite différente. Les alliés refuserent donc d'obéir à Pausanias. Ils se mirent sous la protection des Athéniens, & Sparte perdit le commandement.

Cimon a le comman-

Cimon remplaça Pausanias. Il étoit fils du célebre Miltiade, & éleve d'Aristide. Cela vous prévient en sa faveur, & vous vous intéressez déja pour lui. En effet, il va jouer un grand rôle; & vous verrez en lui la probité réunie aux talents.

dement de la flotte.

Aristide est chargé des finances.

Il étoit naturel que tous les alliés contribuassent aux frais de la guerre; & il étoit raisonnable qu'ils ne contribuassent chacun qu'à proportion de leurs richesses. Jusqu'alors cette répartition, qui s'étoit faite avec peu d'équité, avoit causé beaucoup de mécontentements: il importoit donc de la confier à un homme, tout-à-la fois juste & éclairé. Vous prévoyez qu'Aristide sera choisi. Il le fut en effet, & les suffrages des alliés, comme ceux des Athéniens, se réunirent en sa faveur. Il eut l'administration des finances jusqu'à sa mort, & les peuples de la Grece s'attacherent de plus en plus à la république d'Athènes, qui parut juste & équitable, tant que ce citoyen vécut. Mais après lui, elle se rendit odieuse, parce que le désordre, qui s'introduisit dans les finances, occasionna des injustices & des vexations. Il mourut si pauvre, que l'état fut obligé de faire les frais de ses funérailles, & de pourvoir à la subsistance de sa famille,

La trahison de Pausanias est découverte.

Pausanias continuoit sa trame, & tenoit une conduite, qui invitoit à prendre des mesures contre lui, & qui le fit rappeller. Il parut pourtant se justifier: on n'eut pas au moins des preuves assez fortes de sa trahison; & il prit sur lui de retourner à Byzance, sans l'aveu de la république. Il est fort étrange que cet homme, qui vouloit livrer les Grecs, n'imaginât pas d'en gagner la confiance, & qu'il parût au contraire s'appliquer à se rendre suspect & odieux. Il fit naître enfin des soupçons si violents, que les éphores le citerent pour la seconde fois; & à son arrivée, il fut mis en prison.

Cependant les preuves n'étoien pas suffisantes, & on l'avoit même élargi, lorsqu'un de ses esclaves apporta aux éphores une lettre, dont son maître l'avoit chargé pour Artabaze. Cet esclave l'avoit ouverte, parce que ne voyant point revenir ceux qui en avoient porté avant lui, il soupçonna que ce message pouvoit lui être funeste: il vit en effet qu'Artabaze & Pausanias, pour ne laisser aucune trace de leurs pratiques secretes, faisoient mourir les couriers qu'ils s'envoyoient réciproquement.

Pausanias, convaincu, chercha un asyle dans le temple de Minerve, d'où on ne pouvoit le tirer de force, sans violer la sainteté du lieu. Mais on mura la porte, & on dit que sa mere même posa la premiere pierre.

Thémistocle accusé d'avoir eu part à la trahison de Pausanias se retire à la cour de Perse.

Thémistocle étoit alors à Argos. Il avoit été banni par la faction de ses ennemis, au nombre desquels il ne faut pas mettre Aristide, qui n'a jamais été l'ennemi des citoyens utiles, & qui aussi n'eut point de part à ce bannissement. Il est certain que Pausanias, comptant sur le ressentiment de Thémistocle, s'étoit ouvert à lui, & l'avoit sollicité d'entrer dans ses projets : on en trouva la preuve dans ses papiers. Cependant Thémistocle avoit toujours rejeté cette proposition. Il étoit trop ambitieux pour vouloir être l'instrument d'un autre, & trop prudent pour se compromettre dans une entreprise aussi mal concertée. Son seul tort étoit d'avoir gardé le secret à Pausanias : sans doute il ne crut pas devoir être le délateur d'un homme qui couroit à sa perte.

Quoi qu'il en soit, les Lacédémoniens saisirent cette occasion pour se venger de Thémistocle qui leur étoit odieux, & les Athéniens le condamnerent sans l'avoir entendu. Forcé à fuir, ne trouvant de sureté nulle part, il se retira chez Admete, roi des Molosses, qu'il avoit offensé quelque temps auparavant. Ce prince néanmoins, touché du sort de ce grand homme, le reçut avec générosité, & le refusa aux députés d'Athènes & de Sparte. Mais parce que ces républiques menaçoient Admete de leurs armes, s'il ne le livroit pas, Thémistocle, dans la nécessité de chercher un autre asyle, osa se retirer en Perse, où sa tête avoit été mise à prix : ne pouvant échapper aux Athéniens qui étoient implacables, qu'en se livrant à un ennemi qui pouvoit être généreux. Ce coup de désespoir lui réussit. Il jouit à la cour de Perse de la plus grande considération, & le roi le combla de biens.

Révolution en Perse.

C'eſt à peu-près vers ce temps que Xerxès fut aſſaſſiné par deux de ſes favoris, Artabane, capitaine de ſes gardes, & Mithridate, un de ſes eunuques & ſon grand chambellan. Après avoir commis ce crime, ces deux ſcélérats vont chez Artaxerxe, troiſieme fils de Xerxès. Ils lui diſent que Darius, ſon frere aîné, impatient de regner, vient d'ôter la vie à ſon pere. Ils l'excitent à la vengeance, & Artaxerxe égorge Darius.

Hyſtaſpe étoit le ſecond fils de Xerxès, & la couronne lui appartenoit : mais il ſe trouvoit alors dans la Bactriane, dont il étoit gouverneur. D'ailleurs Artabane aima mieux la donner à Artaxerxe : ce prince étant plus jeune, il jugea qu'il ſeroit plus facile de la lui enlever. Il ſe trompa. Ses deſſeins furent découverts, & il périt par la main même de celui qu'il avoit couronné. Artaxerxe Longuemain, c'eſt ainſi qu'on le nomme, défit l'armée des fils d'Artabane, celle de ſon frere, & ſoumit tout l'empire. On ne peut pas aſſurer ſi cette révolution eſt antérieure ou poſtérieure à la retraite de Thémiſtocle.

Victoires de Cimon.

Athènes, qui avoit perdu ce grand homme, avoit réparé cette perte. Cimon, qui commandoit ſes armées, après avoir chaſſé les Perſes de pluſieurs villes de la Thrace, & d'une grande partie de l'Aſie mineure, défit leur flotte près de l'embouchure du fleuve Eurymédon, & ayant auſſitôt fait une deſcente, il triom-

470 av. J. C.

pha le même jour de leur armée de terre. Après cette double victoire, il alla au devant de quatre-vingts vaisseaux Phéniciens, qu'il prit ou coula à fond. Thémistocle mourut dans ces circonstances, lorsque le roi de Perse songeoit à l'opposer à Cimon. On a dit qu'il s'empoisonna, ne voulant ni servir contre sa patrie, ni manquer à un prince qui avoit tant de droit à sa reconnoissance.

Révolte des Ilotes.

469 av. J. C.

L'année qui suivit les grands succès de Cimon, la Laconie essuya un tremblement de terre, qui fit périr vingt mille hommes, & les Ilotes, saisissant cette occasion, se soulevèrent contre Sparte, qui demanda des secours aux Athéniens.

Ephialte vouloit qu'on laissât succomber cette république, représentant qu'elle étoit & seroit toujours par sa constitution l'ennemie d'Athènes. Cimon, admirateur des vertus des Spartiates, fut d'un avis contraire, & l'emporta. Chargé de cette expédition, il marcha, & soumit les révoltés. Cependant une partie des Ilotes s'étant retirée & fortifiée dans Ithome, les Spartiates le rappellerent une seconde fois, & s'en repentirent aussitôt. Ayant, quoique sans fondement, soupçonné les Athéniens d'être d'intelligence avec ces esclaves, ils renvoyerent Cimon sous divers prétextes.

S'il y eut jamais une guerre juste, c'est certainement celle qu'entreprirent les Ilotes ; &

les Athéniens pouvoient refuser leurs secours aux Spartiates, sans qu'on pût leur en faire aucun reproche. Mais on étoit dans l'usage de dire, que Sparte & Athènes étoient les deux yeux ou les deux bras de la Grece. D'où l'on concluoit que permettre la ruine de l'une de ces deux républiques, ce seroit se crêver un œil, ou se couper un bras.

Caractère de Cimon.

Cimon jouissoit d'une considération qu'il devoit à ses vertus, autant qu'à ses succès. La fortune joignit à ces avantages l'éclat des richesses, & ce fut pour lui un titre de plus à l'estime publique : car ses biens, ainsi que ses talents, étoient à sa patrie. Né avec une ame généreuse, il se fit toujours un devoir d'embellir Athènes, & de donner des secours aux citoyens qui étoient dans le besoin. Cependant il se formoit un parti contre lui, & Périclès en étoit le chef.

Caractère de Périclès.

Éloquent, adroit & faux, si Périclès avoit des talents pour gouverner la république, il en avoit encore plus pour séduire le peuple. Déterminé à sacrifier tout à son ambition, son zele pour le bien public ne fut qu'un masque qu'il leva, dès qu'il ne sentit plus le besoin de se déguiser. N'étant pas assez riche pour égaler la magnificence de Cimon, il s'avisa d'être prodigue des deniers de l'état; & il fit accorder des rétributions au peuple, pour assister aux spectacles & aux jugements. Bientôt les Athéniens ne s'occuperent que de jugements & de jeux; laissant toute l'autorité entre les mains de Périclès, qui devint d'autant plus puissant qu'il avilit la magistrature, & enleva à l'aréopage la connoissance des principales affaires.

Exil de Cimon. Les Athéniens déclarent la guerre aux Spartiates.

Cimon ne cessa de crier contre ces abus, & il fut banni. On prit pour prétexte qu'il favorisoit les Lacédémoniens. A peine fut-il éloigné qu'Athènes rompit avec Sparte, & s'allia avec les Argiens & les Thessaliens, ennemis déclarés de cette république. Bientôt presque toutes les villes de la Grece furent en armes.

460 av. J.C.

Ils sont défaits.

Cimon se rendit à l'armée, quoique le temps de son exil ne fût pas expiré, & on le força à se retirer. Alors cent de ses compagnons qu'on accusoit, comme lui, d'être favorables à l'ennemi, formerent un corps séparé, & se précipiterent sur les Lacédémoniens. Accablés par le nombre, ils périrent tous. Les Athéniens furent sans doute honteux de les avoir soupçonnés; & un moment après, ils le furent encore de la perte de la bataille.

460

Les Athéniens donnent des secours à l'Egypte qui se revolte.

L'année même de l'exil de Cimon, Inarus, prince des Libyens, souleva l'Egypte contre Artaxerxe; & les Athéniens envoyerent au secours des révoltés une flotte qu'ils avoient alors à l'île de Chypre. Les Perses, défaits sur terre & sur mer, se retirerent dans Memphis; & les vainqueurs, qui les poursuivirent, ſe rendirent maîtres d'une partie de la ville. Mais une nouvelle armée, qu'envoya Artaxerxe, défit Inarus: les Athéniens ſe retirerent après avoir fait de grandes pertes, & l'Egypte fut ſoumiſe.

Rappel de Cimon.

Cette guerre duroit encore, lorſque Cimon fut rappellé, après cinq ans d'exil. Les revers qu'on éprouvoit en Egypte & la crainte d'une irruption de la part des Spartiates, firent ſentir combien ce citoyen étoit néceſſaire, & Périclès dreſſa lui-même le décret de ſon rappel. Il prévit ſans doute que Cimon s'éloigneroit bientôt, parce que c'étoit de tous les généraux le plus capable de commander les flottes de la république.

450

Nouveaux ſuccès de Cimon.

En effet dès que Cimon eut conclu une treve de cinq ans avec Sparte, il mit à la voile avec deux cents vaiſſeaux. Les Perſes en avoient alors trois cents dans les mers de Chypre. Il les attaqua: il leur en enleva cent: il en coula pluſieurs à fond. Il fit enſuite une deſcente ſur les côtes de la Cilicie, où il défit Mégabyſe, qui étoit à la tête de trois cents mille hommes. Enfin, il vint mettre le ſiege devant Citium, la plus forte place de l'île de Chypre.

Paix avec les Perſes. Cimon en dicte les conditions, & meurt.

Il étoit au moment de ſe rendre maître de toute cette île, lorſqu'Artaxerxe jugea que la paix pouvoit ſeule arrêter les progrès des Athéniens. Il ordonna donc à ſes généraux de la faire, à quelque prix que ce fut, & Cimon en dicta les conditions. Les principaux articles du traité furent, que toutes les villes grecques de l'Asie seroient libres; que les armées des Perses ne pourroient approcher des côtes; & que leurs vaisseaux de guerre n'entreroient point dans les mers, depuis le Pont-Euxin jusques aux côtes de la Pamphylie. 449

On travailloit encore à la conclusion du traité, lorsque Cimon mourut. On cacha sa mort, comme il l'avoit ordonné, & son nom reconduisit la flotte dans le port d'Athènes.

CHAPITRE IV.

Considérations sur les Perses & sur les Grecs.

Causes de la puissance des Grecs.

DEPUIS l'incendie de Sardes par les Athéniens jusqu'à la paix de Cimon, il s'est écoulé plus de cinquante ans. Dans cet intervalle, les Grecs, parce qu'ils sont unis, forment une puissance formidable; & les avantages, qu'ils remportent, paroissent à peine vraisemblables. C'est, Monseigneur, qu'un empire est puissant par la maniere dont il est gouverné, plutôt que par le nombre des provinces. En Grece, les peuples étoient libres: chaque ville, à l'abri des vexations, jouissoit de ses biens, comme de sa liberté. Le mérite seul élevoit aux emplois, & le talent de commander étoit le seul titre au commandement. Voilà pourquoi Athènes, qui proscrit les grands hommes, en retrouve toujours. Elle les craint: mais elle les considere, & son estime les reproduit.

Causes de la foiblesse des Perses.

Dans un empire, formé, comme la Perse, d'un débris de provinces, les peuples, asservis

vis par la terreur, se font une habitude de la servitude. Accoutumés aux vexations, ils les souffrent comme des fléaux nécessaires. Ils ne sont pas citoyens : il n'y a point de patrie pour eux : ou du moins ils n'ont point d'intérêt commun avec des maîtres, qui ne connoissent eux-mêmes que leur seul intérêt. Sans ame, sans émulation, ce sont des membres morts d'un corps vaste & mal organisé. Il ne faut donc pas s'étonner si leurs armées sont sans généraux, sans courage & sans force.

Le grand roi, c'est ainsi qu'on nommoit le roi de Perse, n'étoit grand que par le faste qui l'enveloppoit ; & la grandeur des courtisans, qui se prosternoient devant lui, dépendoit uniquement de leur adresse à tirer à eux quelques lambeaux de ce faste & à s'en couvrir. Un Aristide, parmi eux, eût été sans considération.

Ils ne sentoient pas le besoin d'acquérir des talents & des vertus, & ils n'en acquéroient pas : il leur suffisoit de plaire pour s'élever, & il étoit facile de plaire à un prince d'ordinaire sans discernement. Le monarque stupide, les croyoit propres à tout, parce qu'ils avoient l'honneur d'approcher de sa personne. Il ne savoit pas que, si l'art d'amuser peut s'apprendre à la cour, où l'étiquette semble avoir fait un art de l'ennui, les talents utiles ne se cultivent que loin du trône. Il donnoit sa confiance, il la retiroit, il ne savoit à qui la laisser. On abusoit continuellement de sa foiblesse : l'intrigue disposoit de toutes les places : le généralat même n'étoit pas toujours une marque de faveur : souvent c'étoit seulement un moyen pour éloigner un courtisan aimable, redoutable à ses rivaux ; & qui à la tête des armées, n'étoit rien moins que rédoutable.

La paix avec la Perse devoit affoiblir les Grecs.

Il suffit donc de comparer les Perses & les Grecs, pour juger de quel côté devoit être l'avantage. Cependant la puissance de la Grece portoit sur des fondements peu solides. Ouvrage de ces généraux supérieurs, qui s'étoient succédés sans interruption, elle dépendoit encore de l'union de tous les peuples. Or, la paix avec la Perse devoit diviser ces républiques rivales, dès qu'un ennemi commun ne les forçoit plus à être unies. Les Athéniens, en dissipant la crainte qu'on avoit du grand roi, auront donc travaillé contre eux-mêmes. On ne sentira plus la nécessité d'être leur allié. Ils s'affoibliront par conséquent, & toute la Grece s'affoiblira avec eux.

Athènes, en affoiblissant ses alliés, s'affoiblit elle-même.

Nous avons vu que pour asservir les provinces, on a imaginé de les ruiner. Il y a une autre politique, qui n'est pas si barbare : elle consiste à amollir les peuples, pour leur ôter jusqu'au desir de se soulever. Quoique cette politique, pratiquée dans tous les temps, ait été louée par les historiens, elle n'en est pas moins condamnable : après avoir été funeste aux peuples, elle finit par l'être aux princes. Il n'y a qu'une maniere d'être obéi, Monseigneur ; c'est d'être juste ; & un souverain équitable ne craint jamais que ses sujets soient trop puissants.

Dans les commencements, les alliés d'Athènes fournissoient leur contingent en argent, en hommes & en vaisseaux. Dans la suite, lorsqu'ils ne craignirent plus les irruptions des Perses : il se dégoûterent des fatigues ; & laissant aux Athéniens le soin de la guerre, ils n'y voulurent contribuer qu'avec de l'argent. Cimon ne s'y opposa point ; il les entretint au contraire dans le goût du repos ; jugeant qu'en cessant de manier les armes, ils seroient moins les alliés que les sujets d'une république toute guerriere. Par cette conduite, la puissance des Athéniens dans la Grece ne fut que l'effet de l'impuissance des autres peuples ; & sans être plus puissants en eux-mêmes, ils ne le furent que par comparaison avec le reste de la Grece qui s'affoiblissoit.

Causes des divisions de la Grece.

Cependant leur supériorité ne pouvoit être que passagere. D'un côté il étoit naturel qu'Athènes, ivre de ses succès, abusât de l'ascendant qu'elle avoit pris ; de l'autre, il étoit naturel également, que les alliés, qui se croyoient libres, ne s'accoutumassent pas à être traités comme des sujets. Pour secouer le joug, ils n'avoient qu'à se jeter dans le parti de Lacédémone. C'est aussi ce qui arrivera. Ces deux républiques ne seront désormais occupées qu'à s'affoiblir réciproquement, & leurs querelles prépareront l'asservissement de la Grece.

Un peuple souverain est toujours tyran.

Vous remarquerez, Monseigneur, en étudiant l'histoire, qu'un peuple souverain est toujours le tyran des peuples qui sont sous sa domination. C'est qu'il a les défauts des mauvais princes. Léger, inconstant, capricieux, il se nourrit de projets, il ne prévoit rien, il tente une entreprise sans l'avoir préparée, il s'aveugle par ses succès, il ne s'instruit point par ses fautes, il s'irrite contre les obstacles, il s'offense des remontrances, il n'écoute que les flatteurs, il veut absolument tout ce qu'il veut.

Si un pareil peuple se porte jamais aux choses frivoles, il s'y portera uniquement. Il oubliera ses vrais intérêts, il ne ménagera aucun de ses alliés, il les vexera, il sacrifiera tout à ses fantaisies. En un mot, corrompu par des flatteurs, bien plus habiles que ceux qui assiegent les monarques, il ira d'égarement en égarement & d'excès en excès. Voilà ce que deviendront les Athéniens.

Les Spartiates ne gouverneront pas avec moins de tyrannie. Ces soldats mépriseront les autres peuples de la Grece, qu'ils regardent comme de vils artisans. Jaloux d'Athènes, ils ne pardonneront pas aux alliés d'avoir été sous la protection de cette république. Ils ne leur tendront les bras, que pour se venger sur eux de la supériorité qu'elle a eue; & ils croiront pouvoir tout se permettre avec des peuples, qui auront besoin de leur appui. Ainsi placés entre ces deux républiques, les alliés, exposés aux vexations de l'une & de l'autre, ne sauront à laquelle s'attacher; & les ligues, dissipées aussitôt que formées, changeront continuellement la face de la Grece.

Les peuples de la Grece doivent se détruire par leurs dissentions.

Les alliés ne pouvoient pas être citoyens de Sparte: la différence des mœurs & du gouvernement ne le permettoit pas. Mais ils auroient pu l'être d'Athènes; & si cette république leur en eût accordé le titre & les droits, c'est alors qu'elle eût été puissante: la Grece, qui n'eût fait qu'un peuple, eût continué d'être formidable aux puissances étrangeres.

Cette politique étoit trop contraire à l'esprit des Athéniens. Ils vouloient être libres, ils vouloient donner la liberté ou l'ôter. Mais ils avoient eu de grands succès, & ils auroient craint d'en partager la gloire. Les peuples de la Grece étoient donc condamnés à être désormais toujours foibles, comme ils étoient condamnés à se détruire par leurs dissentions.

Il a été un temps où ils avoient tous une même façon de penser, bornant chacun leur ambition à être libres, & mettant leur gloire à se donner mutuellement la liberté. Tout est changé. La jalousie, qui les arme, ne leur permet plus d'avoir d'intérêt commun. Cette jalousie, dont la guerre avec la Perse a suspendu les effets, va enfin éclater; & ces peuples impatients de ſe nuire, n'écouteront que des conſeils pernicieux. Les républiques ne ſeront occupées que des moyens de ſe donner la loi, les unes aux autres: le citoyen voudra commander à ſa patrie qui ne veut point de maître: & l'ambition regnera plus que jamais. Une choſe cependant caractériſe les Grecs; c'eſt qu'un ambitieux ne pourra réuſſir, qu'autant qu'il aura des talents. Le mérite les ſubjugue, plutôt que la force, & ils ſont prêts à ſecouer le joug, ſi celui qui commande n'obtient pas leur eſtime.

CHAPITRE V.

Jusqu'à la mort de Périclès

La mort de Cimon livra Athènes à l'ambytion de Périclès.

DEPUIS vingt ans, ou environ, Périclès avoit la plus grande influence dans les affaires, lorsque la mort de Cimon le laissa en quelque sorte maître du gouvernement. Tout dans ce concurrent étoit un obstacle à son ambition, le nom, les richesses, le crédit, les grands succès, la probité & les lumieres. Il trouvoit en lui un homme éclairé qui pouvoit pénétrer ses desseins, un homme de talent qui pouvoit les déconcerter, & il étoit forcé à garder au moins des ménagements. La mort de Cimon lui permit d'aller à ses fins plus ouvertement & plus rapidement.

On opposa Thucydide à Périclès.

On opposa Thucydide à Périclès. Thucydide étoit beau-frere de Cimon. Il avoit une grande réputation de prudence & de probité: il étoit versé dans les loix, & il paroissoit propre à manier les esprits, & à prendre de l'autorité dans les assemblées. Il soutint les intérêts de la noblesse qui l'avoit élevé: mais Périclès s'appliqua de plus en plus à plaire au peuple, se montrant complaisant, & donnant souvent des fêtes.

Périclès flatte les Athéniens en exagérant à leurs yeux la puissance de la république.

En flattant les Athéniens, on étoit sûr de les conduire; & de toutes les flatteries, celle qui exagéroit à leurs yeux la puissance de la république, étoit celle qui les séduisoit davantage. Périclès songea donc à faire montre de leur puissance.

Dans cette vue, il fit un décret, par lequel on avertit tous les Grecs de l'Europe & de l'Asie d'envoyer à Athènes leurs députés pour y délibérer sur les intérêts généraux de la Grece; & aussitôt on nomma des ambassadeurs, qui allerent signifier ce décret à toutes les villes.

Par cette seule démarche, les Athéniens se regardoient déja comme les maîtres; & ils croyoient déja voir arriver les députés, pour prendre & reporter leurs ordres. Il est vrai que si les villes en avoient envoyé, elles auroient reconnu la supériorité qu'Athénes s'arrogeoit. Mais elles ne firent aucune attention à l'invitation qui leur étoit faite.

Il me semble que Périclès n'auroit dû faire une pareille tentative, qu'après en avoir assuré le succès. Il s'étoit compromis; & ce fut sans doute pour faire oublier cette fausse démarche, qu'il se hâta de montrer dans toutes les mers les flottes de la république. En effet il revint après toutes ses courses, comme s'il eût triomphé des Barbares & des Grecs, auxquels il s'étoit fait voir.

Les Athéniens, qui crurent avoir pris possession de l'empire de la mer, eurent la plus haute idée de leur puissance. Ils ne formerent plus que des projets de conquêtes; & sans sortir de la place publique, ils subjuguoient l'Egypte, la Sicile, la grande Grece, & toutes les provinces qui paroissoient à leur bienséance.

Les Athéniens font des projets peu raisonnables.

Périclès, il est vrai, n'approuvoit pas ces projets: il n'avoit garde de s'engager dans des entreprises où il auroit échoué. S'il donnoit aux Athéniens une grande confiance en leurs forces, c'est uniquement parce qu'il les vouloit flatter. Il savoit bien qu'ils ne prendroient point de resolutions sans lui; & il leur permettoit, comme un amusement, des conquêtes en idée, dont il recueilloit toute la gloire, parce qu'il paroissoit à leurs yeux capable de les faire. Il ne lui falloit que de l'ostentation pour être l'homme de la république, comme Cimon l'avoit été avec des victoires.

Cependant les habitants de l'île d'Eubée & de Mégare se soulevent, & se donnent aux Spartiates, qui font une invasion dans l'Attique. Mais cette guerre est presque aussitôt terminée par une treve conclue pour trente ans entre Athènes & Lacédémone.

Guerre, suivie d'une treve pour 30 ans.

Pendant la paix, Périclès embellit la ville, donna des spectacles & entretint une flotte.

Périclès dissipe les finances.

Ainsi les Athéniens s'occuperent de leur puissance parmi les fêtes & les jeux. Jamais Athènes n'avoit paru si florissante, & c'étoit l'ouvrage de Périclès. Tout célébroit ce citoyen; les artistes, les poëtes, les orateurs, les édifices mêmes.

On crie inutilement contre cet abus.

Cependant les finances étoient dissipées. Thucydide & ceux de sa faction ne se lassoient point de le représenter. Périclès fit cesser ces murmures. Trouvez-vous, demanda-t-il en pleine assemblée, que j'aie trop dissipé? beaucoup trop, répondit le peuple tout d'une voix. Hé bien, repartit Périclès, ce sera donc à mes dépens: mais aussi je ne mettrai que mon nom à la dédicace des ouvrages. Aussitôt on s'écria qu'il pouvoit prendre au trésor tout ce quil jugeroit necessaire: on l'invita même à ne rien épargner.

Ne trouvant donc plus d'obstacle, il se saisit du trésor commun de la Grece; & il dissipa tous les ans en spectacles & en édifices plus de six cents talents, tandis que Cimon n'en avoit employé que soixante pour faire la guerre aux Barbares.

Pour dominer sur les Athéniens Périclès les affoiblit.

Devenu supérieur à toutes les factions, il fit bannir Thucydide. Alors il ménagea moins le peuple, & fut roi au titre près. Il envoyoit des colonies en différents endroits, sous prétexte que l'Attique ne pouvoit suffire à tous ses habitants, & que d'ailleurs les colonies qu'il établissoit chez les alliés, étoient propres à les retenir dans le devoir. Il avoit encore une raison qu'il ne disoit pas : c'est qu'il vouloit éloigner les citoyens qui pouvoient lui être contraires. C'est ainsi que pour dominer sur sa patrie, il l'affoiblissoit par toutes sortes de moyens, & qu'il en avançoit la ruine.

Ses réponses aux plaintes des alliés

Cependant les alliés se plaignoient que les contributions, destinées à la défense commune, fussent employées à donner des spectacles aux Athéniens & à décorer leur ville. A quoi Périclès répondoit que la république n'avoit point de compte à leur rendre ; que s'étant engagée à les défendre, il lui suffisoit d'avoir satisfait à cet engagement ; qu'eux-mêmes ils s'acquittoient d'une dette, en payant les taxes, auxquelles ils avoient été imposés ; qu'ayant payé, les sommes qui avoient été délivrées, n'étoient plus à eux ; qu'elles appartenoient à la république, qui après en avoir employé une partie à la défense commune, pouvoit faire du reste l'usage qu'elle jugeoit convenable, & qu'enfin les deniers publics n'étoient pas destinés uniquement à soudoyer des soldats, mais encore à faire subsister une infinité de citoyens, qui n'avoient pour vivre que leur travail & leur industrie.

Les excuses de Périclès étoient mauvaises & vraisemblablement il ne l'ignoroit pas.

Il suffisoit de répondre à Périclès, que, quoique les frais de la guerre ne fussent pas augmentés, il avoit porté jusqu'a treize cents talents les taxes, qu'Aristide avoit fixées à quatre cents soixante. D'ailleurs en contribuant, ce n'est pas une dette que les alliés payoient: c'est un dépôt qu'ils remettoient entre les mains des Athéniens, & ils avoient toujours droit de s'en faire rendre compte.

Périclès qui savoit sans doute que ses raisonnements étoient mauvais, savoit aussi qu'ils seroient goûtés du peuple d'Athènes. Il s'inquiétoit peu des alliés, qui, ayant presque perdu l'usage des armes, lui offroient, s'ils se soulevoient, des conquêtes faciles, & par conséquent une occasion de persuader aux Athéniens qu'ils avoient encore toute la supériorité.

Il est vrai que la république, puissante uniquement par les subsides qu'elle tiroit de ses alliés, tomboit tout-à-coup, si, en les tyrannisant, elle les forçoit à secouer le joug. Mais cette révolution pouvoit n'arriver qu'après Périclès. On peut juger à sa conduite, qu'il ne s'en faisoit pas un objet d'inquiétude, & qu'il lui suffisoit que les temps florissants d'Athènes durassent autant que lui.

441 Fausse politique des Athéniens, lors de la guerre entre Corcyre & Corinthe.

Après six ans de paix, Périclès arma pour les Milésiens contre les habitants de Samos. Ceux-ci furent domptés, & passerent sous la domination d'Athènes. Une autre guerre s'étant élevée entre les Corcyréens & les Corinthiens, ces deux peuples, les plus puissants sur mer après les Athéniens, rechercherent chacun l'alliance de la république. Athènes, qui crut avoir trouvé l'occasion de les affoiblir l'un par l'autre, prit les armes, & se proposa de faire durer leur querelle. Cependant il n'étoit pas vraisemblable que toute la Grece pût voir indifféremment la ruine de Corcyre ou de Corinthe. La guerre pouvoit donc devenir générale, & c'est ce qu'il falloit empêcher.

Les Athéniens rompoient la treve, s'ils armoient contre les Corinthiens, parce que Corinthe avoit été comprise dans le traité conclu entre Athènes & Lacédémone. Ils ne la rompoient pas, s'ils armoient contre les Corcyréens, qui lors du traité n'avoient pris aucun parti. Or, il leur importoit de ne la pas rompre, s'ils vouloient ne pas attirer sur eux toutes les forces du Péloponese.

Ils avoient été puissants pendant la guerre contre les Perses, parce qu'alors l'empire de la mer donnoit celui de la terre. Ce n'étoit plus la même chose depuis que la Perse cessoit de former des entreprises sur la Grece; & Athènes, dont Sparte devenoit alors l'ennemie déclarée, devoit penser à se fortifier dans le continent, où elle étoit foible au point que l'Attique n'étoit pas à l'abri d'une invasion.

En s'alliant des Corinthiens, qui avoient eux-mêmes beaucoup d'alliés dans le Péloponese, elle acquéroit des forces contre les Lacédémoniens, & d'ailleurs elle leur ôtoit tout prétexte d'armer contre elle. C'est aussi la résolution qu'elle prit dans la premiere assemblée, où la chose fut mise en délibération. Mais dans la seconde, elle s'allia des Corcyréens, jugeant leur île favorable aux projets qu'elle formoit sur la Sicile & sur l'Italie. Il paroît encore qu'en cette occasion, elle suivit les impressions que Périclès lui donnoit.

435 av. J. C.

Cependant elle ne fit d'abord qu'une ligue défensive. Elle auroit voulu ne pas déclarer la guerre aux Corinthiens; & elle fut forcée à la déclarer lorsque ceux-ci, vaincus dans un combat naval, eurent soulevé Potidée, une de leurs colonies dans la Macédoine, & alors tributaire d'Athènes. Cette diversion ne permit plus de garder aucune mesure. On arma ouvertement de part & d'autre. Il y eut une action près de Potidée, où Socrate & Alcibiade se distinguerent; & les Athéniens, qui eurent l'avantage, assiégerent cette ville.

Sparte fait une ligue contre Athènes.

Alors les Corinthiens & leurs alliés députerent à Lacédémone, & se plaignirent des Athéniens, comme infracteurs de la paix. D'autres peuples porterent encore des plaintes contre eux; & les Spartiates, qui saisirent cette occasion d'humilier Athènes, formerent une ligue d'autant plus puissante, qu'ils parurent armer pour la liberté de la Grece.

Périclès se résout à la guerre, pour ne pas rendre compte des finances.

Périclès auroit voulu ne pas s'engager dans une guerre avec Sparte. Mais il y étoit entraîné par les affaires qu'on lui suscitoit. Ses ennemis avoient appellé en jugement les personnes, qui lui étoient le plus cheres, Phidias, Aspasie, Anaxagore. Ces dénonciations ayant été bien reçues du peuple, ils l'avoient accusé lui-même de rapines & de concussion, & on venoit de porter un décret pour lui faire rendre ses comptes.

Il songeoit à les rendre, lorsqu'Alcibiade dit qu'il feroit mieux de songer à ne les rendre pas, & cette plaisanterie fut un conseil qu'il suivit. Il cessa donc de s'opposer à une guerre qui pouvoit distraire les Athéniens, & qui, le rendant nécessaire plus que jamais, devoit faire oublier le passé.

Les forces de Sparte étoient sur terre, & celles d'Athènes sur mer.

On se prépara de part & d'autre, & tout fut en mouvement. Le plus grand nombre des villes penchoient pour les Lacédémoniens, qu'elles regardoient comme les défenseurs de la liberté : les Athéniens s'étoient rendus odieux, & on craignoit jusqu'à leur alliance, qui dégénéroit de leur part en tyrannie.

Dans cette disposition des esprits, les peuples du continent se déclarerent la plupart pour Sparte qui les pouvoit protéger. Ceux des îles & les Grecs de l'Asie mineure resterent attachés aux Athéniens moins par inclination que par impuissance. Les flottes, qui ne cessoient de les menacer, ne leur permettoient pas de secouer le joug. Ainsi les forces de Lacédémone étoient sur terre, & celles d'Athènes sur mer : par où l'on peut juger que ces deux républiques se feront réciproquement beaucoup de mal, avant d'en pouvoir venir à une action décisive.

431 Les Athéniens ne font que des diversions.

Les troupes des Lacédémoniens & celles de leurs alliés s'étoient rendues à l'isthme de Corinthe : elles formoient une armée de soixante mille hommes, & elles menaçoient l'Attique qui leur étoit ouverte. Archidame, roi de Sparte, qui les commandoit, s'arrêta & envoya un héraut aux Athéniens, dans l'espérance de trouver quelque moyen de conciliation. Mais on refusa d'entendre ce héraut. On ne lui permit pas même d'entrer dans la ville; & on lui fit dire qu'on ne traiteroit avec Sparte, que lorsqu'elle auroit mis bas les armes. C'est Périclès, qui dicta cette réponse au peuple.

A cette démarche, on jugeroit ne devoir rien craindre pour les Athéniens, & on croiroit déja les voir marcher à l'ennemi. Cependant ils se sont renfermés dans la ville, avec tous leurs effets. On ravage leurs terres : on enleve leurs moissons : on brûle leurs maisons: on les brave jusques dans les murs d'Athènes: & ils ne sortent point.

Il suffisoit sans doute à Périclès qu'Athènes ne pérît pas. Sa politique étoit de traîner la guerre en longueur pour consumer les forces de l'ennemi : il se flattoit avec fondement que la flotte feroit une puissante diversion, & que le ravage qu'elle porteroit sur les côtes du Péloponese,

loponese, forceroit les peuples ligués à se séparer, & à courir chacun à la défense de leur propre pays.

En effet c'est ce qui arriva. Cependant forcer les ennemis à se retirer, sans leur ôter la possibilité de revenir, ce n'étoit pas les vaincre. Une pareille guerre étoit ruineuse pour Athènes, comme pour eux; & il est évident que dès que cette république ne pouvoit se défendre que par des diversions, elle ne pouvoit que retarder sa perte. Périclès seul trouvoit son avantage dans une guerre défensive, parce qu'elle lui laissoit la liberté de s'engager plus ou moins suivant les circonstances.

Il eut bien de la peine à empêcher les Athéniens de sortir; ils vouloient qu'on les menât à l'ennemi. Ce peuple qui, fier de ses succès, croyoit ne devoir armer que pour de grandes entreprises, ne pouvoit voir de dedans ses murs le dévastement de ses terres. Il lui falloit d'ailleurs des actions d'éclat; & c'est par là qu'il devoit ouvrir la campagne, s'il vouloit imposer à la Grece, & rompre les mesures de Sparte. Ainsi cette guerre étoit tout-à-la fois contraire au caractère & aux intérêts des Athéniens.

Leur armée de terre pouvoit être de trente mille hommes. Cimon l'eût vraisemblablement trouvée assez forte, pour tenir la campagne. Il eût déconcerté la lenteur des Spartiates, qui perdoient beaucoup de temps à délibérer. Les alliés se plaignoient déja de cette lenteur; & il ne falloit peut-être qu'une démarche subite & hardie pour les dégoûter de l'alliance de Lacédémone. On pouvoit au moins semer la division parmi eux, & dès-lors la ligue n'étoit plus aussi formidable, qu'elle le paroissoit.

La seconde campagne se passa comme la premiere. Athènes parut sur terre sans défense contre Sparte, comme Sparte fut sur mer sans défense contre Athènes. L'Attique fut donc encore dévastée, & les flottes firent une nouvelle diversion sur les côtes du Péloponese.

Les Athéniens ôtent l'administration à Periclès.

La campagne finit: mais une contagion, telle qu'on n'en avoit point vu encore, désoloit la ville & la flotte. Le courage des Athéniens succomba sous ce nouveau fléau: ils commencerent à murmurer contre Periclès: ils députerent à Lacédémone pour obtenir la paix, à quelque prix que ce fût, & ils ne l'obtinrent pas.

Se voyant alors sans ressource, ils s'abandonnent au désespoir. La vue seule de Periclès les révolte: ils le regardent comme l'auteur des maux qu'ils souffrent: ils lui ôtent toute administration: ils le condamnent à une amende.

Les Athéniens font mourir des ambassadeurs que les Spartiates envoyoient au roi de Perse.

Cependant les Spartiates songeoient à s'allier d'Artaxerxe. S'ils en obtenoient des vaisseaux, ils défendoient leurs côtes. Capables alors de balancer sur mer la puissance d'Athènes, ils agissoient sur terre avec plus de vigueur. Il est vrai que cette démarche étoit d'un augure funeste pour tous les Grecs. Dès qu'ils invitoient les Barbares à prendre part à leurs querelles, ils préparoient leur ruine: & néanmoins ce sont les Spartiates, qui les premiers ouvroient la Grece aux Barbares.

Les ambassadeurs, partis de Lacédémone, sur la fin de la seconde compagne, prirent leur route par la Thrace, dans l'espérance de détacher de l'alliance d'Athènes Sitalcès, roi des Odrysiens. Cette premiere négociation ne leur réussit pas. Ils furent livrés aux Athéniens, qui les traitant comme perturbateurs du repos public, les firent mourir. C'est ainsi que les Spartiates en usoient eux-mêmes en pareille occasion. Cette conduite prouve que les Grecs étoient encore barbares à certains égards.

Les Athéniens rendent l'autorité à Périclès, qui meurt.

Pour avoir enlevé l'autorité à Périclès, les Athéniens n'en furent pas mieux gouvernés. Les factions, qu'il étoit seul capable de réprimer, occasionnerent de nouveaux désordres, dont il ne paroissoit pas l'auteur. D'ailleurs on l'avoit puni, & par conséquent le ressentiment n'étoit plus le même. On l'invita donc à reprendre les rênes du gouvernement, & il les reprit: mais il mourut de la peste, quelques mois après.

429

CHAPITRE VI.

Jusqu'à la fin de la guerre du Péloponese.

L'administration de Périclès est l'époque de la décadence d'Athènes.

PÉRICLÈS, lorsqu'il mourut, avoit depuis quarante ans une grande influence dans le gouvernement; & depuis quinze, il étoit en quelque sorte le maître de la république. Jamais Athènes ne parut plus florissante: c'étoit le séjour des arts, des sciences & des talents en tous genres. Les fêtes & les spectacles se renouvelloient continuellement: on ne se lassoit point d'admirer les statues, les édifices & les monuments prodigués de toutes parts. En un mot, tout annonçoit l'opulence & le goût.

Plus on admiroit cette magnificence, plus on louoit Périclès, à qui Athènes paroissoit la devoir; & parce que les Athéniens savoient mieux louer que les autres peuples, le nom de ce citoyen a passé à la postérité avec les éloges qu'ils lui ont donnés; & les historiens qui ont répété ces éloges, n'ont pas examiné s'il les méritoit.

Vous vous convaincrez bientôt, Monseigneur, que l'administration de Périclès est l'époque de la décadence d'Athènes ; & plus vous étudierez l'histoire, plus vous aurez occasion de remarquer que les excès où le luxe entraîne, sont toujours l'avant-coureur de la chûte des empires. Les siecles où il regne, sont ceux qu'on nomme les beaux siecles, & le siecle de Périclès est le premier de ces siecles vantés. On les appré-cieroit mieux, si le bruit que font ceux qui les célebrent, permettoit d'entendre les gémissements des peuples.

Athènes & Sparte ne connoissent pas leurs vrais intérêts.

Athènes n'avoit qu'une puissance précaire. Riche par les richesses de ses alliés, elle cessoit de l'être, si elle cessoit de retirer des contributions. Elle devoit donc ménager des peuples, qui faisoient toute sa puissance : cependant elle les opprimoit, & elle ne paroissoit appliquée qu'à les mécontenter.

Si Athènes ne connoît pas ses intérêts, Sparte ne connoîtra pas mieux les siens. Pour obtenir les secours des Perses, elle sacrifiera les colonies de l'Asie, & se rendra odieuse à la Grece. Elle ne pensera pas même à profiter du mécontentement des alliés d'Athènes. Au lieu de les appeller à elle, & d'en fortifier son parti, elle les traitera tous indifféremment comme ennemis.

Ecrivains qu'il faut lire pour l'histoire de la guerre du Péloponese.

Je ne suivrai pas dans les détails les guerres que ces deux républiques se sont faites. Thucydide & Xénophon, que vous ne pouvez vous dispenser de lire, vous en instruiront. Vous pourrez joindre encore à cette lecture celle des vies des hommes illustres, écrites par Plutarque & par Cornélius Népos. Je me bornerai à vous donner une idée générale de la conduite d'Athènes & de Sparte,

Dans cette guerre Athènes & Sparte n'ont point d'objet.

On peut reprocher à l'une & à l'autre de n'avoir point d'objet. Le théâtre de la guerre change continuellement. Une premiere entreprise est abandonnée pour une autre, qu'on abandonne encore. On ne fait rien, ou on ne fait que des diversions. Aucune des deux républiques ne sait où elle veut porter ses armes, & chacune paroît ignorer où sont ses ennemis. En un mot, elles vont au jour le jour, & changeant au moindre revers, comme au moindre succès, elles veulent tour-à-tour la paix & la guerre, & elles ne paroissent pas savoir ce qu'elles veulent. On voit seulement qu'elles ont toujours la même jalousie & la même inquiétude.

425 av. J. C. Athènes se refuse à la paix que Sparte demande.

La septieme année de la guerre, Sparte demanda la paix, n'ayant pas d'autre moyen pour délivrer quatre cents vingt Spartiates, qui étoient bloqués dans une petite île. Athènes, qui cinq ans auparavant l'eût faite aux conditions qu'on lui auroit imposées, refusa de la faire, lorsqu'elle pouvoit elle-même en dicter les conditions. Elle avoit eu des avantages, &, dans sa prospérité, elle ne prévoyoit pas qu'elle pût avoir des revers.

422 Treve pendant laquelle

Trois ans après, les deux républiques, également abattues par les pertes qu'elles avoient faites, conclurent une treve de cinquante ans, qui ne dura que quelques mois. Tout l'effet qu'elle produisit, fut que pendant six ans on ne porta la guerre ni dans l'Attique, ni dans la Laconie : d'ailleurs on la continua toujours quelque part.

La guerre continue.

Dans ces circonstances, Athènes entreprit d'exécuter le projet qu'elle méditoit depuis long-temps, la conquête de la Sicile. Mais elle perdit dans cette expédition ses armées & ses généraux. Affoiblie par ses pertes, elle commença à être abandonnée de ses alliés, qui ne la craignoient plus ; & Sparte, à qui ils se réunissoient, s'allia encore des Perses, qui s'engagerent à fournir aux frais de la guerre.

L'expédition des Athéniens en Sicile leur fait perdre leurs alliés.

Artaxerxe Longuemain étoit mort la huitieme année de la guerre du Péloponese, laissant le couronne à Xerxès, son seul fils légitime ; & il avoit eu de ses concubines plusieurs enfants, entre autres, Sogdien, Ochus & Arsite.

Successeurs d'Artaxerxe Longuemain.

Xerxès ne regna que quarante-cinq jours. Sogdien, qui l'égorgea, usurpa le trône, & le perdit avec la vie au bout de six à sept mois ; Ochus, qui étoit gouverneur d'Hyrcanie, ayant armé sous prétexte de venger la mort de son frere.

Ochus, assuré de l'empire, prit le nom de Darius ; & les Grecs, pour le distinguer, lui donnerent le surnom de Nothus, c'est-à-dire, bâtard. Le regne de Darius Nothus a été continuellement troublé par des révoltes.

Arsite arma, dans l'espérance de lui enlever la couronne, comme lui même il l'avoit enlevée à Sogdien: mais son parti ayant été affoibli, il se livra à son frere, qui le fit mourir.

Plusieurs soulévements en Perse.

Quelques années après, dans le temps que les Athéniens faisoient la guerre en Sicile, plusieurs provinces de Perse se souleverent. Amyrtée, un des chefs de la révolte sous Inarus, enleva l'Egypte à Darius Nothus, & y regna six ans. La premiere année de ce soulévement, le gouverneur de Lydie, soutenu de quelques troupes grecques, avoit entrepris de se rendre souverain dans sa province, lorsque ayant été abandonné des Grecs, il se rendit à Tissapherne qui lui promit sa grace. Darius cependant le condamna à mort, Il restoit au fils de ce rebelle un parti qui se soutint pendant deux ans. Enfin les Medes se souleverent, & furent domptés.

Caractère foible de Darius Nothus.

Darius Nothus étoit un prince foible, gouverné par sa femme Parysatis, intriguante, ambitieuse & cruelle, & par trois eunuques, dont le principal étoit Artoxare. Ce ministre, protégé par la reine Parysatis, à lequelle il paroissoit vendu, avoit encore toute la confiance du roi, qu'il flattoit & qu'il occupoit d'amusements frivoles. Maître du gouvernement, il commandoit en souverain. Il voulut encore en avoir le titre, & ce fut sa perte. Sa trame ayant été découverte, il fut livré à Parysatis, qui lui fit souffrir les plus cruels supplices.

La Perse, gouvernée par un prince foible, & troublée par des révoltes, ne pouvoit pas donner de grands secours aux Lacédémoniens : elle étoit plûtot dans une situation à leur en demander. Aussi ce fut elle qui les prévint. Tissapherne, satrape de Lydie, & Pharnabaze, satrape de Phrygie, députerent tous deux à Lacédémone ; & invitant cette république à joindre ses forces aux leurs, ils offrirent de soudoyer toutes les troupes. Le premier vouloit, secouru des Spartiates, achever de dissiper le parti qui subsistoit encore dans son gouvernement : le second se proposoit d'enlever aux Athéniens les villes qu'ils avoient sur l'Hellespont. On accepta leur alliance, & on résolut d'envoyer d'abord à Tissapherne les secours qu'il demandoit. La flotte partit avec Alcibiade & Calcidée.

La Perse recherche l'alliance de Sparte.

Alcibiade étoit alors à Sparte. C'est lui qui avoit engagé les Athéniens dans la guerre de Sicile, & il avoit eu le commandement de l'armée, conjointement avec Nicias & Lamachus. Comme la flotte étoit prête à partir, les statues de Minerve se trouverent toutes mutilées en une nuit. On rechercha les coupables de ce sacrilege : les soupçons tomberent sur plusieurs jeunes gens ; & Alcibiade, entre autres, fut accusé. Il offroit de se défendre, il demandoit même avec instance qu'on lui fit son procès ; lorsque ses ennemis, qui le vouloient poursuivre en son absence, firent surseoir le jugement, sous prétexte que le départ de la flotte pressoit.

Alcibiade accusé de sacrilege.

A peine Alcibiade fut arrivé en Sicile, que les Athéniens le rappellerent pour être jugé sur l'accusation intentée contre lui, & il parut d'abord vouloir se rendre aux ordres de la république : mais le vaisseau qui le ramenoit, ayant débarqué à Thurium, il s'échappa, & se réfugia chez les Argiens.

Il se retire à Sparte,

Les Athéniens le condamnerent à mort par contumace. Désespérant alors de retourner dans sa patrie, il demanda asyle aux Spartiates; & ayant obtenu de vivre au milieu d'eux, il en prit si facilement les mœurs qu'il gagna leur affection. A l'austérité quil montroit, & qui paroissoit lui être naturelle, ils n'imaginoient pas qu'il eût jamais connu la volupté.

Cependant son départ de Sparte lui fut encore funeste. La considération dont il jouissoit dans cette république, l'autorité qu'il avoit dans les délibérations, les services mêmes qu'il rendoit, tout lui suscita des ennemis qui méditerent sa mort, & des ordres furent envoyés à cet effet.

& ensuite auprès de Tissapherne.

Alcibiade se retira à Sardes, auprès de Tissapherne. Là, prenant de nouvelles mœurs, il plut par sa mollesse, par son luxe, par ses flatteries, & il eut tout crédit sur l'esprit du satrape.

Les Athéniens, pour s'assurer les secours qu'Alcibiade leur promet,

Dans ces circonstances, il conçut l'espérance de revoir sa patrie : mais il vouloit qu'on ôtât l'administration au peuple qui l'avoit condamné; & il offroit de procurer aux Athéniens l'alliance de Tiſſapherne. Ce projet, qui devoit donner l'autorité aux principaux citoyens, ne pouvoit manquer d'avoir un puiſſant parti. Il s'agiſſoit pourtant de le faire agréer à l'armée que la république avoit à Samos. Alcibiade en ſonda les chefs. Pluſieurs entrerent dans ſes vues : on concerta les meſures qu'il convenoit de prendre ; & Piſandre, qui partit pour Athènes, ſe chargea de propoſer au peuple le retour d'Alcibiade, l'alliance de Tiſſapherne, & l'abolition de la démocratie. Ces propoſitions ſouleverent d'abord les eſprits : cependant le peuple finit par y donner ſon conſentement ; ne voyant pas d'autre moyen de ſauver le république, ſe flattant, comme on le lui promettoit, de reprendre un jour l'autorité.

aboliſſent la démocratie.

412

A cette nouvelle, l'armée ſe ſouleve, & donne le commandement à Alcibiade.

En conſéquence, on confia l'adminiſtration à quatre cents citoyens, & on leur donna un pouvoir abſolu. Mais, à cette nouvelle, les troupes, qui étoient à Samos, ſe ſouleverent contre leurs chefs. Elles dépoſerent ceux qu'elles ſoupçonnerent d'avoir eu part à cette révolution : elles nommerent à leur place Thraſyle & Thraſybule ; & elles inviterent Alcibiade à venir prendre le commandement. Auſſitôt qu'il fut arrivé, les ſoldats démanderent à être menés contre les tyrans.

Conduite ſage de ce général.

La flotte, en reſtant à Samos, étoit dans la poſition la plus avantageuſe pour retenir ſous la domination de la république les peuples qui n'attendoient qu'une occasion pour se soustraire à son obéissance ; & si elle eût mis à la voile contre les tyrans, les ennemis, qui auroient profité de cette guerre civile, se seroient rendus maîtres, presque sans résistance, de l'Ionie, de l'Hellespont & de toutes les îles. Alcibiade eut la sagesse de se refuser au ressentiment aveugle de ses soldats.

Tissapherne fait avec Sparte un traité qu'il n'exécute pas.

Il ne procura pas à sa patrie l'alliance de Tissapherne. Au contraire, dans le temps même qu'il la promettoit, ce satrape fit avec Sparte un traité, dont un des articles portoit que la flotte de Phénicie se joindroit à celle des Lacédémoniens. Par cet article, s'il eût eu son effet, ils auroient eu toute la supériorité ; leurs forces sur mer étant déja, sans le secours des Perses, égales à celles d'Athènes. Tissapherne en éluda l'exécution. Comme il n'étoit pas de son intérêt qu'aucune de ces deux républiques succombât, il vouloit faire durer une guerre, qui les affoiblissoit l'une & l'autre.

411

Les Spartiates se rendent maîtres de l'île d'Eubée.

Sur ces entrefaites, une flotte que les quatre cents envoient au secours de l'Eubée, est battue & Mindare, général des Spartiates, se rend maître de l'île. Les Athéniens étoient perdus si le vainqueur eût profité de la consternation que cette nouvelle répandit parmi eux. Heureusement Mindare conduisit sa flotte dans l'Hellespont.

Alcibiade revient dans sa patrie, après

La perte de l'île d'Eubée souleva le peuple contre les quatre cents, dont le gouvernement étoit odieux. Ils furent déposés : Alcibiade réunit tous les vœux : on n'eut plus d'espérance qu'en lui, & on le rappella. Il se refusa néanmoins à cet empressement, ne voulant se montrer à sa patrie, qu'après avoir triomphé des ennemis. Deux victoires, remportées sur Mindare, lui préparerent un retour, tel qu'il le desiroit. Il chassa de l'Hellespont les flottes des Lacédémoniens : il soumit aux Athéniens toutes les villes, excepté Abyde : & il força Sparte à demander la paix. Mais Athènes, toujours la même dans ses succès, se refusa à tout accommodement.

avoir triomphé des Spartiates.

Lorsque cette ville, par une suite de revers, se voyoit à peine maîtresse de ses fauxbourgs, Alcibiade lui avoit rendu l'empire. Elle paroissoit en quelque sorte se relever du milieu de ses ruines; & c'est dans ces circonstances qu'elle voit arriver le citoyen qu'elle avoit proscrit, & qui l'a si bien servie. Le peuple le reçut avec une joie, qui ne fut troublée que par les reproches qu'il se faisoit, & il le nomma général de la république sur terre & sur mer, avec un pouvoir illimité.

408

Les Lacédémoniens donnerent à Lysandre le commandement de leur flotte, le regardant comme le meilleur capitaine qu'on pût opposer au général Athénien. Lysandre fit voile pour Ephese, où il apprit que Cyrus, le plus jeune des fils du roi de Perse, étoit arrivé à Sardes, & qu'il

Lysandre, général des Spartiates, fait sa cour à Cyrus le jeune.

avoit obtenu de son pere le gouvernement en chef de toutes les provinces de l'Asie mineure. Par-là, ce prince se voyoit en état de disputer l'empire à Arsace, son frere aîné; & c'est dans cette vue que Parysatis qui l'idolâtroit, avoit engagé Darius à lui donner ce gouvernement.

Lysandre se rendit à la cour de Cyrus, le flatta, gagna sa confiance, & en obtint tout ce qu'il demanda. Ce Spartiate, complaisant, souple, flatteur & bas, avoit au besoin tous les talents d'un courtisan, Ce qu'il obtint pour le moment de plus avantageux, fut une augmentation de paye pour les matelots; ce qui occasionna une grande désertion dans la flotte des Athéniens.

Défaite des Athéniens.

L'armée des Athéniens étoit à Samos, & celle des Spartiates à Ephese. Alcibiade, obligé d'aller en Ionie chercher des fonds pour payer ses soldats, laissa le commandement à Antiochus, avec défense d'engager une action. Antiochus n'obéit pas; & Lysandre, qui avoit évité de hasarder un combat contre Alcibiade, profita de l'absence de ce général, & battit les Athéniens. De retour à Samos, Alcibiade lui présenta la bataille; le Spartiate ne l'accepta pas.

Alcibiade se retire dans la Chersonese de Thrace.

Alcibiade avoit mécontenté les chefs de l'armée, en donnant sa confiance à Antiochus, qui étoit un homme perdu de réputation. Thrasybule, qui se déclara ouvertement, partit pour Athènes, & porta ses plaintes au peuple. Les Athéniens, qui passoient subitement d'un excès à un autre, déposerent Alcibiade sans l'avoir entendu. Il se retira dans la Chersonese de Thrace, où il s'étoit préparé un asyle.

408

Lysandre est remplacé par Callicratidas.

L'année suivante, les Lacédémoniens révoquerent Lysandre, & donnerent le commandement de leur flotte à Callicratidas, grand capitaine, mais mauvais courtisan. C'étoit une ame simple, franche & élevée. Forcé néanmoins d'aller faire sa cour à Cyrus, il se rendit à Sardes, rougissant pour sa patrie, qui se prostituoit devant l'or des Barbares.

S'étant présenté au palais, on lui dit que Cyrus buvoit. Il attendit quelque temps : on rit de sa simplicité : il se retira. Il revint une seconde fois, encore inutilement, & il ne se présenta plus. Il retourna à Ephese, maudissant ceux des Grecs, qui les premiers avoient fait la cour aux Perses, & projetant de reconcilier Athènes & Lacédémone.

406

Callicratidas perd la bataille & la vie.

Il avoit remporté plusieurs avantages, & il bloquoit dans Mytilene Conon, un des généraux d'Athènes, lorsqu'une nouvelle flotte des Athéniens parut vers les îles Arginuses. Plus foible, il eût été prudent à lui de ne pas hasarder le combat : mais il croyoit honteux de l'éviter. Il l'engagea, il fut tué, & sa mort entraîna la déroute de son armée.

Les Athéniens condamnent à mort les généraux, qui les ont fait vaincre.

Une tempête, qui survint immédiatement après, ne permit pas aux généraux Athéniens d'enlever les morts, & de leur donner la sépulture. Le peuple néanmoins leur en fit un crime, & les cassa tous, excepté Conon. Théramene se justifia en rejetant la faute sur les huit autres, qui furent condamnés à mort; & deux s'étant trouvés absents, six furent exécutés. Un peuple souverain est une bête féroce, qui ne s'apprivoise pas. Il faut cependant convenir que les Athéniens ne tarderent pas à avoir eux mêmes horreur du jugement qu'ils avoient rendu.

A la sollicitation de Cyrus, les Spartiates rendent le commandement à Lysandre.

Cyrus apprit avec chagrin la défaite des Arginuses, parce que dans les projets qu'il méditoit, il comptoit beaucoup sur les secours de Sparte, & que par conséquent il lui importoit que cette république fût puissante. Il jugea que Lysandre pouvoit seul réparer les pertes qu'elle avoit faites, & il appuya les alliés, qui demandoient que le commandement fût rendu à ce général. On le lui rendit en effet, quoiqu'on parût le donner à un autre. Comme la loi ne permettoit pas que le même homme fût *amiral* deux fois, on revêtit de ce titre Aracus; & on donna toute l'autorité à Lysandre, qu'on nomma *vice-amiral.*

Lysandre se rend maître

Nous sommes à la fin de la guerre du Péloponese. Lysandre, ayant vaincu les Athéniens

niens sur l'Hellespont, près de l'embouchure du fleuve Egos, vint assiéger Athènes par mer, pendant qu'Agis & Pausanias, les deux rois de Sparte, l'assiégeoient par terre. Après un siege de six mois, forcée à se rendre, elle capitula, & consentit à démolir les fortifications du Pirée, à n'avoir que douze vaisseaux, & à ne faire désormais la guerre que sous les ordres des Lacédémoniens.

d'Athènes, & y établit trente tyrans.

404 av. J. C.

Le traité ayant été conclu & ratifié, Lysandre entra dans la ville, abolit la démocratie, établit trente tyrans, & mit dans la citadelle une garnison, sous les ordres du spartiate Callibius.

Pourquoi, pendant la guerre du Péloponese Athènes manque d'hommes pour la conduire.

Cette guerre a duré vingt-huit ans. C'est l'époque où Athenes commence à manquer de ces hommes, qui par leur génie & leurs talents, semblent nés pour être l'ame de tous les mouvements politiques; & néanmoins c'est le temps où elle a été féconde plus que jamais en talents de toute espece. Il est aisé de concilier cette disette avec cette abondance: d'un côté, Periclès avoit toujours écarté des affaires les hommes de mérite, qui pouvoient lui donner de l'ombrage. De l'autre, le goût des arts & des sciences étoit venu au point, qu'on accordoit la plus grande considération à ceux qui s'y distinguoient. Il étoit donc naturel qu'on s'empressât d'entrer dans cette nouvelle carriere. Elle étoit moins orageuſe, elle piquoit par la nouveauté, elle conduiſoit à la même gloire. Voilà pourquoi, avec beaucoup de gens à talents, Athènes n'eut perſonne pour la conduire; & ce fut encore là l'ouvrage de Périclès.

CHAPITRE VII.

Jusqu'à la paix d'Antalcide.

Projets de Lysandre, qui introduit l'or & l'argent dans Sparte.

GYLIPPE, ayant été chargé de porter à Lacédémone l'or & l'argent que Lysandre avoit ramassés dans ses dernieres compagnes, en déroba une partie. Cette infamie de sa part étonna d'autant plus, qu'on ne pouvoit pas présumer qu'il en fût capable : c'étoit un capitaine, qui avoit toujours servi avec distinction.

L'exemple d'un pareil Spartiate, corrompu si subitement, devoit faire trembler pour tous les citoyens. Aussi les plus sages blâmerent Lysandre ; & les éphores proscrivirent, par un décret, tout cet or & tout cet argent. Mais Lysandre vouloit porter atteinte aux loix de Lycurgue. Par l'attention qu'il avoit eue d'abolir dans toutes les villes la démocratie, & d'y établir des tyrans à sa dévotion, il étoit déja en quelque sorte le souverain de tous les peuples soumis à Sparte : il se flattoit de le devenir encore de cette république, lorsque l'usage des richesses, ayant corrompu les citoyens, en auroit fait autant d'ames vénales. Tout préparoit cette corruption: puisque Sparte étoit forcée par les circonstances à devenir riche ou à mendier continuellement à la porte des satrapes.

Darius Nothus venoit de mourir, & avoit laissé la couronne à Arsace autrement Artaxerxe Mnémon. Mais Cyrus armoit secrètement pour enlever le trône à son frere. A l'ambition, ce prince joignoit du courage, des talens, & il avoit un parti puissant. Il pouvoit donc réussir, & Lysandre se flattoit de trouver en lui un appui.

Voilà les moyens sur lesquels cet ambitieux fondoit toutes ses espérances. Il lui importoit donc de faire révoquer le décret des éphores, & c'est à quoi ses partisans réussirent. A la vérité, on ne donna pas un libre cours à l'or & à l'argent: on en défendit l'usage aux particuliers, & le réservant pour les affaires de la république, on le déposa dans le trésor public. On prévit que dès que l'état feroit cas des richesses, il ne seroit plus possible qu'elles fussent méprisées des citoyens; & que par conséquent la loi, qui leur en défendoit l'usage, seroit bientôt éludée. C'est ce qui arriva. Lysandre a été l'époque de la décadence de Sparte, parce qu'il l'a hâtée: d'ailleurs il n'a pas réussi dans ses projets.

Mort d'Alcibiade.

Alcibiade, qui voyoit les desseins de Cyrus, & qui desiroit de rendre la liberté aux

Athéniens, espéra d'obtenir des secours à cet effet, s'il révéloit au roi de Perse la conspiration qui se tramoit. Dans cette vue il partit de la Chersonese pour se rendre à la cour d'Artaxerxe: mais les Spartiates, avertis de ce voyage, envoyerent après lui, & le firent assassiner. C'est avec cette lâcheté qu'ils paroient les coups d'un ennemi qu'ils redoutoient. Dans toute cette guerre du Péloponese, on ne peut s'intéresser ni pour Athènes, ni pour Lacédémone.

Gouvernement des trente tyrans.

Théramene, un des trente tyrans d'Athénes, s'étant élevé contre les cruautés de ses collegues, Critias, le principal d'entre eux, l'accusa devant le sénat de troubler l'état; & sans attendre le jugement des sénateurs, le condamna lui-même à mort, & l'envoya au supplice. Socrate seul prit la défense de Théramene, & voulut le soustraire à cet arrêt injuste : ce fut inutilement.

Après la mort de ce collegue, qui pouvoit au moins réprimer quelquefois les vexations, les tyrans ne connurent plus de frein. Les emprisonnements, les meurtres se répétoient chaque jour: il périt plus de citoyens en huit mois, qu'en trente ans de guerre; & le peuple consterné, n'osoit laisser échapper une plainte. Socrate seul élevoit la voix, & étoit libre encore.

Thrasybule les chasse.

Les citoyens les plus considérables sortirent d'Athènes, ayant Thrasybule à leur tête.

Sparte défendit à toutes les villes de les recevoir, & il n'y en eut que deux, qui leur ouvrirent un asyle, Thebes & Mégare. Lysias, orateur de Syracuse, leur envoya cinq cents soldats, qu'il avoit levés à ses dépens, voulant seconrir la patrie commune de l'éloquence.

403 Enfin Thrasybule chassa les tyrans: il fit rappeller les exilés, & on confia le gouvernement à dix citoyens, qui abuserent encore de leur pouvoir. Le peuple vouloit poursuivre les complices des vexations commises sous les trente: Thrasybule, jugeant que ces recherches occasionneroient de nouveaux désordres, inspira d'autres sentiments; & on publia une amnistie, par laquelle tous les citoyens jurerent d'oublier le passé.

Sparte veut rétablir les trente.

Lacédémone arma pour rétablir les trente, & le roi Pausanias marcha contre les Athéniens, avec des sentiments néanmoins bien différents de ceux d'un Spartiate. Touché du sort de cette république, il la favorisa secrétement, & les tyrans furent égorgés. Pausanias, à son retour, fut cité comme ayant trahi l'état, & il se vit au moment d'être condamné à mort.

Révolte de Cyrus le jeune.

Ce fut après ces événements, qu'éclata la révolte de Cyrus. Ce prince perdit la vie dans la bataille qu'il livra à son frere; &
401 dix mille Grecs, qui avoient été vainqueurs à l'aile droite, firent une retraite, aussi hardie dans le projet, qu'étonnante dans l'exé-

ction. Xénophon, un de leurs chefs, en a laissé l'histoire.

Les villes d'Ionie s'étoient déclarées pour Cyrus. Sparte, qui les vit exposées au ressentiment du vainqueur, arma pour défendre leur liberté, & osa déclarer la guerre au grand roi. Les triomphes de la Grece, depuis la journée de Marathon jusqu'à la paix de Cimon, promettoient à cette république des succès, que la retraite des dix mille paroissoit assurer. Elle ne pouvoit pas ne pas mépriser les Perses, quand elle les voyoit après une victoire, hors d'état de couper la retraite à un petit nombre de Grecs, qui devoient périr par les obstacles seuls que la nature opposoit à leur retour, dans un espace de cinq à six cents lieues.

Sparte déclare la guerre à la Perse, & paroit pouvoir se promettre des succès.

Cette vaste monarchie avoit d'ailleurs dans sa constitution un vice, qui en rendoit la conquête facile. Les satrapes, dans les provinces éloignées du monarque, étoient en quelque sorte des souverains: car l'usage leur avoit donné plusieurs prérogatives de la souveraineté. Ils imposoient les peuples: ils disposoient des gouvernements de toutes les places: ils nommoient à tous les emplois militaires: ils levoient des troupes: ils faisoient la guerre: ils faisoient la paix: ils armoient les uns contre les autres: ils traitoient avec les états voisins: & dans les alliances qu'ils contractoient, ils consultoient chacun leurs inté-

Mauvaise constitution de la monarchie des Perses.

rêts plutôt que ceux de la monarchie. Ils ne paroissoient sujets, que parce qu'ils agissoient au nom du roi, qu'ils lui envoyoient une partie des tributs, & qu'ils étoient amovibles.

Quoique le monarque eût le droit de les révoquer, il n'en avoit pas toujours le pouvoir. Forcé à les ménager, il mettoit toute sa politique à les diviser; & il conservoit son autorité sur tous, moins par sa propre puissance, que par la crainte où ils étoient les uns des autres. Si un d'eux lui faisoit ombrage, il ne lui étoit pas facile de le faire saisir, & il ne lui restoit d'autre ressource que de le faire assassiner; ressource odieuse, qui décele la foiblesse du monarque.

Les rois de Perse divisoient donc pour commander, & ce sera là dans tous les siecles le grand secret de la politique. Mais, Monseigneur, vous remarquerez toujours que ce secret sera une source de désastres. Si la mésintelligence des satrapes assuroit la domination du monarque sur les provinces; elle pouvoit lui être funeste, parce que la monarchie restoit sans défense contre les nations étrangeres. Des satrapes divisés auront des intérêts differents: le bien général de l'empire ne les réunira jamais: ils ne se donneront pas les secours, dont ils auront réciproquement besoin: ils armeront dans toute autre vue que pour défendre la monarchie: & chacun d'eux se flattera de trouver son avantage dans une révolution.

D'après l'état de cette monarchie, on peut juger qu'elle auroit succombé sous les armes de Sparte, si tous les Grecs eussent été attachés à la fortune des Spartiates, comme du temps de Cimon, ils l'avoient été à celle des Athéniens; & ce qui fera le salut de la Perse, c'est que cette république ne sentira pas que, foible par elle-même, elle n'est puissante que par ses alliés. La dureté de son gouvernement les lui avoit déja fait perdre une fois: Athènes, qui les avoit acquis, & qui avoit commis la même faute, les avoit également perdus. Ç'auroit été là des leçons pour Lacédémone, si les états s'instruisoient par les revers; mais malheureusement il est rare que l'expérience les éclaire, ou du moins elle est long-temps avant de les éclairer. Sparte, au milieu de ses succès, aura donc encore l'imprudence de se rendre odieuse à ses alliés; & pour chasser les armées de cette république, Artaxerxe n'aura qu'à soulever contre elle les ennemis qu'elle se fera dans la Grece. C'est ce qui va arriver.

Sparte aura des succès sans fruit.

Conon, qui avoit perdu la bataille d'Egos, s'étoit retiré auprès d'Evagoras, roi de Chypre; se reprochant les malheurs que sa défaite avoit attirés sur Athènes, desirant de rétablir la puissance de cette république, & n'attendant que le moment favorable. Cté-

Artaxerxe ordonne d'équiper une flotte, & en donne le commandement à Conon.

ſias étoit alors à la cour de Perſe. Auparavant attaché à Cyrus, il l'avoit ſuivi. Il fut fait priſonnier, & Artaxerxe le fit ſon premier médecin (*).

Il étoit facile de faire ſentir à Artaxerxe combien il lui importoit d'humilier Sparte & de relever Athènes. Conon lui écrivit à ce ſujet, & adreſſa ſa lettre à Ctéſias qui la rémit à ce prince, Dans le même temps Pharnabaze, qui ſe rendit à Suſe, appuya les projets de Conon, & accuſa Tiſſapherne, dont il étoit ennemi, de nuire aux affaires du roi par ſon obſtination à favoriſer les Lacédémoniens. Sur ces remontrances Artaxerxe donna ſes ordres pour faire équiper une flotte en Phénicie, & il en confia le commandement à Conon.

Succès d'Agéſilas en Aſie.

397

A la nouvelle de ces préparatifs, Sparte réſolut de pouſſer vivement la guerre, qu'elle venoit de commencer, & Agéſilas, l'un des rois, paſſa en Aſie. Il eut dans les deux premieres campagnes de ſi grands ſuccès, que la monarchie de Perſe parut menacée d'une révolution. Les provinces, prêtes à ſe révolter, commençoient à rechercher l'alliance de Sparte: les Barbares, qui arrivoient de tou-

(*) Il a écrit l'hiſtoire de Perſe & celle de l'Inde. Les extraits que Photius a faits de l'une & de l'autre, font tout ce qui nous en reſte.

tes parts, grossissoient l'armée de cette république ; & Agésilas méditoit de porter la guerre jusques dans la haute Asie.

Il étoit temps de faire une diversion en Grece. Tithrauste, qui par ordre d'Artaxerxe avoit assassiné Tissapherne, étoit alors satrape de Lydie. Il chargea Timocrate de Rhodes de parcourir les villes de la Grece, & de les soulever contre Sparte. En général disposées à secouer le joug, plusieurs se déclarerent aussitôt. L'argent, que Timocrate répandit parmi les principaux citoyens, hâta le soulévement. Ligue contre Sparte.

Argos, Thebes, Corinthe firent une ligue ; & bientôt après Athènes se joignit à ces trois villes : elle étoit sollicitée par les Thébains, qui avoient fourni à Thrasybule des armes pour chasser les tyrans. 395

Les Lacédémoniens leverent deux armées, qui entrerent dans la Phocide. Lysandre, qui en commandoit une, fut tué dans un combat près d'Haliarte. Le roi Pausanias, qui commandoit l'autre, ne crut pas devoir hasarder une seconde action, & revint à Sparte. Il y fut cité pour rendre compte de sa conduite ; & ayant été condamné à mort, il se retira à Tégée où il mourut l'année suivante. Mort de Lysandre.

Sur ces entrefaites, Conon, qui commandoit la flotte d'Artaxerxe, défit celle de Sparte près de Cnide, ville de Carie. Cette victoire enleva l'empire de la mer aux Lacédémoniens : Victoire de Conon près de Cnide. 394

ils perdirent leurs alliés, qui n'attendoient que le moment de secouer le joug, & ils se trouverent presque sans forces en Grece & en Asie. Ils ne se releveront plus. Alors Agésilas, qui avoit été rappellé, livra en Béotie un combat où il parut avoir quelque avantage.

Conon releve les murs d'Athènes.

394

Enfin les Athéniens virent arriver la flotte victorieuse. Ce sont les Perses que Conon conduit, & qui après avoir combattu pour Athènes, viennent encore en relever les murs.

Paix d'Antalcide.

387

La guerre continuoit, & les Athéniens reprenoient la supériorité, lorsque Sparte, pour arrêter les progrès de sa rivale, résolut de faire la paix avec la Perse. Antalcide, chargé de cette négociation, se rendit auprès de Téribase, satrape de Lydie. Ses instructions renfermoient trois articles principaux. Par le premier on offroit d'abandonner au roi de Perse toutes les colonies Asiatiques: par le second, toutes les villes de la Grece devoient recouvrer leur liberté: & le dernier portoit que celles qui accepteroient ces conditions, se réuniroient pour forcer les autres à s'y soumettre. Artaxerxe accepta ces propositions: il y ajouta seulement qu'outre les villes grecques de l'Asie, il auroit encore les îles de Chypre & de Clazomene; & qu'on laisseroit aux Athéniens celles de Sciros, de Lemnos & d'Imbros.

Les principales villes de la Grece rejeterent d'abord ce traité honteux, qui les humilioit, & qui sacrifioit les Grecs de l'Asie: mais enfin trop foibles pour s'y opposer, elles y accedérent les unes après les autres.

En consentant à rendre la liberté à toutes les villes, Sparte paroissoit perdre sa domination sur toute la Laconie. Elle étoit donc bien éloignée de vouloir se conformer elle-même à cet article; & elle ne l'avoit inséré dans le traité, qu'afin d'avoir un prétexte pour soustraire aux autres républiques les villes qui leur obéissoient. Ce sera là une nouvelle source de guerres.

CHAPITRE VIII.

Jusqu'à la mort d'Epaminondas.

La richesse d'un peuple n'en fait pas la puissance.

ATHÈNES & Sparte n'ont jamais été plus puissantes, que lorsqu'elles faisoient la guerre sans argent ou avec peu. Mais dès que l'argent a commencé à devenir pour elles le nerf de la guerre, elles ont été foibles, parce qu'alors elles n'en pouvoient jamais avoir assez. La richesse d'un peuple n'en fait donc pas la puissance: c'est une vérité, dont vous vous convaincrez de plus en plus, en étudiant l'histoire.

Les Spartiates arment contre Olynthe.

En exécution du dernier traité, les Thébains renoncerent à leur domination sur la Béotie, & les Corinthiens retirerent la garnison qu'ils avoient dans Argos. Cependant Olynthe, ville de Thrace, bien loin de renoncer à ses conquêtes, en faisoit de nouvelles, & les Spartiates saisirent ce prétexte pour lui déclarer la guerre. Ils envoyerent contre elle deux armées, l'une commandée par Eudamidas; l'autre, qui suivit de près, par Phébidas.

Les Spartiates se rendent

Il y avoit alors dans Thebes deux factions, celle d'Isménie qui favorisoit la démocratie, &

celle de Léontide qui se déclaroit pour l'oligarchie. Dans ces circonstances Phébidas, traversant la Béotie, campe pres de Thebes. Les citoyens n'en prirent point d'allarmes, parce qu'ils se reposoient sur la foi du dernier traité. Mais ce Spartiate, invité par Léontide, s'empara de la citadelle, pendant que les Thébains étoient occupés à célébrer les fêtes de Cerès. Isménie, aussitôt saisi, fut condamné à mort, & tous ceux de son parti sortirent de la ville, au nombre de plus de quatre cents. Epaminondas resta. Sa pauvreté & l'éloignement où il avoit toujours été des affaires le mettoient à l'abri de toute insulte. Jusqu'alors il ne s'étoit appliqué qu'à l'étude de la la philosophie.

maîtres de Thebes par trahison.

Sparte ôta le commandement à Phébidas, & néanmoins elle ordonna qu'on garderoit la citadelle de Thebes, & qu'on y mettroit garnison. Ainsi en punissant le criminel, elle devenoit complice du crime : conduite aussi déraisonnable qu'injuste.

Deux ans après les Olynthiens furent forcés à se rendre.

Les Lacédémoniens parurent alors dominer sur la Grece. Toutes les villes tremblerent devant eux : & ils ne virent plus dans Athènes qu'une rivale humiliée. Jamais puissance néanmoins ne fut plus mal assurée ; parce que les injustices, qui en étoient le fondement, ne pouvoient manquer de soulever les peuples. Si Sparte a deux fois perdu ses alliés,

Cette violence doit soulever toute la Grece contre cette république.

parce qu'elle les gouvernoit durement ; comment conserveroit-elle un empire, acquis par trahison & par violence ? Vous jugez que cet empire est le dernier effort d'une puissance qui s'éteint.

Athènes donne asyle aux Thébains qui ont été bannis.

Tous ceux qui étoient sortis de Thebes, avoient été bannis par un décret public, & s'étoient retirés à Athènes, où ils avoient trouvé asyle. Sparte ordonna aux Athéniens de les chasser : ils n'obéirent pas. Les Thébains avoient désobéi à de pareils ordres, lorsque Thrasybule, chassé par les trente tyrans, s'étoit réfugié à Thebes. Ainsi les Athéniens rendoient aux Thébains le même service qu'ils en avoient reçu.

Pélopidas rend la liberté aux Thébains.

Léontide tenta de faire assassiner les principaux des bannis, & n'eut que l'infamie d'avoir fait une tentative inutile : un seul fut tué. Cependant Pélopidas, à l'exemple de Thrasybule, forma le projet de rendre la liberté à sa patrie. Après avoir fait son plan de concert avec ceux qui étoient à Athènes, il en donna connoissance aux amis qu'il avoit à Thebes, & on prit de part & d'autre les mesures convenables.

378 A un jour marqué, les conjurés se rendirent à Thriasie, petit-bourg peu éloigné de Thebes ; & douze, à la tête desquels etoit Pélopidas, tous déguisés en paysans, entrerent dans la ville sur le déclin du jour, par différentes

rentes portes. Charon les reçut chez lui, & quelques autres amis s'étant joints à eux, ils se trouverent quarante-huit.

Ce même jour, Philidas, un des conjurés, avoit rassemblé chez lui les principaux chefs de la tyrannie. Il leur donnoit un grand souper, & les sollicitoit au vin & à la bonne chere.

Cependant les quarante-huit se partagent en deux troupes : l'une, conduite par Charon, va chez Philidas, pendant que Pélopidas marche avec l'autre chez Léontide, qui n'étoit pas du repas. Bientôt tous les tyrans périssent à la fois.

La conjuration avoit été sur le point d'être découverte. Un courier, parti d'Athènes, arriva au milieu du souper, & remettant à Archias une depêche qui révéloit tout, il lui dit : *lisez sur le champ, il s'agit d'affaires sérieuses. A demain*, repondit Archias, *les affaires sérieuses* ; & jetant le paquet à côté de lui, il demanda à boire.

Aussitôt après ce premier succès, les conjurés font venir les bannis, qui étoient restés à Thriasie : ils arment tous les citoyens qu'ils rencontrent, & se joignent à Epaminondas & Gorgidas, qui étoient à la tête des plus braves de la ville.

Le désordre est par-tout. Le peuple, qui ignore si l'on combat pour sa liberté, ou pour lui donner de nouveaux fers, ne sait quel parti prendre. Plus de trois mille citoyens se réfugient même dans la citadelle. Si les Lacédémoniens avoient su profiter de ce moment de trouble, ils auroient vraisemblablement eu tout l'avantage : la garnison étoit assez forte, puisqu'elle étoit de quinze cents hommes. Mais ils n'oserent sortir de la citadelle, &, comme Archias, ils renvoyerent au lendemain.

A la pointe du jour, le peuple s'assemble. Pélopidas, Epaminondas & Gorgidas paroissent à la tête des conjurés. Les citoyens reconnoissent leurs libérateurs, applaudissent à leur courage, & nomment Pélopidas, Charon & Mélon béotarques, c'est-à-dire, gouverneurs de la Béotie.

Les Athéniens donnent des secours aux Thébains.

Toute la Béotie arme. Les Athéniens envoient cinq mille hommes de pied & cinq cents chevaux. Les conjurés, qui assiegent la citadelle, s'en rendent maîtres : & Cléombrote, roi de Sparte, après avoir fait des ravages en Béotie, y laisse Sphodrias avec quelques troupes, & retourne à Lacédémone.

Cependant les Athéniens, craignant la puissance de Sparte, se reppentirent d'avoir donné des secours aux Thébains : ils rappellerent leurs troupes, & déclarerent qu'ils ne prendroient plus aucune part à cette guerre.

Comme il étoit néanmoins très important pour Thèbes de faire changer cette résolution,

Pélopidas chargea un homme de confiance de solliciter Sphodrias à s'emparer du Pirée, & de lui représenter cette entreprise d'autant plus facile à exécuter, que les Athéniens ne s'attendoient pas à être attaqués. Sphodrias donna dans le piege, & son entreprise n'eut d'autre succès que de faire prendre les armes aux Athéniens, & de leur faire renouveller l'alliance avec Thèbes. Athènes équipa une flotte, dont elle donna le commandement à Timothée, fils de Conon. Cet amiral ravagea les côtes de la Laconie, & enleva l'île de Corcyre aux Lacédémoniens. Bientôt après ceux-ci perdirent tout-àfait l'empire de la mer, ayant été défaits une fois par Chabrias & une autre fois par Timothée.

Conduite de Pélopidas, qui a Agésilas en tête.

Cependant leur armée de terre, sous les ordres d'Agésilas, paroissoit marcher à des succès assurés: car les Thébains conduits par des capitaines sans réputation, n'étoient point encore aguerris. Dans une pareille conjoncture, il eût été imprudent à Pélopidas de hasarder une action qui eût décidé du sort de la guerre. Il le sentit, & il n'engagea, pendant les premieres campagnes, que de petits combats, où il étoit presque toujours sûr d'avoir l'avantage. Par-là, il donnoit peu-àpeu à ses soldats d'autant plus de confiance, qu'Agésilas, qui ne pouvoit rien entreprendre de considérable, ne paroissoit à la tête des Spartiates que pour apprendre aux Thébains le métier des armes.

Avec cette conduite, Pélopidas reprit toutes les villes de la Béotie. Il eut même dans une occasion un succès fort brillant. Il étoit près de Tégyre, lorsque quelqu'un, tout épouvanté, vint lui dire, *nous sommes tombés entre les mains des ennemis*. En effet, ils commençoient à paroître hors des défilés. *Pourquoi*, répondit Pélopidas, *ne dirions-nous pas que ce sont eux qui sont tombés entre les nôtres ?* Aussitôt il range sa petite troupe en bataille. Il n'avoit que trois cents hommes de pied & quelque peu de cavalerie. Cependant il attaque, & il bat. L'armée des Lacédémoniens étoit des deux tiers plus nombreuse; & on a remarqué que jusques-là, ils n'avoient jamais été battus, même à nombre égal.

Les Athéniens donnent des secours à Artaxerxe pour soumettre l'Egypte.

Pendant cette guerre, l'Egypte, soustraite depuis quelques années à la domination des Perses, avoit pour roi Achoris, & Artaxerxe Mnémon faisoit de grands préparatifs pour réduire cette province. Pharnabaze, chargé de cette expédition, demanda aux Athéniens Iphicrate pour le mettre à la tête des troupes grecques, qui servoient dans l'armée du roi de Perse, & se plaignit à eux de ce que Chabrias étoit entré au service d'Achoris. Les Athéniens, qui avoient intérêt de ménager Artaxerxe, rappellerent Chabrias, & accorderent Iphicrate. Pendant que ces préparatifs se faisoient, Achoris mourut, Psammuthis occupa le trône un an, Néphéritès quatre mois; & Nectanébus, qui leur succéda, acheva de pourvoir à la defense de l'Egypte.

Pourquoi Artaxerxe ne réduit pas l'Egypte.

Alors les rois de Perse prétendoient diriger de leur cabinet toutes les opérations d'une campagne; donnant à leurs généraux des plans tout faits, & ne leur permettant pas de s'en écarter sans de nouveaux ordres. Il arrivoit de là que le plus habile général, ne pouvant rien prendre sur lui, laissoit échapper l'occasion d'agir, toutes les fois qu'il survenoit quelque accident qui n'avoit pas été prévu. Cette faute d'Artaxerxe sera commune à bien des monarques.

Pharnabaze avoit des talents, de l'activité & des vues: mais il étoit lent dans l'exécution, parce qu'il avoit les mains liées, & qu'il auroit été dangereux pour lui de passer ses pouvoirs. S'il eût suivi les conseils d'Iphicrate, il se fût rendu maître de Memphis, & toute l'Egypte eût étê conquise. Il falloit pour cela marcher avant d'avoir rassemblé toutes ses forces, & c'est ce qu'il ne voulut pas hasarder. La lenteur de ce général fut donc le salut des Egyptiens. Pharnabaze avoit cependant deux cents mille Perses, vingt mille Grecs & cinq cents vaisseaux.

Traité de paix, d'où les Thébains sont exclus.

Pour avoir plus de Grecs à son service, Artaxerxe avoit inutilement tenté de rétablir la paix parmi les républiques de la Grece. Il survint de nouveaux troubles. Les Thébains, qui prirent les armes contre les Athéniens, leur enleverent Platée : ils se rendirent ensuite maîtres de Thespies en Achaïe, & ils ruinerent ces deux villes.

Cependant la Grece étoit lasse de la guerre. Athènes commençoit à craindre que Thèbes ne devînt trop puissante, & Artaxerxe faisoit de nouvelles instances, pour porter

372

les Grecs à mettre bas les armes. On pensa donc à faire une paix générale, & dans cette vue, les députés des villes s'assemblerent à Sparte.

Le traité alloit être conclu, lorsque les Thébains, qu'on plaçoit dans la derniere classe, parce que jusqu'alors ils y avoient toujours été, déclarerent qu'ils vouloient être désignés par le nom de Béotiens, & tenir un des premiers rangs. Les contractants s'y opposerent, & Agésilas insista sur ce qu'ils eussent à rendre la liberté à la Béotie. Epaminondas repliqua que le droit des Spartiates sur la Laconie n'étoit pas mieux fondé ; & que s'ils y renonçoient, Thèbes suivroit leur exemple. La réponse qui étoit juste, en devenoit plus offensante, & Agésilas raya les Thébains du traité qu'on venoit de conclure. Tous les députés souscrivirent aux volontés de ce roi : ils craignoient trop Sparte pour oser résister.

Voilà donc Thèbes seule contre toute la Grece. Mais Epaminondas entre en charge, & va commander les armées. Thèbes oppose six mille hommes & ce général à vingt-quatre mille commandés par Cléombrote, roi de Sparte. D'ailleurs sans alliés, sans espérance de secours, elle paroissoit perdue. Les augures même lui étoient contraires. On les annonce au général qui répond par un vers d'Homére : *Il n'y a qu'un seul bon augure, c'est de combattre pour la patrie.* Cependant il en imagine de favorables, il les fait répandre pour rassurer les esprits, marche, joint l'ennemi à Leuctres, & le défait. Pélopidas commandoit le bataillon sacré, c'est-à-dire, les trois cents hommes avec lesquels il avoit triomphé à Tégyre.

Epaminondas vainqueur des Spartiates à Leuctres.

371

Cléombrote, qui commandoit à son aîle droite composée de Lacédémoniens, fut tué au commencement de l'action. Au premier bruit de cette mort, les alliés, qui s'étoient engagés dans cette guerre malgré eux, prirent la fuite, & entraînerent avec eux les Spartiates. Thèbes ne perdit que trois cents hommes, & ses ennemis en laisserent quatre mille sur la place.

Dans ces quatre mille hommes, il y avoit mille Lacédémoniens & quatre cents Spartiates. Mais Sparte paroissoit encore avoir perdu tous ceux qui avoient survécu à cette journée : car la loi proscrivoit les citoyens qui fuyoient devant l'ennemi, & tous avoient fui. Pour les sauver, Agésilas imagina de laisser dormir les loix pendant un jour.

Il porte la guerre dans la Laconie.

Epaminondas & Pélopidas portent la guerre dans le Péloponese. Leur armée se grossit de tous les peuples, qui veulent secouer le joug des Lacédémoniens. Elle est de soixante dix mille hommes, lorsqu'ils entrent dans la Laconie, & pour la premiere fois Sparte voit l'ennemi à ses portes.

Agésilas, qui avoit fait trembler le grand roi, se voyoit humilié. C'est lui qui avoit engagé les Lacedemoniens dans cette guerre.
369 L'ennemi le bravoit, l'insultoit : les citoyens s'agitoient en tumulte ; il n'entendoit que des plaintes, des murmures ; & l'avilissement de la république sembloit lui reprocher jusqu'à ses exploits dont il ne restoit aucun fruit. Cependant, sourd à tous les cris, il n'eut pas l'imprudence de sortir, & de hasarder un nouveau combat. Content d'avoir pourvu à la défense de la ville, il abandonna la campagne, & il se tint sur la défensive ; jugeant avec raison que les Thébains ne feroient que de vaines tentatives sur Sparte, & seroient enfin obligés de se retirer. Mais auparavant Epaminondas bâtit Mégalopolis, & il y rassembla les Arcadiens, qui de tous temps ennemis des Spartiates, devinrent par là plus redoutables. Il ré-

tablit encore Messene, où il rappella les peuples que les Lacédémoniens avoient chassés du Péloponese trois cents ans auparavant. Il mit donc aux portes de Sparte deux ennemis irréconciliables.

Les Thébains sont au moment de condamner Epaminondas & Pélopidas.

Pour exécuter toutes ces choses, Epaminondas & Pélopidas avoient conservé le commandement quatre mois au-de-là du terme prescrit par la loi. On leur en fit un crime, & ils alloient être condamnés à mort; lorsqu'Epaminondas, représentant les services qu'ils avoient rendus à la patrie, demanda qu'on mît sur son tombeau qu'il avoit perdu la vie pour avoir sauvé l'état. Le peuple alors reconnut son ingratitude, & se hâta de les absoudre.

On tente inutilement de former une ligue contre les Thébains.

Cependant le Péloponese, soutenu par les Thébains, se soulevoit contre Sparte, divisée par des factions; & Agésilas n'avoit pas moins de peine à gouverner cette république, qu'à la défendre. Ce fut alors que plusieurs peuples de la Grece formerent une ligue contre les Thébains, & députerent au grand roi pour le faire entrer dans cette confédération.

Cette négociation échoua. Pélopidas, que Thèbes envoya au roi de Perse, fit connoître à ce monarque, combien il lui importoit de protéger une puissance naissante, qui ne pouvoit lui donner de l'ombrage & qui ne pouvoit nuire qu'à deux républiques, de tous temps ennemies de la Perse. Il fut écouté d'autant plus favorablement que sa réputation l'avoit devancé, & qu'il soutint, par sa conduite & par ses discours, l'idée qu'on avoit conçue de lui. Artaxerxe déclara donc qu'il étoit allié des Thébains, que Messine demeureroit libre, & qu'Athènes cesseroit ses hostilités sur les côtes de la Béotie.

Tous les ambassadeurs de la Grece revinrent chargés de présents, excepté Pélopidas, qui n'accepta que ce qu'il ne pouvoit pas honnêtement refuser. A cette occasion, Epicrate, simple porte-faix, qui avoit été du voyage, proposa en pleine assemblée aux Athéniens de faire un décret par lequel il seroit ordonné, qu'au lieu de neuf archontes, on éliroit toutes les années neuf ambassadeurs, qu'on les choisiroit parmi les plus pauvres, & qu'on les enverroit au grand roi.

Les Thébains ôtent le commandement à Epaminondas.

Sur ces entrefaites, Epaminondas fit une irruption dans le Péloponese, où il eut à combattre les Spartiates, les Corinthiens & les Athéniens. Il eut d'abord de grands avantages: mais enfin forcé à céder, il se retira. A son retour, il fut accusé d'avoir trahi les intérêts de la Béotie, & on lui ôta l'administration des affaires.

Pélopidas en Thessalie & en Macédoine.

L'affoiblissement de Sparte & d'Athènes inspiroit à plusieurs peuples l'ambition de donner la loi à la Grece. Jason, tyran de Phéres, s'étoit fait nommer généralissime des Thessaliens, à force de leur répéter qu'il prévoyoit la chûte de Thèbes, & que c'étoit à leur tour à commander. Brave & expérimenté, il paroissoit capable d'exécuter de grands projets, & il avoit rassemblé une armée de vingt mille hommes de pied & de huit mille chevaux, lorsqu'il fut assassiné.

Ses deux freres, Polydore & Polyphron, lui succedent: mais Polydore, tué par Polyphron, est bientôt vengé par Alexandre son fils. Ce nouveau tyran, qui n'a pas les talents de Jason, veut assujettir les Thessaliens, qui se mettent sous la protection de Thèbes; & Pélopidas marche en Thessalie, dans le temps qu'Epaminondas étoit dans le Péloponese. Il soumet Alexandre, passe en Macédoine pour régler la succession d'Amyntas II, dernier roi, & emmene en ôtage trente enfans des premieres maisons entre autres Philippe, fils d'Amyntas, & frere du roi Perdiccas.

Epaminondas reprend le commandement.

Bientôt Thèbes fut obligée d'armer encore contre Alexandre de Phéres, qui, violant le droit des gens, avoit arrêté prisonnier Pélopidas, revêtu du titre d'ambassadeur. Cette expédition ne réussit pas: & sans Epaminondas, qui s'y trouva en qualité de volontaire, les Thébains étoient entiérement défaits. A cette occasion, on lui rendit le commandement; & étant rentré tout aussitôt dans la Thessalie, il ramena Pélopidas à Thèbes.

364 av. J.C.

Pélopidas défait Alexandre de Phéres, & perd la vie.

Quelques années après, les Thessaliens, qu'Alexandre de Phéres continuoit de soulever par ses usurpations, & plus encore par ses cruautés, demanderent un nouveau secours; & Thèbes arma sept mille hommes, dont elle donna le commandement à Pélopidas, comme les Thessaliens le desiroient. L'armée étoit prête à partir, lorsqu'une éclipse de soleil jeta l'épouvante parmi les soldats. Pélopidas, qui ne voyoit dans ce présage qu'un événement naturel, partit suivi de trois cents cavaliers qui ne le voulurent pas abandonner, & laissa tous ceux qui craignirent de le suivre. Impatient de montrer à toute la Grece, que lorsqu'Athènes & Sparte favorisoient les tyrans, Thèbes armoit pour les exterminer, il se mit à la tête des Thessaliens, qui s'étoient rassemblés à Pharsale, joignit Alexandre près d'un lieu nommé Cynoscéphales, & le vainquit. Mais il fut tué, ayant eu l'imprudence de s'exposer plus qu'il ne convient à un général. Les Thessaliens & les Thébains le pleurerent. Alexandre, contraint de rendre la liberté à toutes les villes, ne conserva que Phéres; & dans la suite il fut poignardé par les freres de Thébé sa femme, qui les arma elle-même. C'étoit un monstre digne d'un pareil sort.

Nouvelle guerre entre Thèbes & Sparte.

Les Arcadiens étant en guerre avec les Eléens, se diviserent au sujet de la paix que les Tégéens vouloient faire, & à laquelle les Mantinéens se refusoient; & cette dissention produisit une nouvelle guerre, à laquelle les principaux peuples de la Grece prirent part.

Les Thébains se déclarerent pour Tégée, & Mantinée fut secourue par les Spartiates & par les Athéniens.

Victoire de Mantinée. Mort d'Epaminondas.

Epaminondas étoit entré dans l'Arcadie, & campoit près de Tégée, dans le dessein d'attaquer les Mantinéens, lorsqu'il apprit qu'Agésilas avançoit vers Mantinée. Alors il marcha par un autre chemin à Sparte, qu'il se flattoit de surprendre. Mais les Lacédémoniens, avertis à temps, revinrent au secours de leurs foyers, & après un rude combat donné dans la ville, ils forcerent Epaminondas à se retirer.

Cette entreprise manquée lui causa d'autant plus de chagrin, que le terme de son commandement alloit expirer. Il croyoit avoir reçu un affront: jaloux de le réparer, il se hâta de joindre l'ennemi à Mantinée, & remporta une victoire qui termina ses jours & la gloire de Thèbes. Il mourut de ses blessures, & la puissance de cette république s'évanouit avec lui: c'étoit un homme d'état, un citoyen vertueux, & peut-être le plus grand capitaine que la Grece ait produit.

Ce sont les grands hommes qui font la puissance des états.

En considérant que la gloire de Thèbes fut uniquement l'ouvrage de Pélopidas & d'Epaminondas, qu'elle commença & finit avec eux; vous voyez, Monseigneur, que ce ne sont pas les grands états, qui font les grands hommes, & que ce sont plutôt les grands hommes qui font les grands états.

A Athènes la jalousie divise Aristide & Thémistocle, Cimon & Périclès, &c. Thèbes ne produit que deux hommes supérieurs : mais ils sont toujours unis, parce qu'ils sont tous deux également vertueux. Uniquement animés de l'amour de la patrie, chacun d'eux applaudit aux succès de son ami ; & si Pélopidas voit les siens effacés par ceux d'Epaminondas, il lui sait gré d'être plus utile que lui.

Epoque, où la Grece dégénere.

Nous voici à l'époque où la Grece dégénere, & où il semble que le changement de mœurs détruit l'ancien peuple, pour en substituer un nouveau. Périclès en avoit préparé la ruine, Lysandre l'avoit hâtée : & les deux illustres Thébains n'avoient pas assez vécu, pour assurer sur des fondements solides l'édifice qu'ils avoient élevé.

Fausse politiques des républiques de la Grece.

En général, la politique des Grecs portoit sur un principe très faux, & ce principe étoit une suite des circonstances par où ils avoient passé : je m'explique.

Il est évident qu'un état n'est puissant que par le nombre des citoyens. Mais parce que les républiques de la Grece ne le pouvoient pas devenir par cette voie, elles crurent pouvoir l'être par le nombre de leurs alliés. Elles ne remarquoient pas que la puissance, qu'elles acqueroient par ce moyen, n'étoit que pour le moment, & qu'il ne leur étoit pas possible d'en assurer la durée.

Une confédération est nécessairement lente à former des projets, plus lente à les exécuter, & prompte seulement à se diviser. Lors même que les peuples, qui la composent, se réunissent contre un ennemi commun, on voit dans l'émulation qui les porte à se distinguer, la jalousie qui les armera bientôt les uns contre les autres. D'un côté, presque tous voudront traiter d'égal à égal avec la puissance dominante : de l'autre, la puissance dominante voudra conserver sa supériorité; & pour la conserver, elle appesantira le joug. On se plaindra : on se soulévera : on passera d'une alliance dans une autre : tour-à-tour on dominera & on sera assujetti ; & les peuples seront exposés à des révolutions continuelles.

CHAPITRE IX.

Jusqu'à la mort de Philippe.

Les Grecs font la paix. Les Spartiates, mécontents d'Artaxerxe Mnémon, qui en a été le médiateur, donnent des secours à Tachos.

APRÈS la bataille de Mantinée, Athènes & Sparte sont humiliées, Thèbes n'est plus; & les Grecs, fatigués de leurs longues dissentions, cedent aux sollicitations d'Artaxerxe qui continuoit à les inviter à la paix. Ce monarque, qui méditoit une nouvelle expédition en Egypte, avoit besoin de leurs secours contre Tachos, successeur de Nectanébus; & c'est pour les obtenir, qu'il songeoit à faire cesser les divisions de la Grece. Par le traité, dont il dicta lui-même les articles, il fut arrêté, que chaque ville conserveroit ce qu'elle possédoit; & que celles qui étoient libres alors, resteroient libres. L'indépendance, que ce traité assuroit aux Messéniens, offensa les Spartiates. Ils songerent à se venger d'Artaxerxe; & l'Egypte paroissant leur en fournir l'occasion, ils envoyerent un corps de troupes au secours de Tachos: Agésilas le conduisit lui-même.

Ce

Ce roi ne répondit pas à l'idée que les Egyptiens en avoient conçue. Accoutumés à juger des princes par l'éclat qui les environne, ils ne virent en lui qu'un vieillard sans aucune apparence; & ils ne comprenoient pas que ce fût là cet homme, que la renommée avoit devancé. Tachos même, qui lui avoit promis le commandement de l'armée, parut lui donner peu de confiance.

Agésilas en Egypte. Sa mort.

Sur ces entrefaites, Nectanébus s'étant soulevé, Agésilas, impatient de se venger, se joignit au rebelle; & Tachos, obligé de sortir d'Egypte, se retira à la cour d'Artaxerxe, qui le reçut avec bonté. Agésilas, ayant établi Nectanébus (*) sur le trône, s'embarqua pour retourner à Sparte: mais la tempête le poussa sur la côte d'Afrique, où il mourut.

Soulévemens en Perse. Troubles à la cour.

Alors l'Asie mineure, la Syrie & la Phénicie se révolterent en même temps contre Artaxerxe Mnémon. Ce prince, qui vouloit le bien, laissoit faire le mal aux femmes & aux favoris qui le gouvernoient. Dans un monarque foible, l'humanité est une vertu stérile; & sa foiblesse, qui croît avec l'âge, autorisant de plus en plus les vexations, fait tôt ou tard éclater le mécontentement des

(*) Il y en a eu deux de ce nom.

peuples. La cour même de ce prince fut remplie de troubles. Darius, son fils aîné, conspira contre lui, & entraîna cinquante de ses freres dans sa conspiration. Elle fut découverte. Tous les coupables périrent : mais au milieu de ces désordres, Artaxerxe mourut de chagrin après un regne de quarante-six ans.

361 av. J. C.

Ochus succede à Artaxerxe Mnémon.

Ochus, le troisieme de ses fils légitimes, lui succede. C'est un monstre, qui s'est ouvert le chemin au trône par le meurtre de deux de ses freres. Il croit s'y affermir par de nouveaux crimes; & il fait égorger toute la famille royale, afin que les peuples, à qui il est en horreur, n'aient personne à lui substituer. Ses cruautés exciterent le soulévement de plusieurs provinces. Tel étoit l'état de la Perse.

Etat de la Grece.

En Grece, la guerre qui avoit cessé, laissoit après elle tous les maux qui en sont les suites nécessaires; c'est-à-dire, l'épuisement, les défiances, les jalousies, les haines & les divisions. Devenues libres par le dernier traité, les villes ne continuoient de l'être que par l'affoiblissement des républiques qui avoient dominé tour-à-tour; & l'impuissance où elles étoient de commander les unes aux autres, paroissoit seule assurer à toutes la même liberté. Ainsi, parce qu'elles ne se redoutoient plus, elles croyoient n'avoir rien à redouter; & dans leur état de foiblesse, il ne leur restoit que des haines, qui ne leur permettoient plus de se réunir contre un ennemi commun.

Les Athéniens mêmes paroissoient avoir renoncé à toute ambition. La gloire des armes, qu'ils avoient portée jusqu'au fanatisme, n'avoit plus aucun attrait pour eux. Les Miltiades, les Thémistocles, les Aristides, les Cimons leur étoient devenus inutiles: il leur falloit des poëtes, des musiciens, des comédiens, des artistes de toute espece. Les talents militaires, dégradés, devenoient tous les jours plus rares. Les hommes de mérite dédaignoient de briguer les magistratures auprès d'une populace, qui prostituoit ses faveurs; & les emplois restoient abandonnés à des ames viles, qui les desiroient pour vendre la patrie.

Combien les Athéniens ont dégénéré.

Vous voyez combien cet âge est différent de celui où les Grecs, occupés des seuls progrés du gouvernement, & animés de l'amour de la liberté, ne prenoient les armes que pour la défense commune, & n'accordoient la considération qu'aux talents nécessaires. Ce peuple, autrefois vainqueur des Perses, n'en est plus que l'épouvantail. Cependant il se forme une puissance qui le voit de trop près pour le craindre. Un roi de Macédoine, pays souvent tributaire de quelqu'une de ces républiques, forme le projet d'envahir la Grece, & l'envahira.

Commencements de Philippe roi de Macédoine.

Ce roi étoit ce même Philippe, que Pélo-

pidas, avoit emmené en otage. Il descendoit des Héraclides, par Caranus, fondateur du royaume de Macédoine. Il fut élevé dans la maison de Polimnis, pere d'Epaminondas. A cette école, il acquit des talents : mais les vertus ne trouverent pas le même accès dans son ame. Plusieurs troubles lui frayerent le chemin au trône, d'où il fit descendre son
359 av. J. C. neveu encore enfant.

D'abord il n'y paroît pas bien affermi : il est attaqué de toutes parts. Les Illyriens & les Péoniens font des irruptions dans ses états : les Thraces veulent mettre la couronne sur la tête de Pausanias ; & les Athéniens, sur celle d'Argée.

Philippe désarme les Péoniens, à force de promesses & de présents. Par le même moyen il engage le roi de Thrace à ne plus soutenir Pausanias. Il déclare libre & indépendante la ville d'Amphipolis, afin de la détacher d'Athènes, dont elle est une colonie, & de cacher dans ces circonstances une ambition, qu'il ne seroit pas prudent de laisser transpirer. Enfin ayant remporté à Méthone une victoire sur les Athéniens, & étant délivré d'Argée qui périt dans le combat, il renvoie sans rançon aux Athéniens tous les prisonniers qu'il a faits sur eux. Cette modération affectée passe pour générosité aux yeux de ces républicains : parce qu'ils desirent la paix, ils se flattent que Philippe la desire également, & ils déclarent qu'ils ne le troubleront plus dans ses entreprises. Le roi de Macédoine s'y étoit attendu, & c'est tout ce qu'il demandoit dans une conjoncture aussi critique.

Caractère de Philippe.

Tel est l'art avec lequel ce prince écarte une partie de ses ennemis, afin de pouvoir tomber sur les autres avec toutes ses forces. Jusques là, on ne peut qu'applaudir à sa conduite: mais il ira bientôt à ses fins par toutes sortes de voies. Rien ne sera sacré pour lui: aucun traité ne le pourra lier: il ne les observera, qu'autant qu'il ne pourra pas les rompre impunément. Toujours injuste, il ne connoîtra d'autre regle, que son utilité; & il étendra sa puissance, moins par la supériorité de ses armes, que par sa mauvaise foi.

Cet homme n'étoit qu'un assemblage de vices & de talents. D'abord élevé dans une cour, où la vertu n'étoit pas connue, il ne put contracter que des habitudes vicieuses. Transporté dans sa jeunesse à Thèbes, il y acquit des connoissances: il y apprit à être actif, vigilant, laborieux, infatigable: il s'instruisit sur-tout dans le métier des armes, le plus nécessaire à son ambition. Il sut former des soldats, il sut les conduire, & c'est sous lui que les Macédoniens apprirent à vaincre. Il créa la phalange macédonienne, corps de troupes célebre dans l'histoire.

Cependant, quoiqu'il eût des talents, il étoit jaloux de tous ceux qui se distinguoient par leur mérite. Il fermoit tout accès à la vertu, & bien loin d'élever les hommes d'honneur aux emplois, il les éloignoit de sa personne. Intempérant, crapuleux, il n'avoit pour amis que des flatteurs, des comédiens, des courtisans sans mœurs; & sa cour étoit le réceptacle de ce qu'il avoit pu ramasser de plus vil chez les Grecs ou chez les Barbares. Tel étoit cet homme, né, comme le dit Démosthene, dans la Macédoine, dans ce coin du monde d'où même il ne sortit jamais un bon esclave.

Perfide avec ses ennemis, & même avec ses alliés, Philippe étoit trop éclairé pour ne pas juger qu'un souverain doit être juste au moins avec ses sujets; & il y a des traits de sa vie, qui semblent prouver qu'il ne haïssoit pas toujours la verité. Un jour, au sortir d'un repas, ayant condamné une femme qui lui demandoit justice, *j'en appelle*, dit-elle. *A qui*, reprit le roi? *à Philippe à jeun.* Il ne s'en offensa point. Il reçut de la même maniere le reproche d'une autre femme, qui lui dit: *si vous n'avez pas le temps de me rendre justice*, *cessez donc d'être roi.*

Circonspection de Philippe avec les Grecs.

Quand Philippe n'auroit pas été entouré d'ennemis, il n'auroit pas été prudent à lui d'attaquer ouvertement les Grecs. Un danger pressant n'auroit pas manqué de les tirer de la léthargie, où ils étoient tombés. Ils avoient encore des généraux, Chabrias, Iphicrate, Timothée, Phocion, Timoléon, &c. Si dans un calme apparent ils étoient bien éloignés de leur confier l'autorité, ils la leur auroient abandonnée toute entiere, lorsqu'ils auroient vu leur liberté menacée. La force des circonstances les y auroit contraints. Sous ces chefs, les dissentions domestiques auroient cessé : les républiques auroient oublié les haines qui les divisoient ; & les citoyens se seroient retrouvés leur ancien courage.

Politique de ce roi.

Pour réussir, il falloit donc que Philippe attaquât les Grecs, & qu'ils ne se crussent pas attaqués. Vous conviendrez que cela demandoit de l'adresse : mais vous reconnoîtrez bientôt que ces peuples étoient alors on ne peut pas plus faits pour être trompés par les ruses les plus grossieres.

D'un côté le roi de Macédoine se fit des pensionnaires dans toutes les républiques. Dans celle d'Athènes l'orateur Eschine lui étoit vendu, ainsi qu'Aristodème & Néoptoleme, deux comédiens qui avoient une grande influence dans les délibérations, à ce seul titre qu'ils contribuoient aux plaisirs des Athéniens : ces ames viles, occupées à fasciner les yeux, donnoient toujours aux démarches de Philippe, les vues les plus propres à écarter toute inquiétude.

D'un autre côté, ce roi n'entreprenoit rien qu'à propos. Il s'arrêtoit, aussitôt qu'il voyoit qu'on alloit prendre de l'ombrage, & il ne reprenoit ses projets, que lorsqu'il voyoit les Grecs retombés dans leur premier assoupissement. Tout au plus ces hommes autrefois citoyens, inquiets par intervalle, s'assembloient en tumulte: encore parloient-ils de jeux, lorsqu'ils vouloient parler d'affaires; & en général, ils perdoient à délibérer le temps que Philippe employoit à agir. C'est ainsi que pour les assujettir, il ne fallut à ce roi que de l'artifice, de la mauvaise foi, & du temps. La suite des principaux événements va développer sensiblement toute cette politique.

Entreprises de Philippe. Tranquille du côté des Athéniens, il ne se souvient plus des promesses qu'il avoit faites aux Péoniens: il les subjugue, & les Illyriens ont bientôt le même sort. N'ayant plus d'ennemis, il tombe sur Amphipolis, qu'il avoit déclarée libre & indépendante; & les Athéniens refusent leurs secours à cette ville, sous prétexte qu'ils enfreindroient la paix qu'ils ont faite avec la Macédoine: la vérité est que Philippe leur avoit promis de ne la prendre, que pour la leur remettre. Il la prit, & la garda. Cette place lui étoit avantageuse, parce qu'elle étoit une barriere contre les Thraces.

358 Bientôt après il s'empara de Pydna, de Potidée & de Crénide, à laquelle il donna le nom de Philippopolis. Potidée étoit aux Athéniens: c'est pourquoi il renvoya la gar-

nison avec de grandes marques de bonté. Il remit la place aux Olynthiens, auxquels il céda encore Anthémonte, ville qui étoit un sujet de guerre entre cette république & les rois de Macédoine. C'est ainsi qu'il amusoit les uns par des présents, & les autres par une paix simulée.

Guerre sociale contre les Athéniens.

Cette démarche parut cependant ouvrir les yeux aux Athéniens: mais ils étoient occupés à chasser les Thébains de l'île d'Eubée où une faction les avoit appellés; & à peine eurent-ils repris cette île, que Byzance, Chio, Cos & Rhodes formerent une ligue contre Athènes.

Cette guerre, nommée sociale, ne fut pas favorable aux Athéniens, & ce fut la faute de Charès. Ce général, tout-à-fait dépourvu de talents, ne suivit pas même sa destination. Il s'engagea au service d'Artabaze, qui venoit de se révolter contre Ochus. Ainsi, sacrifiant sa patrie à son avarice, Charès irrita le roi de Perse; & les Athéniens, que les menaces d'Ochus forçoient à faire la paix, reconnurent les Byzantins, ainsi que les insulaires, pour libres & indépendants.

Charès ne fut pas puni: toute la colere du peuple retomba sur ses collègues, Iphicrate & Timothée, deux bons généraux. Quoiqu'ils n'eussent point eu de part à la démarche de Charès, & qu'ils eussent même été rappellés auparavant, ils furent mis à l'amende. C'est ainsi que les Athéniens jugeoient.

355 Guerre sacrée

Sur ces entrefaites, il s'éleva une guerre, qui fut très favorable aux projets de Philippe. Mais pour vous en donner une idée juste, il faut reprendre les choses de plus haut.

Du temps de Solon, les Crisséens, peuples de la Phocide, devenus puissants par le commerce, crurent pouvoir tout entreprendre impunément. Ils entrerent à main armée sur les terres de leurs voisins, porterent la guerre jusqu'à Delphes, s'emparerent du temple, de toutes les richesses qu'il renfermoit, & commirent toutes sortes de violences. Il fallut venger Apollon. Les amphictyons leverent des troupes, & après dix ans de guerre les Crisséens furent exterminés, leurs villes détruites, leurs terres consacrées au dieu qu'ils avoient offensé, & à cette occasion on institua les jeux pythiques.

Il fut défendu de cultiver les terres consacrées à Apollon, comme si des campagnes en friche devoient être plus agréables à la divinité. Au mépris de cette loi, les Phocéens oserent labourer & ensemencer une partie de ces terres. Condamnés à l'amende par le tribunal des amphictyons, ils arment & sont soutenus des secours de Sparte & d'Athènes, tandis que les Thébains & les Thessaliens combattent pour Apollon.

Cette seconde guerre sacrée dura dix ans. Philippe parut d'abord n'y prendre aucune part. Occupé à étendre ses conquêtes sur la Thrace, il voyoit avec plaisir les Grecs consumer leurs forces; & sans rien précipiter, il attendoit le moment, où il auroit un prétexte pour tourner ses armes contre eux.

Ce moment parut s'offrir, lorsque les Phocéens ayant eu des avantages, les Thessaliens demanderent des secours au roi de Macédoine. Il vint, fut défait une premiere fois, revint avec de nouvelles forces, & remporta une victoire complete. Ayant alors réuni à ses troupes les Thessaliens & les Thébains, il marcha vers les Thermopyles, en apparence pour entrer dans la Phocide & punir les Phocéens sacrileges, mais dans le vrai, pour s'assurer d'un défilé qui lui ouvroit l'Attique. 358

Démosthene monte dans la tribune pour la premiere fois.

C'est à cette occasion que Démosthene monta pour la premiere fois dans la tribune. Cet orateur, dévoilant les vues de ce prince ambitieux, tira les Athéniens de leur assoupissement: ils coururent aux armes, & ils arriverent aux Thermopyles assez tôt pour en défendre le passage. Philippe n'osa tenter de le forcer. Il jugea qu'il seroit imprudent de réveiller la valeur d'un peuple naturellement courageux. Il se retira donc, bien assuré qu'en le rendant à sa premiere sécurité, il trouveroit tôt ou tard une occasion plus favorable.

En effet les Athéniens crurent n'avoir rien à craindre d'un ennemi, qui paroissoit fuir devant eux; & les orateurs, vendus au roi de Macédoine, entretinrent cette confiance, ne cessant de dire que Philippe n'oseroit jamais les attaquer.

Aveuglement des Athéniens.

Cependant, non content d'étendre ses conquêtes dans la Thrace, ce prince enleve tous les jours aux Athéniens quelques-unes des villes éloignées qui dépendent d'eux. Il a seulement l'attention de se dire leur ami, il assure qu'il ne leur fait point la guerre, & cette déclaration paroît les rassurer. Parce quil ne formoit point d'entreprises sur l'Attique, sa conduite en imposoit au point, que le peuple demandoit sérieusement, si on étoit ou non en guerre avec lui. Les sentiments étoient même partagés, & Démosthene répondoit: *il est vrai que vous êtes en paix avec Philippe, mais Philippe est en guerre avec vous.*

Pendant qu'on agitoit ces questions ridicules, Philippe prenoit des places, & les Athéniens couroient au théatre, ou se promenant sur la place, se demandoient curieusement des nouvelles, & disoient le roi de Macedoine mort ou malade. Hé! qu'importe; mort ou malade, leur crioit Démosthene? C'est vous qui avez créé Philippe: quand il ne sera plus, vous vous en ferez bientôt un autre.

Artifices grossiers de Philippe.

Par les présents que ce prince avoit faits aux Olynthiens, il avoit paru leur donner un gage de son amitié. Il ne vouloit cependant paroître leur ami, que pour les surprendre; & il parut l'être jusqu'au moment où il put leur commander de livrer leur ville. C'est ainsi quil se conduisoit. Il avoit imposé le joug aux Thessaliens, & auparavant il leur avoit donné Nicée & Magnésie. Il tomba sur les Phéréens, lorsqu'il venoit de protester qu'il ne vouloit commettre aucune hostilité à leur égard; & parce qu'il se disoit ami des Oritains, il envoya des troupes chez eux, leur étant trop attaché pour souffrir les factions qui les troubloient. C'est dans le même asprit qu'il livrera aux Thébains Orchomene, Coronée & même la Béotie. Il paroissoit insulter à la stupidité des peuples de la Grece. Cependant par cette conduite, il les tenoit divisés: il s'assuroit de ceux qu'il avoit lieu de craindre: il asservissoit ceux qu'il ne craignoit plus; & quoique ces artifices fussent d'autant plus grossiers, qu'ils se réperoient plus souvent, Philippe s'applaudissoit de leur devoir des succès qu'il ne partageoit pas avec ses soldats.

Olynthe étoit une colonie d'Athènes. Démosthene parla pour cette ville, & s'il persuada, il ne put faire agir ni assez tôt, ni comme il convenoit. Le premier secours qu'on envoya, fut trop foible. Le second arriva trop tard, lorsque la ville étoit prise, sacagée, & les habitants, esclaves. Philippe dût cette conquête à la trahison des deux principaux magiſtrats. Ce prince avoit par, tout des hommes prêts à trahir leur patrie ; & parce que c'étoit lui qui donnoit l'argent, il trouvoit plus glorieux d'acheter que de conquérir.

Quel étoit alors le caractère des Athéniens.

Les Athéniens n'ont plus cette activité que nous leur avons vue, ou du moins ils la bornent toute aux choſes frivoles & de pur agrément. Lorſqu'il s'agit d'une fête, chaque citoyen connoît ceux qui y ſont prépoſés : il ſait d'avance les noms des muſiciens, des poëtes, des comédiens, les rôles, les récompenſes, où ſont les fonds. Lorſqu'il eſt queſtion de la guerre, on délibere, on ſe débat : on applaudit les orateurs, on les critique : on diſſerte, on juge, & on ne conclut rien. Vous parlez mieux que Philippe, diſoit Démoſthene, mais il agit mieux que vous. En effet il ſemble que les Athéniens attendoient toujours, pour ſe déterminer, que le moment d'agir leur eût échappé ; & les orateurs entretenoient cette lenteur, parce qu'ils ne montoient gueres dans la tribune, que pour tenir au peuple les diſcours qu'ils jugeoient lui être agréables. On flattoit ce peuple, Monſeigneur, parce qu'il étoit ſouverain, & on hâta ſa ruine.

Les Athéniens étoient dégénérés au point, que dédaignant de prendre les armes, ils confioient à des troupes étrangeres la défenſe de la patrie ; encore ne pouvoient-ils ſe réſoudre à contribuer aux frais de la guerre. Quoique leurs revenus fuſſent plus que triplés, il leur étoit impossible de mettre les mêmes troupes sur pied. On est étonné, quand on compare l'éloquence avec laquelle Démosthene les sollicite à la guerre, & le peu de ressources qu'il a pour la soutenir. Il propose d'armer deux mille hommes de pied & deux cents cavaliers, dont un quart soit composé de citoyens, & d'y joindre dix galeres légérement armées : avec cela, il veut qu'on fasse des courses, & qu'on porte sur-tout, la guerre loin de l'Attique. Mais avec de pareilles forces, il étoit difficile de savoir où on la porteroit.

Philippe, après avoir terminé la guerre sacrée, est agrégé au corps des amphictyons.

Cependant la guerre sacrée duroit depuis dix ans, lorsque les Thébains, qui en portoient seuls tout le poids, inviterent Philippe à le partager. Il n'attendoit que cette occasion, pour faire une nouvelle tentative sur la Grece. Le prétexte étoit heureux, & paroissoit honnête : car en prenant les armes, il montroit du zele pour la religion, & de la reconnoissance pour une ville, où il avoit été élevé.

Les Athéniens, qui se lassoient de soutenir les Phocéens, au lieu de faire de nouveaux efforts, négocierent la paix, & envoyerent des ambassadeurs au roi de Macédoine. Philippe, occupé à leur enlever les domaines quils avoient dans la Thrace, ne donna audience, que lorsqu'il eut pris tout ce dont il vouloit se saisir. Il fit ensuite traîner la négociation : il corrompit les ambassadeurs ; & il ne ratifia la paix, que lorsqu'il eut tout disposé pour tomber sur les Phocéens.

Cette conduite auroit dessillé les yeux aux Athéniens, si dans leur aveuglement, ils ne se fussent pas abandonnés à des orateurs mercenaires, dont les flatteries les aveugloient de plus en plus. La gloire, leur disoient-ils, d'avoir des armées sur pied pour voler au secours des peuples opprimés, est achetée bien cher par les dépenses où elle vous jette. D'ailleurs que craindriez vous ? Philippe, dans le fond, n'a-t-il pas les mêmes intérêts avec vous & avec les Phocéens ? Attendez qu'il passe les Thermopyles, & il fera tout ce que vous voudrez. Vous le verrez devenir l'ami de ses ennemis, & l'ennemi de ses amis ; & vous tomberez tous ensemble sur les Thébains. La haine des Athéniens contre Thèbes écoutoit ces discours, & leur amour pour le repos préparoit des conquêtes au roi de Macédoine.

Cependant Philippe s'empare des Thermopyles, entre dans la Phocide, soumet les Phocéens, & se montre à la Grece comme le vengeur du temple de Delphes. Alors il assemble à la hâte les amphictyons, & au nom de ce conseil, où il n'a convoqué que des hommes dévoués à ses volontés, il déclare les Phocéens déchus des droits d'amphictyonat, il proscrit ceux qui seront jugés sacriléges, & il ordonne la démolition de toutes les villes de la Phocide.

Il lui importoit d'être agrégé au corps des amphictyons, afin de ne paroître plus étranger à la Grece, & de pouvoir au besoin faire servir la religion à ses desseins. Il demanda donc les droits de séance & de suffrage, qu'on venoit d'ôter aux Phocéens. Il les obtint, & on lui accorda encore de présider aux jeux pythiques, conjointement avec les Thébains & les Thessaliens.

Alors il se retira, voulant, par cette modération affectée, faire croire, qu'il n'avoit armé que par zele pour la religion. En effet, on ne manqua pas d'exalter son respect pour les dieux: les peuples furent assez simples pour croire à la piété de ce prince; & ils oublierent qu'il avoit toujours manqué aux engagements les plus sacrés. Démosthene, qui n'étoit pas aussi crédule, persuada néanmoins aux Athéniens de confirmer tout ce qui avoit été fait dans l'assemblée des amphictyons; parce qu'un refus de leur part auroit suscité à la république des ennemis trop puissants & en trop grand nombre. Philippe, satisfait de ce succès, marcha contre les Illyriens: mais il continua d'observer la Grece.

Dans ce temps Timoléon passa en Sicile. Ce morceau d'histoire est fort intéressant. Vous verrez un citoyen vertueux, dont les talents font le bonheur d'un peuple. Nous en parlerons ailleurs. Aujourd'hui il faut laisser Timoléon, pour revenir à Philippe.

345 Timoléon passe en Sicile.

Philippe arme contre Sparte ; mais sans effet.

Pendant que ce roi faisoit tous ses efforts pour enlever aux Athéniens les alliés qu'ils avoient dans la Thrace & sur l'Hellespont, les Argiens & les Messeniens implorerent son secours contre les Spartiates, qui les opprimoient ; & les Thébains, toujours ennemis de Sparte, le solliciterent à humilier cette république, & offrirent de se joindre à lui. Il n'avoit pas besoin d'être pressé pour entrer dans cette ligue. Il dicta donc aux amphyctions un décret, par lequel il étoit ordonné aux Lacédémoniens de laisser jouir Argos & Messene d'une indépendance entiere, & il fit marcher un corps de troupes du côté du Péloponese. Mais Démosthene ayant fait sentir aux Athéniens la nécessité de prendre la défense de Sparte, Philippe rappella ses troupes, ne voulant pas réunir contre lui les forces de ces deux républiques.

Il tente inutilement d'enlever l'Eubée aux Athéniens.

Sans rompre encore avec les Athéniens, il entreprit ensuite de leur enlever l'Eubée. A cet effet, il pratiqua des intelligences dans cette île : il s'attacha par des présents les citoyens qui avoient le plus d'autorité : il établit des tyrans dans plusieurs villes. Par ce moyen l'Eubée paroissoit se soustraire d'elle-même aux Athéniens ; & Philippe l'acquéroit, sans paroître avoir pris les armes. Pour cette fois néanmoins ses projets furent déconcertés : car Phocion qui passa en Eubée, vainquit les rebelles, & soumit toute l'île.

Phocion étoit tout-à-la fois grand capitaine & grand homme d'état : phénomene auquel dans ce siecle on n'étoit plus accoutumé. Alors ceux qui se destinoient à la guerre, n'étudioient que le métier des armes ; & ceux qui vouloient gouverner, n'apprenoient qu'à haranguer le peuple. Depuis que ces études étoient tout-à fait séparées, la république étoit mal gouvernée & mal défendue. Phocion est le dernier homme qu'elle ait produit, & elle ne saura pas s'en servir. Phocion homme d'état & grand capitaine.

Enfin les Athéniens commencent à croire que Philippe leur fait la guerre, lorsqu'ils lui voyent mettre le siege devant Périnthe & Byzance, deux villes alliées de la république. Alors ils demandent des secours au roi de Perse : ils se liguent avec Chio, Cos & Rhodes : ils équipent une flotte ; & Charès, qui la commande, met à la voile. Mais ce général, odieux aux alliés, qui le méprisoient, ne fut pas même reçu dans les ports de Byzance, & il fallut lui donner un successeur. Phocion, qui fut choisi, délivra Byzance & Périnthe, chassa Phlippe de l'Hellespont, & reprit sur lui plusieurs places. Ligue des Athéniens contre Philippe. 341

Pour prévenir les plaintes des Athéniens, ce prince se hâta de leur en faire. Il les accusa d'avoir commis les premieres hostilités ; jugeant qu'il voileroit ses infractions, s'il les accusoit d'en avoir fait eux-mêmes. Il lui importoit peu que ses accusations fussent prouvées : Philippe accuse les Athéniens d'avoir commencé les hostilités.

il les laissoit à débattre aux orateurs, & il gagnoit du temps. Afin même de persuader qu'il ne demandoit que la paix, il fit des propositions: & afin de ne rien conclure, il traîna la négociation pendant deux ans. Dans cet intervalle il porta la guerre en Scythie, d'où il revint victorieux, après avoir néanmoins reçu quelques échecs.

Forcé à leur faire la guerre, il a besoin d'artifice.

Les Athéniens, conduits par Démosthene, se refuserent à toutes les propositions de Philippe, & résolurent la guerre contre l'avis de Phocion. Il faut donc enfin que ce roi arme ouvertement: cependant il a encore besoin d'artifice.

D'un côté, ses forces sur mer sont inférieures à celles des Athéniens: de l'autre, les Thébains & les Thessaliens peuvent seuls lui ouvrir un passage par terre. Or, quelle que soit la haine de ces peuples contre Athènes, ils ne s'armeront pas pour la détruire, parce qu'elle est encore à leur yeux le rempart de la liberté.

Il suscite une nouvelle guerre sacrée.

Armer contre les Athéniens, c'étoit donc s'exposer à soulever toute la Grece. Pour couvrir ses desseins, Philippe imagina de susciter une nouvelle guerre sacrée. Il fit accuser les Locriens d'Amphisse d'avoir labouré quelques terres consacrées à Apollon: & aussitôt les amphictyons, dont il dictoit les décrets, ordonnerent à toutes les villes amphictyoniques de lever des troupes.

La guerre commença, mais sans succès, parce qu'il importoit à Philippe qu'on ne pût pas la faire sans lui. Cependant il craignoit de s'offrir, il vouloit plutôt être prévenu par les amphictyons; & pour écarter jusqu'aux soupçons, il étoit nécessaire qu'une personne, qui ne seroit pas suspecte, leur proposât de donner à Philippe la conduite de cette guerre. Eschine, qu'on ne savoit pas lui être vendu, étoit l'homme le plus propre à faire réussir ce projet. Le roi de Macédoine jeta les yeux sur lui; & cet orateur, ayant été député par les Athéniens, le fit nommer général de l'armée.

Il se fait nommer général de l'armée par les amphictyons.

Avant d'entrer en campagne, Philippe déclara qu'il venoit chez les Phocéens en qualité d'allié: il avoit même leurs ambassadeurs à sa suite. Cependant, au lieu de marcher contre les Locriens, il tomba tout-à-coup sur Elatée, capitale de la Phocide. Cette place lui ouvroit le chemin d'Athènes: & le mettoit en état de tenir les Thébains en respect.

Il s'ouvre le chemin d'Athènes.

L'alarme se répand alors parmi les Athéniens: ils députent de tous côtés, & Démosthene engage les Thébains à s'unir à eux. Philippe, considérant les ennemis qu'il va combattre, craint à son tour & fait des propositions de paix. L'avis de Phocion étoit d'entrer en négociation. Il faut, disoit-il, ou être les plus forts, ou être les amis de ceux qui le sont; &

Les Athéniens arment.

je ne conseillerai la guerre, que lorsque les jeunes gens seront déterminés à ne pas abandonner leur rang, que les riches s'empresseront à contribuer, & que les orateurs ne pilleront pas. Mais il ne fut pas écouté : & quoique Philippe eût corrompu l'oracle de Delphes, & eût répandu des augures capables d'effrayer ses ennemis, Démosthene entretint les Athéniens dans leur premiere résolution, & leur assura que la Pythie Philippisoit.

338

Ils sont défaits à Chéronée.

Ils se hâterent donc de prendre les armes : ils entrerent dans la Béotie : les Thébains se joignirent à eux ; & ils furent défaits près de Chéronée : On a dit que Démosthene fut des premiers à fuir, & que son habit s'étant accroché à un buisson, il se crut arrêté par l'ennemi, & demanda la vie. Phocion ne commandoit pas l'armée.

Philippe affecte de ménager les Athéniens.

Philippe, toujours attentif à diviser ses ennemis, renvoya sans rançon tous les Athéniens, qu'il avoit fait prisonniers ; & traitant les Thébains bien différemment, il mit garnison dans leur ville, & rappella les citoyens exilés, auxquels il donna les magistratures.

La défaite de Chéronée est attribuée aux généraux.

On attribua la défaite de Chéronée aux généraux Liside & Charès. Le premier fut condamné à mort : le second dut son salut à la confiance, avec laquelle il se défendit.

Philippe se fait nommer

Toute la Grèce se soumet. Cette soumission néanmoins pouvoit n'être qu'un effet de la consternation : car des peuples, jaloux de leur liberté, ne supportent pas le joug patiemment. Il s'agissoit donc de distraire les Grecs, & par conséquent de les occuper d'une nouvelle guerre : dans cette vue, Philippe réveilla leur ancienne haine contre les Perses ; & pour se rendre maître de toutes leurs forces, il se fit nommer leur généralissime. Les Lacédémoniens refusèrent seuls d'entrer dans cette ligue,

généralissime des Grecs contre les Perses.

Etat de la Perse pendant le regne de Philippe.

Pendant le regne de Philippe, la Perse avoit été troublée par le soulévement de plusieurs provinces ; & Ochus les avoit réduites, moins par la force de ses armes, que par la trahison des chefs que les révoltés avoient choisis. Mentor de Rhodes lui livra les Sidoniens, qui, se voyant trahis, mirent le feu à leurs maisons, & périrent dans les flammes. La destruction de cette ville soumit toute la Phénicie. Bientôt après l'île de Chypre, qui s'étoit aussi soulevée, posa les armes ; & après la réduction de ces deux provinces, Ochus tomba avec toutes ses forces sur l'Egypte ; il en chassa Nectanébus, qui s'enfuit en Ethiopie ; & il y commit toutes sortes de cruautés.

Mentor, pour récompense de ses services, fut fait gouverneur des côtes de l'Asie, & généralissime des troupes contre les provinces qui s'étoient soulevées. Il auroit pu néanmoins être suspect : car Artabaze, qui s'étoit soulevé au commencement du regne d'Ochus, avoit épousé sa sœur; & Memnon, son frere, étoit entré dans cette révolte. Mais il eut assez d'adresse pour les réconcilier l'un & l'autre avec le roi, & tous deux quitterent la cour de Philippe, où ils s'étoient refugiés. Memnon étoit un des bons capitaines de son temps.

Ochus ne jouit pas long-temps de ses succès. Bagoas, Egyptien, un de ses eunuques & son favori, vengea l'Egypte. Il empoisonna ce monarque, il en fit mourir tous les enfants, conservant seulement Arsés, le plus jeune de tous, parce qu'il se flattoit de gouverner sous le nom de ce prince. Tel étoit l'état de la Perse. Philippe avoit déja fait partir pour l'Asie mineure Attale & Parménion, & il continuoit ses préparatifs, lorsqu'il fut assassiné par Pausanias, dans la quarante-septieme année de son âge, & dans la vingt-quatrieme de son regne.

Philippe est assassiné.

336 av. J.C.

Darius Codoman roi de Perse.

La même année Bagoas, voyant qu'Arsès connoissoit ses crimes, & songeoit à l'en punir, le prévint en l'assassinant, & donna la couronne à Darius Codoman, qu'on croit arriere-petit-fils de Darius Nothus. On ne sait comment ce prince avoit échappé au massacre, qu'Ochus avoit fait de toute la famille royale. Il eut encore le bonheur d'échapper à Bagoas, & il lui fit boire le poison que ce scélérat lui avoit préparé.

Darius n'avoit d'abord eu d'autre emploi que de porter les dépêches aux gouverneurs des provinces. Elevé sur le trône, il donna tous ses soins à rétablir l'ordre. Il étoit brave, humain, généreux : tous les historiens lui rendent cette justice. Il dut sans doute ces vertus aux circonstances, qui avoient éloigné de lui la flatterie : mais les malheurs ne lui donnerent pas des lumieres.

CHAPITRE X.

Jusqu'à la mort d'Alexandre.

Conduite de Démosthene, à la mort de Philippe.

PHILIPPE étant mort, les Athéniens crurent n'avoir plus dennemis, & montrerent une joie qui déceloit leur foiblesse. Démosthene parut en public, couronné de fleurs: il fit décerner une couronne à l'assassin Pausanias: il fit rendre aux dieux des actions de graces: enfin il engagea plusieurs villes à former une ligue contre Alexandre; parlant de ce prince, comme d'un enfant, qui avoit appris beaucoup de choses, mais qui savoit tout mal.

Conduite d'Alexandre.

Cependant cet enfant tournoit ses armes contre les Thraces, les Péoniens, les Illyriens & d'autres Barbares, que son pere avoit subjugués. & qui croyoient avoir trouvé le moment de se soustraire au joug de la Macédoine. Il jugea que l'audace pourroit seule consterner des ennemis, qui n'avoient pas eu le temps de concerter leurs mesures.

Thebes détruite.

Vainqueur des Barbares, il tomba sur les Grecs. Les Thébains, qui, sur le faux bruit de sa mort, avoient égorgé la garnison Macédonienne, oserent seuls lui résister; & presqu'aussitôt vaincus, ils furent réduits en servitude. La ville fut rasée : Alexandre ne conserva que la maison des prêtres & celle de Pindare. On l'estimeroit davantage, s'il eût conservé encore celle d'Epaminondas, ou même la ville entiere. Il ne devoit pas oublier que son pere s'étoit formé parmi les Thébains.

Mais cette séverité répandit la terreur, & les Athéniens se hâterent d'implorer sa clémence. Alors il jugea qu'il s'étoit assez fait redouter; & ne voulant pas porter au desespoir des peuples qui se soumettoient d'eux-mêmes, il ne songea qu'à faire oublier la cruauté, dont il avoit usé envers les Thébains, & qu'on dit qu'il se reprocha dans la suite. Toute la Grece se soumit.

Toute la Grece se soumet.

Il ne lui restoit plus qu'à exécuter le projet que son pere avoit formé. Dans cette vue, il convoqua l'assemblée des Grecs à Corinthe; & ayant gagné les députés par sa douceur, par son humanité & par toutes les marques d'amitié dont il les combloit, il se fit nommer généralissime de toutes les forces de la Grece.

Il est nommé généralissime des Grecs contre les Perses.

L'empire des Perses étoit vaste, les désordres grands, & les abus à leur comble : parce que sous des princes foibles, lâches & vicieux, la corruption est toujours en proportion avec la puissance. Il y avoit autant de tyrans, que de ministres, de favoris, de satrapes, & chacun s'arrogeoit le droit de vexer les peuples.

Etat de la Perse.

Le monarque, qui se croyoit puissant par le faste, dont il étoit enveloppé, étoit environné d'esclaves, dont sa vie dépendoit. Il tomboit sous les coups d'un eunuque, qui disposoit de la couronne; & les révolutions du trône n'en causoient aucune parmi les nations, qui ayant chacune leur langage, leurs loix, leurs usages, leurs mœurs, leur religion, leurs interêts à part, n'avoient qu'une chose commune à toutes, la haine du gouvernement,

Il étoit donc indifférent à tous ces peuples, que la couronne passât d'une tête sur une autre. Voilà cependant les hommes que Darius armera pour sa défense. Dans aucun temps ils n'ont été soldats : ils le sont moins que jamais. C'est malgré eux qu'ils marchent à l'ennemi : ils sont indifférents sur le sort du combat : ils n'ont pas le courage qui fait vaincre. Vous prévoyez donc qu'Alexandre aura des succès. Cependant il prend si mal ses mesures, qu'on peut le taxer de témérité : il eût échoué, pour peu que Darius eût su se conduire.

Imprudence d'Alexandre.

Il part avec trente mille hommes d'infanterie, cinq mille chevaux, soixante & dix talents, des vivres pour un mois; & distribuant à ses officiers tous les revenus de la Macédoine, il ne veut, dit-il, conserver pour lui que l'espérance. Le voilà en Asie, & cependant il n'est pas assuré d'y faire des conquêtes : s'il a un échec, il ne peut pas se promettre de revenir dans ses états, il a même tout à redouter des

Grecs. Il eût été prudent d'emmener plus de troupes, non pour vaincre Darius, mais pour affoiblir la Grece, & la mettre hors d'état de rien entreprendre. Dans le plan que Philippe avoit projeté, les Grecs devoient lui fournir deux cents mille hommes. Alexandre moins prudent n'écoute que son impatience, & met à peine quelque ordre dans la Macédoine.

Cet aventurier, car dans ce moment, je ne puis lui donner d'autre nom, a donc trente cinq mille hommes & l'espérance : cependant il n'a ni vivres, ni argent. Il faut donc qu'il se hâte de conquérir un pays abondant & riche. Par conséquent, autant il est de son intérêt de livrer des batailles, autant il est de celui de Darius de les éviter.

Darius n'écoute pas les conseils de Memnon, & Alexandre passe le Granique.

Si le roi de Perse eût ruiné les provinces, par où son ennemi devoit passer ; s'il eût formé différents corps de troupes, pour le harceler de tous côtés, & pour garder les défilés ; enfin, si, faisant une diversion, il eût envoyé une armée en Macédoine, Alexandre, affamé dans l'Asie, auroit été trop heureux de pouvoir repasser la mer. C'est ce que conseilloit Memnon de Rhodes, le seul homme de guerre qu'eût Darius ; & il ne fut pas écouté, parce que c'étoit le seul qui devoit l'être. On fit donc marcher cent mille hommes de pied & dix mille chevaux sur les bords du Granique, &
leur défaite soumit au vainqueur presque toute 334
l'Asie mineure.

Il renvoie sa flotte.

Alors Alexandre renvoya sa flotte, soit parce qu'il n'avoit pas de fonds pour l'entretenir, soit parce que, résolu à vaincre ou à périr, il vouloit ôter aux Grecs tout moyen de retourner dans leur patrie.

Mort de Memnon, dont Darius veut suivre les conseils.

Darius reconnoît la sagesse des conseils de Memnon. Il le déclare amiral de ses flottes, & général des troupes destinées à porter la guerre dans la Macédoine. Memnon se rendit maître de Chio, de toute l'île de Lesbos, à la réserve de Mitylene, dont il fit le siege. Il se proposoit, après avoir pris cette ville, de passer en Eubée, & de faire de la Grece le théâ-
333 tre de la guerre. Mais il mourut, & son projet fut abandonné.

Maladie d'Alexandre.

Sur ces entrefaites, Alexandre tomba dangereusement malade, pour s'être baigné dans le Cydnus, riviere de Cilicie. Cependant les médecins n'osoient rien prendre sur eux : ils se croyoient suspects, parce que Darius avoit mis à prix la tête d'Alexandre, & ils craignoient qu'on ne les rendit responsables de l'événement. Un seul, qui se nommoit Philipe, préféra la vie de son maître à toute autre considération; & il avoit entrepris de le traiter, lorsque Parménion, qui le soupçonna de s'être laissé corrompre, écrivit au roi de se méfier de son médecin. Si cet avis étoit fait pour inquiéter, le mal étoit pressant: il falloit ou périr, ou donner sa confiance. Dans cette situation Alexandre prit le seul parti qu'il convenoit de prendre : Philippe lui ayant apporté une médecine, il la but sans hésiter, pendant qu'il lui donnoit à lire la lettre de Parménion. Il fut rétabli peu de jours après.

Défaite de Darius à Issus.

333

Il étoit temps : Darius avançoit. Il est vrai qu'il n'opposoit que du faste au courage d'Alexandre. Au lieu d'attendre son ennemi dans une plaine, où, comme le lui disoient des Grecs à son service, il auroit pu déployer toutes ses forces, il s'engagea, sur l'avis de ses courtisans, dans les défilés de Cilicie, près de la ville d'Issus, & livra bataille dans un endroit, où le terrain donnoit tout l'avantage au roi de Macédoine. Il fut défait.

Mot, qui décele le caractère d'Alexandre.

Si l'ame d'Alexandre étoit au dessus des périls, elle étoit au dessous des succès. A peine il entre dans la tente de Darius, qu'ébloui des richesses qui lui frappent les yeux, il s'écrie, *voilà ce qui s'appelle regner.* Quel mot ! Monseigneur. Il ne voit donc pas que ce luxe outré a préparé la defaite de ce monarque. C'est ainsi qu'il décele son caractère, & fait voir que la sévérité des mœurs n'est en lui qu'un état forcé. A la vérité, on ne sauroit trop louer la maniere dont il en agit avec la mere, les femmes & les filles du roi de Perse. Mais enfin il fut vaincu par les richesses, dont il se vit maître ; & il commença dès ce jour à prendre de nouvelles mœurs.

Provinces qui se soumettent au vainqueur.

La Syrie se soumit sans résistance. Damas, où Darius avoit renfermé ses trésors, & où les femmes de la cour avoient cru trouver un asyle, fut livré par le gouverneur. En Phénicie, les Sidoniens virent avec joie arriver un vainqueur, qui les vengeoit des Perses. En vain Straton, leur roi, voulut les retenir sous la domination de Darius : il perdit la couronne; & Ephestion, à qui Alexandre permit d'en disposer, mit sur le trône Abdolonyme, qui étoit du sang des rois, mais que la pauvreté avoit réduit à cultiver un champ. Tyr, qui résista, fut prise après un siege de sept mois: deux mille habitants, qui échapperent à la fureur des soldats, ne purent échapper à la cruauté d'Alexandre. Il les fit mettre en croix.

Il se déshonora encore plus, s'il est possible, au siege de Gaza, place qui lui ouvroit l'Egypte, & dont par cette raison il lui importoit de se rendre maître. Bétis, qui en étoit gouverneur, fidele à Darius, la défendit avec courage, & ce fut un crime aux yeux du vainqueur. Alexandre immola dix mille hommes à sa vengeance : il les fit passer au fil de l'épée: il fit vendre tous les autres habitants : il insulta lâchement à la valeur de Bétis : il entra en fureur, parce qu'il le vit intrépide : enfin il le fit attacher par les talons à son char, & il le traîna autour de la ville.

Alexandre se fait reconnoître pour fils de Jupiter Ammon.

La prise de Gaza soumit l'Egypte, qui portoit impatiemment le joug des Perses. On s'attend qu'Alexandre va marcher contre Darius: mais

mais il suspend le cours de ses victoires, pour exécuter un projet ridicule, qu'il méditoit depuis quelque temps.

Au milieu des déserts sablonneux de la Libye est un temple que la superstition a consacré à Jupiter Ammon. Pour y arriver, il faut traverser des contrées où l'eau manque tout-à-fait, & où les chaleurs sont insupportables.

Alexandre entreprend ce voyage. Après bien des fatigues, après avoir été sur le point de périr lui & tous les soldats qui le suivoient, il arrive le dixieme jour, & se fait reconnoître pour fils de Jupiter par le grand sacrificateur. Ce n'étoit plus le temps où l'on adoptoit ces sortes de fables : mais les flatteurs sont de tous les siecles, & la flatterie a toujours aux yeux des princes l'air de la crédulité.

Journée d'Arbelles.

Après avoir bâti Alexandrie, il quitta l'Egypte, & passa en Assyrie, où il joignit Darius aux environs d'Arbelles. L'armée des Perses étoit 331
beaucoup plus nombreuse que celle qu'il avoit défaite à Issus, & par conséquent plus facile à vaincre. Cependant les Macédoniens furent épouvantés à la vue de cette multitude. Une éclipse de lune acheva de répandre la consternation. Alexandre lui-même fut effrayé. Il consulta les devins : il fit venir le prêtre Aristandre : il immola secrétement des victimes à la Peur : il invoqua Jupiter, Minerve & la Victoire. On ne peut pas croire qu'Aristote lui eût donné ces superstitions. Il les devoit sans

doute aux idées qu'il avoit reçues dans sa premiere enfance, & à une pusillanimité qui lui étoit naturelle. La philosophie peut éclairer: mais d'une ame foible, elle n'en sauroit faire une ame forte.

Il y a bien des sortes de courage. Si Alexandre n'avoit pas celui qui secoue le joug de la superstition, il avoit au moins celui qui conduit les soldats à la victoire. Celle d'Arbelles fut complete. Darius s'enfuit de province, en province & les principaux satrapes fléchirent aussitôt devant le vainqueur.

Les Thraces & les Lacédémoniens se soulevent.

Pendant que ces choses se passoient en Asie, les Thraces d'un côté, & les Lacédémoniens de l'autre, se soulevoient, & le reste des Grecs n'attendoit que le moment de se déclarer. Mais les Lacédémoniens furent défaits par Antipater, gouverneur de Macédoine; & depuis ce temps jusqu'à la mort d'Alexandre, la Grece n'offre point d'événements considérables.

Différentes expéditions d'Alexandre.

Alexandre se transporta successivement à Babylone, à Suse, à Persépolis. Il s'abandonna à une luxe qui fut contagieux pour ses soldats, & la discipline militaire se relâcha. Heureusement la Grece lui envoyoit souvent de nouvelles recrues.

Il marchoit vers Ecbatane à la poursuite de Darius, lorsqu'à son approche Bessus & Narbazane égorgerent ce monarque. Dans la suite, ces deux scélérats tomberent entre ses mains.

Il punit le premier, fit grace au second; & prouva que les actions justes, qui lui échappoient quelquefois, n'étoient pas dirigées par des principes sûrs & constants. En effet, il n'est pas étonnant que celui qui avoit fait mourir Bétis, ait laissé vivre Narbazane.

Absolument maître de la Perse par la mort de Darius, il voulut conquérir toutes les nations orientales. Il soumit jusqu'aux peuples au-de-là de l'Hydaspe : mais ses soldats ayant refusé de le suivre plus loin, il ne put pas pénétrer jusqu'au Gange.

Pour se montrer au moins à l'océan, il s'embarqua sur l'Acésine, & il descendit jusqu'à l'embouchure de l'Indus. On ne pourra plus rien ajouter à votre gloire, disoit-il à ses soldats: vous voilà bientôt à l'extrémité de l'univers, & vous verrez des choses qui ne sont connues que des dieux. Ils arriverent au moment du flux, & voyant, avec quelle impétuosité l'océan se répandoit sur les terres, ils crurent que ce dieu courroucé vouloit les engloutir & le fils de Jupiter avec eux.

Alexandre contempla l'océan, spectacle qu'il ne croyoit pas avoir acheté trop cher. Ensuite, tandis que sa flotte se dirigea vers le golphe persique, il s'en retourna par terre, & s'engagea imprudemment dans des déserts, où il vit périr, faute de vivres, les trois quarts de son armée.

Mœurs d'Alexandre dans le cours de ses succès.

C'est dans le cours de ces dernieres expéditions, qu'Alexandre se livre aux excès de toute espece. Il prend l'habit & les mœurs des Perses; à leur mollesse, il ajoute la crapule. Son palais est un serrail, & sa table un lieu de débauche, où il seroit honteux de ne pas s'enivrer.

Sous prétexte d'une conjuration qui n'est pas prouvée, il fait mourir Philotas; il en fait assassiner le pere, Parménion, ce capitaine qui l'a toujours servi lui & son pere avec zele. Il arrive à une petite ville, où habitoient les Branchides. C'étoit une famille de Milet, qui avoit été transportée dans la Bactriane. Ces malheureux couroient au devant de lui avec joie; & le barbare les fait tous égorger, parce que, plus d'un siecle auparavant, leurs peres avoient servi sous Xerxès.

Il se loue avec indécence. Il n'est pas content de ses succès, s'il ne rabaisse ceux de son pere. Il entre en fureur contre un vieux capitaine, qui ne peut souffrir qu'on flétrisse la mémoire de Philippe. A ces mots, *tu n'as vaincu qu'avec les soldats de ton pere*, il poignarde Clitus, qui lui a sauvé la vie.

Il faut l'avouer, il est honteux de ce crime; Il s'abandonne au désespoir: il veut s'ôter la vie: il se prive de toute nourriture. Les courtisans inquiéts paroissent même avoir épuisé toutes les ressources, lorsqu'Anaxarque lui dit: *ignorez vous que les actions des souverains, quel-*

les qu'elles soient, sont toujours justes & équitables! Voilà ce qui le console.

C'est au milieu d'un repas que Clitus fut tué, & l'ivresse pouvoit diminuer l'horreur de cette mort. Mais Alexandre étoit capable de commettre de sang froid de pareils crimes.

Ce fils de Jupiter osoit se montrer, tantôt avec les attributs de ce dieu, tantôt avec ceux de Diane, tantôt avec ceux de Minerve, &c. Ce n'étoit pas assez: il vouloit que cette mascarade en imposât aux peuples, il vouloit sérieusement être adoré. A un souper, de concert avec lui, Cléon, mauvais poëte de Sicile, commence l'éloge d'Alexandre, qui prend aussitôt un prétexte pour se retirer. Le poëte continue: il compare son héros à tous les dieux, le dit plus digne d'adoration qu'aucun autre; & concluant qu'il faut se prosterner, quand il rentrera, il invite tout le monde à suivre l'exemple qu'il en va donner.

Si le roi étoit présent à ton discours, dit Callisthène, il t'imposeroit silence: & ce sage philosophe fit voir ce qu'on doit à son prince, & ce qu'on doit à ses dieux.

Alexandre, caché, entendit tout, & desira de trouver l'occasion de venger sa divinité. Elle se présenta bientôt. Une conspiration, tramée contre ce prince devenu odieux & méprisable, fut découverte. Hermolaüs en étoit le chef; & parce que Callisthène avoit eu de l'amitié pour lui, Alexandre confondit ce vertueux philosophe avec les coupables, & fit périr un homme qu'Aristote sans doute avoit choisi dans l'espérance d'opposer une digue à des vices qu'il prévoyoit. Ce crime seul suffiroit pour déshonorer un grand homme.

Il n'avoit que de fausses idées de grandeur.

Il est vraisemblable qu'il ne fut pas au pouvoir d'Aristote de donner à son disciple des idées de la vraie grandeur. La cour de Macédoine étoit trop corrompue : Philippe offroit de trop mauvais exemples à son fils : & d'ailleurs Alexandre avoit en lui dès l'enfance le germe d'une ambition désordonnée, qui dans la prospérité ne pouvoit manquer de le faire tomber dans les plus grands excès.

Fâché des conquêtes que faisoit son pere, *il ne me laissera rien à conquérir*, disoit-il, avec chagrin. Ce mot seul pouvoit faire pressentir ce qu'il deviendroit, si jamais il étoit conquérant. En effet, élevé dans de pareils sentiments, auxquels toute une cour applaudissoit, ne devoit-il pas s'accoutumer à penser que la victoire met au dessus des loix, & que rien ne doit résister aux volontés d'un conquérant, comme rien ne résiste à ses armes ?

Pour laisser dans les Indes un idée extraordinaire de lui & de son armée, il dressa douze autels de cinquante coudées de haut, avec ces inscriptions : *A mon pere Jupiter Ammon. A Hercule, mon frere, &c.* Il fit ensuite tracer un camp trois fois plus grand que celui qu'il avoit occupé, & on l'environna d'une tranchée fort profonde. Dans ce camp, il bâtit de vastes écuries, où l'on eut soin de mettre les mangeoires à une grande élévation, & de pendre de côté & d'autre des mords d'une grosseur énorme. Enfin il y laisse des armes, dont le volume & le poids permettoient à peine de les remuer, des lits de cinq coudées de long, & dans les mêmes proportions des ustensiles de toute espece. On ne croiroit pas ces choses, si tout n'étoit pas croyable de la part d'un homme en démence qui vouloit passer pour un dieu.

La mort prématurée d'Alexandre est l'effet de ses débauches.

Les cruautés de ce roi avoient aliéné tous les esprits. Depuis la mort de Callisthéne, les plus honnêtes gens gémissoient dans le silence : il devenoit lui-même soupçonneux & défiant, & le mérite excitoit sa haine & sa jalousie. La vérité ne perça donc plus jusqu'à lui. Alors entouré de flatteurs, qui étudioient ses vices pour y applaudir, il ne garda plus de mesures. Dans un même jour, il épousa Barsine, fille aînée de Darius, & Parysatis, la plus jeune des filles d'Ochus; quoiqu'il se fut déja marié avec Roxane dans la Bactriane, & qu'il traînât une multitude de femmes après lui. Il ordonna à ses principaux officiers de s'allier, à son exemple, aux plus grandes familles de la Perse; & parce que cette conduite éleva des murmures parmi ses troupes, il fut assez aveugle pour confier la garde de sa personne à trente mille Perses, préférant les soldats qu'il avoit vaincus, à ceux qui l'avoient fait vaincre.

Cependant les débauches, auxquelles toute sa cour s'abandonne par goût ou par complaisance, font tous les jours périr quelques-uns de ses courtisans. Un seul repas coûte la vie à quarante-deux : un autre lui enleve Ephestion.

Sa douleur fut des plus vives. Ses courtisans, voulant la dissiper, n'imaginerent rien de mieux, que l'apothéose de son favori ; & Jupiter Ammon, consulté, fit la réponse qu'on lui dicta : bientôt le nouveau dieu eut des temples, des autels, manifesta sa volonté par des songes, & rendit des oracles. Babylone fut le théâtre de cette apothéose.

Cependant le bruit se répand que la mort du conquérant approche. Les augures n'annoncent rien que de sinistre : les accidents les plus simples sont pris pour des présages. Il se trouble lui-même : une terreur superstitieuse s'empare de son ame : son palais se remplit de devins : ce n'est que sacrifices, que purifications, & ce dieu meurt, comme le plus foible des hom-
324 mes. Il étoit dans la trente-troisieme année de son âge & dans la treizieme de son regne.

Tel a été, Monseigneur, Alexandre qu'on surnomme le Grand On pouvoit aisément prévoir sa fin. Il n'étoit pas nécessaire de fouiller dans les entrailles des victimes, ni d'évoquer les démons. Les débauches, qui faiſoient périr tant de courtiſans, étoient les augures qu'il ſuffiſoit de conſulter. Lorſqu'il mourut, il méditoit la conquête de l'Afrique, de l'Eſpagne, des Gaules & de l'Italie : mais alors il n'étoit plus ce qu'il avoit été, & ſes ſoldats, ainſi que lui, auroient été des Perſes plutôt que des Grecs.

Ne laiſſant après lui qu'un frere imbécille & des enfants en bas âge, incapables de faire valoir leurs droits, Alexandre n'oſa ſe déſigner un ſucceſſeur; & quand Perdiccas lui demanda à qui il deſtinoit l'empire; au plus digne, répondit-il, & je prévois que ce différent me prépare d'étranges jeux funebres.

CHAPITRE XI.

Partage qui se fait de l'empire d'Alexandre.

Disposition de l'empire par les principaux lieutenants d'Alexandre.

ALEXANDRE avoit eu de Barsine, veuve de Memnon de Rhodes, un fils qu'on nommoit Hercule. Il laissoit un frere, Aridée, prince imbécille qu'il avoit toujours mené avec lui. Enfin Roxane étoit grosse.

Lés principaux officiers, s'étant assemblés pour délibérer sur le choix d'un maître, donnerent la couronne à Aridée, qui prit le nom de Philippe ; & ils arrêterent que l'enfant qui naîtroit de Roxane, si c'étoit un garçon, la partageroit avec lui. Quelque temps après, cette princesse accoucha d'un fils, qu'on nomma Alexandre, & qui fut reconnu pour roi, comme on en étoit convenu.

Motifs de cette disposition.

Jaloux les uns des autres, les généraux n'avoient pu se résoudre à donner l'empire à un d'eux, & à choisir un maître parmi ceux à qui ils se croyoient égaux. Leurs suffrages ne s'étoient réunis sur un imbécille & sur un enfant, que parce que, sous de pareils chefs, ils conservoient toutes leurs espérances : &

chacun se flattoit d'avoir le temps de prendre les mesures convenables à ses desseins.

Ambition des lieutenants d'Alexandre.

Les moins ambitieux projetoient de s'établir souverains dans quelque province : d'autres ne mettoient à leur ambition que les bornes mêmes de l'empire. Tel étoit Perdiccas On le regardoit comme le tuteur des princes : la régence, qu'on lui avoit confiée, lui donnoit beaucoup d'autorité : & Alexandre paroissoit l'avoir désigné pour son successeur, parce qu'en mourant il lui avoit laissé son anneau.

Perdiccas partage l'empire en trente-trois gouvernements.

Il lui importoit d'écarter & de diviser les principaux chefs de l'armée. Dans cette vue, il divisa l'empire en trente-trois gouvernements, qu'il distribua aux généraux. Chacun partit pour sa province, bien déterminé à se rendre indépendant ; & Perdiccas se proposoit de les subjuguer les uns après les autres.

Pourquoi l'histoire des successeurs d'Alexandre est peu intéressante.

Les révolutions de la Grece intéressent : on est étonné de la rapidité des conquêtes d'Alexandre : mais on a de la peine à donner son attention à l'histoire de ses successeurs. Cependant c'est un grand théâtre qui s'ouvre : les scenes s'y multiplient, & les catastrophes y sont fréquentes. Pourquoi donc l'histoire devient-elle moins intéressante, que lorsqu'il ne s'agissoit que du sort d'Athènes & de Lacédémone ?

Ce n'est pas toujours par la grandeur qu'un objet nous attache. Toutes choses d'ailleurs égales, un tableau trop grand plaît moins, précisément parce qu'il est trop grand, car étant alors disproportionné à notre vue, nous n'en saurions saisir l'ensemble. Or, l'intérêt ne peut naître, lorsque nous ne voyons pas à la fois toutes les parties qui doivent concourir à le produire. Que seroit-ce, si chaque morceau du tableau offroit une action différente? des scenes, qui n'auroient point de rapport les unes aux autres? des intérêts séparés ou contraires? & des crimes de toutes parts? Tel est le spectacle que nous donne cette partie de l'histoire. Ajoutons encore que la multitude des concurrents qui déchirent l'empire d'Alexandre, jette une confusion qu'il est difficile de dissiper, & qui même ne mérite pas qu'on la dissipe. C'est un cahos qui ne paroît se débrouiller, que pour faire voir des forfaits.

Dans la Grece, c'est sur des peuples que vos regards se sont fixés. Le développement de l'esprit humain, les progrès du gouvernement, l'amour de la liberté, l'amour de la patrie, une fermentation générale qui dirige ou tend à diriger tout vers le bien commun, de grandes vertus, de grands talents, des révolutions où les peuples mêmes sont les principaux acteurs : voilà les objets qui vous attachent; ils sont beaux & intéressants.

De l'autre côté il n'y a ni peuple, ni patrie, & je dirois presque ni vertu, ni talent : mais au contraire deux rois, l'un imbécille, l'autre enfant, un régent qui affiche la scélératesse, & plusieurs souverains qui n'ont pour titres que l'audace. Ce n'est que trahisons, meurtres, assassinats; & les jeux funebres, qu'on prépare à Alexandre, sont le massacre de toute sa famille.

Au milieu de toutes ces révolutions, les peuples sont comptés pour rien, les provinces conquises & reconquises se dépeuplent pour changer de maîtres. Ce sont toujours les mêmes vices, toujours les mêmes forfaits, & l'histoire uniforme & hideuse de ces temps n'offre que des hommes nés pour le malheur des nations.

Prolémée s'affermit en Egypte.

Il y a néanmoins une exception à faire. Parmi ces gouverneurs, Prolémée fils de Lagus, Macédonien de basse naissance, eut l'Egypte en partage. Il s'éleva par son mérite, & fut un des généraux d'Alexandre, dès le commencement de la guerre contre les Perses. Pendant que les autres gouverneurs se faisoient des guerres continuelles, il se conduisit avec assez de prudence pour prendre peu de part à leurs différents. Il affermit son autorité; & il fit le bonheur de ses peuples.

Perdiccas, qui veut lui enlever l'Egypte, perd la vie.

A peine étoit-il établi, que Perdiccas, le regardant comme le plus grand obstacle à son ambition, marcha contre lui. Mais il fut repoussé, & ayant eu l'imprudence de mécontenter ses troupes, elles se révolterent, lui ôterent la vie, & se donnerent au gouverneur d'Egypte.

322 av. J. C.

Nouveau partage de l'empire.

Prolémée, assez sage pour juger que la régence étoit une place orageuse, & qu'elle pouvoit nuire au plan qu'il s'étoit fait, n'en voulut point, & il la fit donner à Aridée & à Pithon. Bientôt après Eurydice, femme de Philippe, voulant s'arroger toute l'autorité, les nouveaux régents se démirent, & Antipater prit leur place. Alors on procéda à un nouveau partage des provinces, & la Babylonie fut donnée à Séléucus, qui jusques-là n'avoit point eu de gouvernement. On n'osa rien entreprendre sur l'Egypte.

Eumene trahi est livré à Antigone.

315

On déclara la guerre à Eumene, gouverneur de Cappadoce, sous prétexte qu'il avoit pris les armes pour Perdiccas. C'étoit un homme sans naissance, mais d'un grand mérite, & inviolablement attaché à la famille d'Alexandre. Voilà ce qui le rendit odieux à ses collégues. Il fut trahi & livré à Antigone, qui le fit mourir.

Séléucus, chassé de Babylone, s'y rétablit.

Antigone avoit dans son gouvernement la grande Phyrgie, la Lycaonie, la Pamphylie, & la Lydie. Se trouvant, par la mort d'Eumene, en état de disputer l'empire de l'Asie, il dépouilla plusieurs gouverneurs par force ou par trahison, & Séléucus, forcé d'abandonner Babylone, se réfugia en Egypte.

Séléucus étoit ami de Ptolémée, & méritoit de l'être. Il en obtint des secours qui le rétablirent dans son gouvernement. Les Babyloniens le reçurent avec de grandes acclamations. Aimé des peuples, il se vit bientôt à la tête d'une armée, & en état de se soutenir contre ses ennemis. Son entrée dans Babylone après une victoire devint une ere commune à presque toutes les nations de l'Asie. C'est ce qu'on nomme *l'ere des Séléucides.* 312

Gouverneurs, qui prennent le titre de roi.

Cependant la guerre continue. Démétrius fils d'Antigone, remporte un avantage sur Ptolémée, dans un combat naval. Antigone & Démétrius, fiers de ce succès, prennent le titre de roi, & Ptolémée le prend à leur exemple.

Partage de l'empire d'Alexandre en quatre monarchies.

Alors Ptolémée & Séléucus formerent contre Antigone & Démétrius une ligue avec Cassandre & Lysimaque, le premier gouverneur de Macédoine, & le second de Thrace. Vainqueurs dans les plaines d'Ipsus, où Antigone perdit la vie, ils partagerent entre eux 301
l'empire. Ptolémée eut l'Egypte, la Libye, l'Arabie, la Célesyrie & la Palestine; Cassandre, la Macedoine & la Grece; Lysimaque, la Thrace, la Bithynie, & quelques autres provinces par de-là l'Hellespont; Séléucus, tout le reste de l'Asie, jusqu'au de-là de l'Euphrate, ou jusqu'au fleuve Indus. Ce partage de l'empire d'Alexandre fut fait vingt-trois ans après la mort de ce conquérant.

Monarchie des Séléucides.

L'amour & le respect, que Séléucus inspiroit aux peuples, ne contribua pas peu à ses succès. Il fit fleurir son empire, & l'embellit d'un grand nombre de villes. Mais ses successeurs, foibles, lâches ou cruels, ne surent pas conserver d'aussi vastes états. Les Parthes, qui leur enleverent les provinces orientales, pousserent leurs conquêtes jusqu'à l'Euphrate. Les rois de Bithynie, de Pergame, de Pont & de Cappadoce partagerent entre eux l'Asie mineure. Enfin les Séleucides semblerent conspirer eux-mêmes à leur propre destruction. Il se firent des guerres si cruelles, que les Syriens renoncerent à leur domination, & donnerent la couronne à Tigrane, roi d'Arménie. C'est sur celui-ci que Pompée en fit la conquête, & la Syrie devint une province romaine. L'empire des Séleucides a duré 148 ans.

86 av. J. C.

Monarchie d'Egypte.

L'Egypte fut trés-florissante sous le premier Ptolémée, surnommé Soter. Ce prince favorisa les arts & les sciences : il attira dans ses états les hommes de talent, & il fut fondateur de la célebre bibliotheque d'Alexandrie. Sous son regne les Egyptiens furent peut-être plus heureux, qu'ils ne l'avoient été dans ces temps reculés, dont les historiens parlent avec exagération. Etant avancé en âge, il abdiqua, & remit le sceptre entre les mains de Ptolémée Philadelphe, fils de Bérénice, à l'exclusion de Ptolémée Céraunus, fils d'Eurydice, sa premiere femme. Il mourut peu après, âgé de 85 ans.

284

On ne sauroit trop applaudir au choix de ce sage monarque : car on retrouva dans Philadelphe les talents & les vertus du pere. Il mourut dans la trente-neuvieme année de son regne, & dans la soixante-quatrieme de son âge.

246

L'Egypte

L'Egypte fut encore heureuse & florissante sous Ptolémée Evergete, dont le regne fut de vingt quatre à vingt-cinq ans. C'est la chévelure de Bérénice, sa sœur & sa femme, qu'il a plu aux astronomes de placer dans le ciel. Je m'arrête à ce troisieme roi, parce que tous les autres ont été des monstres ou des princes fort méprisables. Les Lagides ont conservé la couronne d'Egypte jusqu'à la mort de Cléopâtre, c'est-à-dire, pendant deux cents quatre-vingt douze ans.

Je viens, Monseigneur, de vous indiquer ce qu'il y a de plus intéressant dans l'histoire des successeurs d'Alexandre hors de la Grece. Dans l'espace d'environ trois cents ans, voilà quatre bons rois, un en Syrie & trois en Egypte. Vous vous ferez un plaisir de lire les détails de leurs regnes : mais leurs successeurs vous donneront de l'ennui ou de de l'indignation; & vous verrez par vous même que la vie d'un souverain n'intéresse, qu'autant qu'elle tient au bonheur d'un peuple.

J'ai voulu d'abord jeter un coup d'œil rapide sur l'Asie, afin de nous débarrasser de toute cette partie de l'histoire. Il est temps de revenir à la Grece, qui nous offrira des révolutions plus intéressantes & plus instructives.

Les Athéniens se hâtent trop de prendre les armes.

A la nouvelle de la mort d'Alexandre, les Athéniens se livrerent à une joie immodérée, & les orateurs crierent à la liberté. Démosthene, quoiqu'exilé (*), engagea plusieurs républiques à se joindre à celle d'Athènes, & rassembla une flotte de deux cents quarante galeres. Lacédémone, soumise depuis la victoire d'Antipater, ne voulut point entrer dans cette association.

Il étoit facile de prévoir qu'il naîtroit bientôt des dissentions parmi les gouverneurs de l'empire; pouvoit-on penser qu'ils se soumettroient à un roi imbécille, à un roi enfant, ou à un régent qu'ils regardoient comme leur égal? Le moment où la guerre alloit s'allumer n'étoit donc pas loin, & c'eût été pour les Grecs une circonstance favorable au recouvrement de leur liberté. Il falloit donc attendre: c'étoit le sentiment de Phocion; mais Démosthene prévalut. Vous vous souvenez qu'il conseilloit souvent la guerre, sans songer aux moyens de la faire avec succès.

Antipater les soumet.

Léosthene général des Athéniens remporta une victoire, qui fit dire à Phocion : *je voudrois avoir gagné cette bataille, mais je serois honteux de l'avoir conseillée.* Il prévoyoit ce qui arriva. Antipater reçut des secours : il

(*) Harpalus, un des capitaines d'Alexandre, ayant dissipé une partie des trésors, dont la garde lui avoit été confiée, s'enfuit à Athènes avec des richesses immenses. Comme le peuple, dans la crainte de déplaire à Alexandre, ne vouloit pas le recevoir, il acheta les orateurs qui voulurent se vendre; & Démosthene fut du nombre, tant les honnêtes gens étoient rares dans cette république. Mais Harpalus fut obligé de se retirer, & Démosthene fut banni.

vainquit, & les Athéniens firent tomber leur colere sur ceux qui avoient conseillé de prendre les armes.

La paix se fit, & Antipater en dicta les articles. Les principaux étoient que les Athéniens lui livreroient Démosthene; qu'ils recevroient garnison dans le fort Munichia; qu'outre les frais de la guerre, ils payeroient une amende; & que les charges seroient données aux riches citoyens. Démosthene ne pouvant échapper aux poursuites d'Antipater, s'empoisonna. 322 av. J. C.

Démosthene, lâche dans les combats, se donne la mort; & Alexandre la voit arriver avec frayeur, lui qui tant de fois l'a affrontée avec témérité. Tous deux avoient donc du courage. Mais ni l'un ni l'autre n'étoit véritablement courageux : car il y a de la pusillanimité à craindre, comme Alexandre, un mal inévitable; & il y a de la lâcheté à fuir, comme Démosthene, un danger où l'on s'est exposé par choix, & où l'on a entraîné les autres.

Courage de Démosthene comparé à celui d'Alexandre.

Alexandre étoit plutôt hardi & téméraire que courageux. Sa hardiesse fut l'effet du sentiment de sa supériorité dans l'art militaire, & sa témérité fut celui de ses premiers succès. Le desir de ce qu'il appelloit la gloire, donna sur-tout un grand essor à son ame. Vous savez ce qu'il dit dans une occasion : *qu'il m'en coûte, Athéniens, pour être loué de vous* ! Voilà les motifs qui le soutenoient dans les dangers : mais contre la mort, les louanges des Athéniens, ses succès, ses talents ne pouvoient rien, & il fut effrayé.

Dans la tribune, Démosthene a la hardiesse de dire au peuple des vérités capables de le soulever contre lui. D'abord le sentiment de sa supériorité la lui donne : bientôt les succès l'augmentent : enfin l'ambition de gouverner l'aveugle sur les dangers qu'il court. Mais dans un combat, il sent sa foiblesse, & il fuit. Cependant la mort n'est pas ce qu'il craint le plus ; il se tue pour ne pas tomber entre les mains d'un ennemi.

Le vrai courage est une confiance éclairée que rien ne trouble. Alexandre ne craint pas des périls semblables à ceux qu'il a surmontés, & qu'il se flatte de surmonter encore : il craint la mort qu'il n'a jamais envisagée de sang froid, & dont il semble qu'il croyoit se garantir, quand il vouloit passer pour un dieu. Démosthene n'eût pas fui, s'il se fût senti les talents d'un capitaine, comme il se sentoit ceux d'un orateur : au contraire, il eût affronté l'ennemi, comme il affrontoit le peuple.

Conjoncture que les Athéniens devoient attendre.

L'ambition & la jalousie divisoient déja les gouverneurs que Perdiccas avoit établis dans les provinces, lorsque le nouveau partage, fait par Antipater, fit naître de nouvelles dissentions. Il fallut armer pour enlever les gouvernements : il fallut armer pour les défendre, & on arma de toutes parts. Voilà la conjoncture que les Grecs devoient attendre. Alors, recherchés par les différents partis, ils auroient pu trouver leur salut dans les troubles : c'est donc pour avoir voulu secouer le joug avant le temps, que leur pays deviendra un des théâtres de la guerre. Soumis à toutes les révolutions de l'empire, il sera successivement la proie de plusieurs vainqueurs qui se l'arracheront tour-à-tour.

Mort d'Antipater.

En faisant un nouveau partage, Antipater n'avoit eu d'autre vue que de jeter de nouvelles semences de divisions, & de se mettre par ce moyen à l'abri de toute entreprise de la part des autres gouverneurs. Quand il les eut armés les uns contre les autres, il repassa en Europe avec les deux rois; s'occupant bien moins de la régence que de la Macédoine, & sacrifiant à ses intérêts tous ceux qui jusques là avoient été attachés à la famille d'Alexandre. Mais la même année, la mort l'arrêta dans le cours de ses projets. 321

Il laisse à Polysperchon la Macedoine & la régence.

Antipater avoit laissé la Macédoine & la régence à Polysperchon, vieux capitaine; & Cassandre, son fils, regardoit cette disposition, comme une injustice qui lui étoit faite. Sans argent néanmoins & sans soldats, parceque jusqu'alors il n'avoit eu que des emplois subalternes, il lui étoit impossible de rien entreprendre par lui-même. Dans cette situation il eut recours à Antigone, qui avoit trop d'ambition pour ne pas sentir combien il lui importoit de susciter des affaires aux autres gouverneurs. Antigone accorda donc ses secours à Cassandre, & il envoya en Grece une armée commandée par Nicanor.

Nicanor maintient l'oligarchie dans la république d'Athènes.

Cependant Polysperchon, pour s'attacher les peuples de la Grece, avoit publié, au nom des deux rois, un décret par lequel toutes les villes étoient rétablies dans leur ancienne liberté; & il avoit écrit en particulier aux Athéniens qu'il abolissoit l'oligarchie, & qu'il rendoit à tous les citoyens sans exception, le droit d'être admis aux charges. Ces précautions furent inutiles.
318
Nicanor, qui arriva sur ces entrefaites, se rendit maître du Pirée, & mit une garnison dans la citadelle de Munichia.

Alexandre, fils de Polysperchon y rétablit la démocratie.

A la sollicitation de Phocion, Nicanor, au lieu d'appesantir le joug, parut chercher à faire aimer son gouvernement. Il donna des fêtes, des spectacles, & les Athéniens se croyoient heureux. Mais Alexandre, fils de Polysperchon, étant arrivé dans l'Attique avec une armée, le peuple crut avoir recouvré la liberté qu'on lui promettoit. Il se souleva contre ceux qui avoient favorisé l'oligarchie : il les condamna à mort; & le vertueux Phocion, un des grands hommes qu'Athènes ait produit, subit lui-même cette sentence. Les Athéniens, toujours capables de remords comme d'inhumanité, éleverent quelque temps après une statue à ce citoyen, & punirent ceux qui les avoient portés à le condamner.

Démétrius de Phalere gouverne Athènes.

Cassandre vient au secours de Nicanor. Il favorise l'oligarchie dans la vue de s'attacher les riches citoyens : il force Polysperchon à se retirer dans le Péloponese : il soumet les Athéniens, & leur laisse pour les gouverner Démétrius de Phalere de la famille de Conon. Ce magistrat se conduisit avec tant de sagesse, qu'on prétend que les Athéniens n'ont jamais été plus heureux, que pendant les dix années qu'a duré son administration. Ils lui éleverent trois cents soixante statues.

Olympias assassinée après avoir commis plusieus meurtres.

Vous pouvez juger quels étoient les troubles de la Grece, livrée tour-à-tour à différents maîtres, qui changeoient continuellement la forme du gouvernement. Jamais les exils, les proscriptions, les assassinats ne furent plus communs. Olympias, mere d'Alexandre le Grand, retirée en Epire pendant la régence d'Antipater, fut invitée par Polysperchon à revenir en Macédoine. A peine s'y crut-elle affermie, qu'elle fit périr Philippe & Eurydice. Et elle-même bientôt assiegée dans Pydna, où elle ne pouvoit recevoir les secours de Polysperchon, fut obligée de se livrer à Cassandre qui la fit assassiner.

316

Toute la famille d'Alexandre est exterminée.

Le jeune Alexandre & sa mere Roxane étoient dans le château d'Amphipolis, où Cassandre les avoit enfermés; lorsque les Macédoniens commencerent à demander qu'on leur montrât ce prince & qu'on le mît à la tête des affaires. Cassandre fit mourir secrétement la mere & le fils.

310 Alors Polysperchon, qu'il avoit chassé de Macédoine, & qui commandoit dans le Péloponese, fit venir de Pergame, Hercule, fils de Barsine ; & déclarant qu'il en vouloit faire valoir les droits, il marcha & parut vouloir engager les Macédoniens à le reconnoître. Mais ayant eu une entrevue avec Cassandre, ils convinrent ensemble d'immoler encore à leur ambition Hercule & Barsine, & ils les immolerent. Par-là, Cassandre compta s'assurer la Macédoine, & Polysperchon se crut souverain du Péloponese.

Il ne restoit plus de la famille d'Alexandre que deux sœurs de ce prince ; Cléopâtre, veuve d'Alexandre roi d'Epire, & Thessalonice, femme de Cassandre. La premiere qui faisoit sa résidence à Sardes depuis plusieurs années, se voyant traitée avec peu d'égards par Antigone, maître de la Lydie, s'étoit rendue aux invitations de Ptolémée qui lui offroit un asyle ; & elle étoit partie pour l'Egypte, lorsque le gouverneur de Sardes l'arrêta, la ramena, & bientôt après la fit
308 mourir secrétement. Thessalonice étoit destinée à une fin plus funeste encore. C'est dans le cours de ces horreurs qu'Antigone, qui avoit lui-même ordonné le meurtre de Cléopâtre, étendoit sa puissance en Asie, dis-

posoit des gouvernements, & que Séléucus, après avoir été forcé d'abandonner Babylone, y rentroit victorieux.

Cassandre, Polysperchon & Ptolémée, ligués contre Antigone, ne négligeoient rien pour lui fermer la Grece, où ils avoient aboli la démocratie. Il étoit donc de la politique d'Antigone de se déclarer le protecteur de la liberté des peuples. En conséquence, il chargea Démétrius Poliorcete, c'est-à-dire, preneur de villes, de chasser de toute la Grece les garnisons macédoniennes.

Démétrius Poliorcete rétablit la démocratie chez les Athéniens.

307

Ce jeune homme avec de grands vices & de grands talents, eut une ambition égale à celle de son pere, & des succès plus brillants. Mais pour avoir voulu l'un & l'autre former de trop grands projets, ils devoient échouer tous deux.

Démétrius Poliorcete se rendit maître du Pirée sans résistance, chassa la garnison qui étoit dans Munichia, rasa ce fort, & rétablit la démocratie. C'étoit l'homme qu'il falloit aux Athéniens. Ils lui prodiguerent les noms de libérateur, de sauveur : ils le reçurent avec toutes les cérémonies qui s'observoient, lorsqu'on portoit les statues de Cérès & de Bacchus : ils arrêterent qu'on répéteroit les mêmes cérémonies, toutes les fois qu'il rentreroit dans la ville : ils le mirent au rang des dieux, lui offrirent des victimes, lui consacrerent des prêtres.

Alors Démétrius de Phalere fut obligé de se retirer, & les Athéniens renverserent toutes les statues qu'ils lui avoient élevées. Quelque temps après, la cour de Ptolémée Soter lui ouvrit un asyle: il mourut sous le regne de Philadelphe. Il a été un des beaux génies de son siecle.

A peine Démétrius Poliorcete eut rendu la liberté aux Athéniens, qu'il fut obligé de s'absenter, & Athènes retomba sous la puissance de Cassandre. Aussitôt il vole au secours de cette république, la délivre une se-
303 conde fois, & les Athéniens ne sachant plus quelles marques de reconnoissance ils pouvoient lui donner, imaginerent de le loger dans le temple de Minerve. Cependant lorsqu'après la bataille d'Ipsus il voulut se retirer dans leur ville, comme dans l'asyle dont il se croyoit le plus assuré, on refusa de le recevoir. Quel peuple, Monseigneur! On l'aime, on le hait; on l'estime, on le méprise: mais enfin son histoire instruit & intéresse encore plus qu'aucune autre.

Tel étoit en général l'état de la Grece, vers l'an 301 avant J. C., lorsque des débris de l'empire d'Alexandre il se forma quatre monarchies.

CHAPITRE XII.

Jusqu'à la conquête de la Grece par les Romains.

Démétrius Poliorcete est dépouillé de presque tous ses états.

APRÈS la bataille d'Ipsus il restoit à Démétrius l'île de Chypre, Tyr & Sidon, plusieurs autres villes en Grece & en Asie, & une flotte. Quelque temps après, il acquit la Cilicie, qu'il enleva à Plistarque, frere de Cassandre. Elle avoit été donnée à celui-ci lors du partage de l'empire.

Quand il crut avoir pourvu à la sureté de ses différentes possessions, il tourna ses armes contre les Athéniens, les assiégea pendant un an, les força à lui ouvrir leurs portes,
leur pardonna, & devint encore leur 297
idole. Il porta ensuite la guerre dans la Laconie, & ayant défait les Lacédémoniens à deux reprises, il se regardoit comme maître de leur ville, lorsqu'il se vit tout-à-coup dépouillé de tous ses états, à la réserve d'Athènes & de quelques villes du Péloponese. Ly- 295
simaque, Séleucus & Ptolémée lui avoient enlevé tout ce qu'il possédoit hors de la Gre-

ce. Dans cette conjoncture une couronne s'offre à lui.

Troubles en Macédoine après la mort de Cassandre.

Cassandre étoit mort, & avoit laissé trois fils, Philippe, Antipater & Alexandre. Le premier, qui lui succéda, mourut dans l'année; & après lui ses deux freres regnerent ensemble pendant trois ans, mais sans pouvoir s'accorder. Thessalonice s'étant déclarée pour Alexandre, qui étoit le plus jeune, fut poignardée par Antipater même; & Alexandre, qui fut chassé, demanda des secours à Pyrrhus & à Démétrius.

Commencements de Pyrrhus.

Pyrrhus étoit Roi des Epirotes & des Molosses. Ces peuples s'étoient révoltés contre Eacide, son pere, & l'avoient chassé de ses états. Encore enfant, Pyrrhus n'échappa aux séditieux que par le zele de deux sujets fideles, qui le porterent en Illyrie, où le Roi Glaucias le fit élever avec ses fils; & dans la douzieme année de son âge il monta sur le trône de ses peres par le secours de ce Roi généreux, qui le protégea contre les trahisons de Cassandre. Il y avoit cinq ans qu'il regnoit & il se croyoit affermi, lorsque étant allé en Illyrie aux noces d'un des fils de Glaucias, les Molosses profiterent de son absence pour donner la couronne à Néoptoleme. Alors il se retira auprès de Démétrius, son beau-frere. Il étoit avec lui à la bataille d'Ipsus, & il alla en Egypte pour lui servir d'ôtage. Il réussit si bien dans cette cour, que Ptolémée lui donna des troupes, & le rétablit dans ses états. Il réunissoit toutes les qualités d'un héros : ambitieux, grand capitaine, il avoit sur-tout le don de se faire aimer des soldats. Il descendoit d'Achille. Il a été célebre par la guerre qu'il a faite aux Romains.

Il donne des secours à Alexandre. Démétrius roi de Macédoine.

Il marcha au secours d'Alexandre, & il réconcilia les deux freres : mais pour prix de ce service, il se saisit de plusieurs villes de leur royaume. Sur ces entrefaites, Démétrius étant arrivé, Alexandre, qui craignoit encore quelque nouvelle usurpation, alla au devant de lui, le remercia, & le pria de ne pas entrer dans la Macédoine. Démétrius, aussi dissimulé que ce prince, lui rendit toutes les marques d'amitié qu'il en recevoit, & mangea plusieurs fois avec lui. Offensé néanmoins, il méditoit une vengeance, lorsqu'ayant appris qu'Alexandre vouloit l'assassiner, il le prévint, & le tua lui-même. Alors représentant ce prince comme un perfide qu'il avoit dû prévenir, & Antipater comme un monstre qui avoit trempé les mains dans le sang de sa mere, il fut proclamé Roi de Macédoine.

Antipater s'enfuit en Thrace auprès de Lysimaque qui le fit mourir. Il ne resta donc plus rien de la famille d'Alexandre & de Philippe. Vous voyez, Monseigneur, que les forfaits, dont l'ambition de ces deux hommes a été le principe, ont fait le malheur de leur maison, comme celui des peuples.

Démétrius est abandonné de ses troupes.

Maître de la Macédoine, de la Thessalie, d'une grande partie du Péloponese, & des villes d'Athènes & de Mégare, Démétrius projetoit de recouvrer les états, qu'Antigone, son pere, avoit eus en Asie. Il levoit à cet effet une armée de cent mille hommes, & il équipoit une flotte de cinq cents vaisseaux.

Au bruit de cet armement, Séléucus, Ptolémée, Lysimaque & Pyrrhus se réunirent; & les deux derniers ayant fait une invasion en

290

Macédoine, Pyrrhus se saisit de Bérée, place considérable où il fit un grand nombre de prisonniers. Aussitôt Démétrius quitta la Grece, où il faisoit ses préparatifs pour l'expédition d'Asie: mais les Macédoniens à qui il s'étoit rendu méprisable par son faste, refuserent de le suivre contre Pyrrhus qu'ils estimoient. Ils se souleverent, ils passerent dans le camp du Roi d'Epire; & Démétrius, abandonné de ses troupes, ne s'échappa qu'à la faveur d'un déguisement.

Il perd la liberté.

Il ne put pas néanmoins renoncer encore à ses projets. Il leva dix mille hommes, & il alla tenter fortune en Asie, laissant à son fils Antigone les villes qui lui restoient dans la Grece. Il enleva plusieurs places à Lysimaque dans la Carie & dans la Lydie: il les abandonna aussitôt qu'Agathocle, fils de Lysimaque, parut à la tête d'une armée; &

passant de-là dans les provinces de Séleucus, il fut une seconde fois abandonné de ses troupes. Forcé pour lors de se livrer à son ennemi, il en obtint tout ce qu'il pouvoit desirer, à la liberté près. Il s'accommoda d'une vie, où tous ses projets se bornoient à chercher des plaisirs qu'on ne lui refusoit pas; & trois ans après il mourut de ses débauches. Jamais prince n'a été plus que lui le jouet de la fortune.

Conseil de Pyrrhus aux Athéniens.

Après la fuite de Démétrius, les Athéniens avoient révoqué tous les décrets, que la flatterie leur avoit arrachés pour ce prince inquiet. Cependant parce qu'ils le craignoient encore, ils appellerent Pyrrhus. Ce roi se rendit à leur invitation. Il parut sensible à leur confiance; & il se retira en leur donnant ce conseil: *Si vous êtes sages, ne recevez jamais de rois chez vous.*

Il perd la Macédoine.

Quoique les Macédoniens lui eussent donné la couronne, Lysimaque, qui étoit à la tête d'une armée, voulut avoir part à la dépouille de Démétrius, & Pyrrhus fut obligé de lui en céder une partie. Bientôt après, pendant qu'il étoit occupé à soumettre les villes qu'Antigone conservoit dans la Grece, Lysimaque lui enleva toute la Macédoine.

286

Causes de la guerre que Séleucus déclare à Lysimaque.

Lysimaque & Agathocle, son fils, avoient épousé deux filles de Ptolémée Soter: le premier, Arsinoé; & le second, Lysandra. Arsinoé, dans le dessein de faire passer la couronne sur la tête d'un de ses fils, accusa Agathocle de vouloir attenter à la vie de son pere. Lysimaque, trop crédule, fit mourir son fils.

Lysandra se réfugia à la cour de Syrie avec son frere, Ptolémée Céraunus, qui l'avoit acompagnée en Macédoine. Plusieurs grands du royaume s'y retirerent également, & ils engagerent Séléucus à déclarer la guerre à Ly-
282 simaque. Celui-ci perdit la bataille & la vie.

Séléucus est assassiné par Céraunus.

Séléucus s'applaudissoit d'avoir survécu à tous les capitaines d'Alexandre, & de se voir Roi de Macédoine sa patrie. Il ne prévoyoit pas qu'il devoit encore être immolé aux manes de ce conquérant. Cependant Cérau-
281 nus, qu'il avoit comblé de bienfaits, le poignarda.

Autres forfaits de Céraunus. Sa mort.

Maître de la Macédoine par cet assassinat, ce scélérat, pour écarter tout concurrent, feignit d'être amoureux de sa sœur Arsinoé; & après l'avoir épousée, il fit égorger dans ses bras deux fils qu'elle avoit eus de Lysimaque, son premier mari, & la relégua dans la Samothrace. Il ne jouit pas long-temps du fruit de ses forfaits : car les Gaulois ayant fait une irruption dans ses états, il fut battu, fait
279 prisonnier, & mis en pieces.

Commencement du royaume de Pergame.

Pendant ces révolutions, commença le royaume de Pergame, sous l'eunuque Philété-

rus.

rus. Par la mort de Lysimaque il resta maître de cette ville dont il étoit gouverneur ; & il la laissa à Eumene I, qui défit Antiochus, & lui enleva plusieurs places.

Foiblesse des monarchies, fondées par les capitaines d'Alexandre.

Vous voyez, Monseigneur, combien sont foibles les monarchies élevées sur les débris de l'empire d'Alexandre. Si elles sont grandes, elles n'ont qu'une puissance apparente. Gouvernées par des princes plus inquiets encore qu'ambitieux, elles ne peuvent s'affermir. On diroit qu'elles sont sans forces contre tout ennemi qui les attaque ; & elles sont continuellement exposées à de nouvelles révolutions. Ces vices se perpétueront. Elles s'affoibliront, par conséquent, d'âge en âge ; & parce que la même foiblesse leur sera commune à toutes, aucun de leurs monarques ne les réduira toutes sous sa domination. Les guerres, qu'elles se feront, sans être avantageuses à aucune, les épuiseront toutes également ; & vous prévoyez qu'elles seront subjuguées les unes après les autres, s'il s'éleve quelque part une puissance qui sache vaincre.

Sosthene chasse les Gaulois, qui avoient fait une irruption en Macédoine.

Après la mort de Céraunus, les Macédoniens dans l'espace de trois à quatre mois élurent deux Rois & les déposerent. Ils étoient livrés à l'anarchie, lorsqu'un simple particulier, nommé Sosthene, forma un corps de troupes, tomba sur les Gaulois, en tua un grand nombre, força le reste à se retirer, & refusa la couronne qu'il méritoit. Il n'accepta que le titre de général.

78 Autre irruption des Gaulois.

L'année suivante d'autres Gaulois, qui s'étoient d'abord jetés sur la Pannonie, aujourd'hui la Hongrie, entrerent dans l'Illyrie qu'ils ravagerent, & vinrent aussi fondre sur la Macédoine. Sosthene, accablé par le nombre, périt dans un combat, & les Barbares avancerent jusqu'aux Thermopyles.

Les Grecs répéterent la même faute qu'ils avoient faite lors de l'invasion de Xerxès, & les Gaulois pénétrerent par le même chemin que les Perses. Ils alloient piller le temple de Delphes, quand un orage, qui répandit parmi eux l'effroi & le désordre, prépara leur défaite. Brennus, leur chef, mourut de ses blessures, ou se tua de désespoir, & ceux qui échapperent, périrent dans la retraite. Les Grecs combattirent avec d'autant plus de courage, qu'ils crurent que les dieux avoient armé pour la défense du temple. Vers ce temps un autre corps de Gaulois s'établit dans cette partie de l'Asie mineure, qui a été nommée Gallo-Grece, ou Galatie.

277 Antigone Gonatas monte sur le trône de Macédoine, & en descend.

Après la mort de Sosthene, Antiochus, fils de Séleucus, voulut d'abord faire valoir ses droits sur la Macédoine, & il les abandonna presque aussitôt à Antigone Gonatas, que les Macédoniens avoient reconnu. Ce monarque, ayant défait un reste de Gaulois qui ravageoient la Thrace, s'occupoit à ré-

tablir l'ordre, lorsque Pyrrhus, qui venoit de faire la guerre aux Romains, le vainquit, & lui enleva la couronne. Il la recouvra, quand ce prince eut été tué dans Argos qu'il vouloit surprendre ; & quelque temps après, il fut obligé de la céder encore à Alexandre, 268
fils de Pyrrhus, pour qui les Macédoniens se déclarerent. Alors indigné de l'inconstance & de l'ingratitude de ce peuple, qu'il gouvernoit avec humanité, il se proposa de ne plus penser au trône.

Son fils Démétrius le fait remonter sur le trône.

Ce prince jouissoit dans la Grece d'une grande considération. Sa conduite sage & modérée lui avoit même attaché plusieurs républiques. Il est vrai que sa puissance, qui par là croissoit tous les jours, avoit armé contre lui les Athéniens & les Lacédémoniens : mais ces peuples, en lui déclarant la guerre avoient contribué à sa gloire.

Son fils, Démétrius, jeune encore & par conséquent plus ambitieux, vit toutes les ressources de son pere. Il avoit cette bravoure qui attache le soldat. Il leva une armée, & ayant chassé Alexandre de la Macédoine & de l'Epire, il remit son pere sur le trône.

Ce sont les malheurs qui font les grands princes. Antigone avoit présents tous ceux de ses ayeux. C'est pourquoi il eut des talents & des vertus. A ces titres, il mérita la couronne.

Fondement de la république des Achéens.

Depuis Alexandre le Grand, la Grece asservie paroît sans force. Elle succombe sous les révolutions qui se succedent, & on oublie qu'elle a été libre. La liberté néanmoins va renaître chez un peuple, qui, auparavant étoit à peine connu. Je veux parler des Achéens.

Dans ces temps où toutes les villes de la Grece conspiroient contre la tyrannie, Patras, Dyme, Tritée, Phare, Egium & quelques autres avoient armé pour la liberté commune; & ayant chassé leurs tyrans, elles formerent une association, qui avoit pour base une égalité parfaite.

Chacune se gouvernoit par ses loix & par ses magistrats, & les affaires générales se traitoient dans un sénat qui s'assembloit deux fois l'année à Egium, & qui étoit composé des députés de toutes les villes.

L'ancienneté ou la puissance ne donnoit point de prérogatives. Aucune ne pouvoit traiter seule avec l'étranger: toutes s'étoient engagées à ne point quitter les armes, tant que quelqu'une des villes associées seroit exposée à tomber en servitude.

Deux préteurs, qu'on changeoit chaque année, présidoient au sénat, le convoquoient extraordinairement, quand les circonstances le demandoient; & ils étoient les dépositaires de l'autorité, tout le temps que ce corps n'étoit pas assemblé.

Telle fut la république des Achéens dès son origine. Elle ne songeoit pas à se rendre redoutable, & elle se fit respecter par la sagesse de son gouvernement. Plus d'une fois elle fut l'arbitre des différents qui s'élevoient chez les autres peuples. Cependant elle étoit une des plus foibles puissances de la Grece.

Les circonstances seules donnerent des loix à cette sage république. Elle n'eut pas besoin d'un Lycurgue : sa situation lui en tint lieu. De toutes les villes des Achéens, on n'en auroit pas fait une médiocre ; & elles étoient situées le long d'une côte qui étoit pauvre, & qui ne pouvoit s'enrichir, parce qu'elle étoit sans ports & sans abris. Vous concevez donc que cette république étoit par sa situation, ce que Lacédémone étoit par les loix de Lycurgue.

Sous les successeurs d'Alexandre l'ancienne association des Achéens se dissout.

Jusqu'aux successeurs d'Alexandre, les Achéens ne s'étoient presque pas ressentis des révolutions de la Grece. Sans richesses & sans ambition, rien ne pouvoit inviter leurs voisins à prendre les armes contre eux, & ils se faisoient respecter par leur sagesse & par leur modération. Philippe ne changea rien à leurs loix, ni Alexandre. Mais dans la suite, plusieurs villes de l'Achaïe reçurent garnison de Polysperchon, de Démétrius Poliorcete, de Cassandre, d'Antigone Gonatas. Les autres furent asservies par des tyrans, & l'ancienne association ne subsista plus.

A quelle occasion les Achéens renouvellerent leur ancienne association.

Jusqu'alors les Etoliens n'avoient pris aucune part aux affaires de la Grece. Sans loix, ils conservoient cet esprit de brigandage, autrefois commun à tous les peuples de cette contrée; & à juger d'eux par les mœurs, on auroit dit qu'ils vivoient sous un ciel étranger. Cependant ils n'avoient pas encore osé porter le dégât chez les Grecs. Les troubles les enhardirent: ils voulurent profiter des divisions de leurs voisins: & ils commencerent à faire des incursions dans le Péloponese.

A cette occasion Dyme, Patras, Tritée & Phare, étant plus exposées aux insultes des Etoliens, renouvellerent leur ancienne association, sur le même plan que je viens d'exposer. Ces quatre villes ayant donné l'exemple, les Tégéens, les Cariniens, les Bouviens, & plusieurs autres peuples du Péloponese secouerent le joug de la tyrannie, & se joignirent à elles. Ce furent là les commencements de la nouvelle république des Achéens: ils répondent au temps où Séleucus armoit contre Lysimaque.

C'étoit un vice dans la constitution de cette république d'avoir plus d'un chef: car la mésintelligence des deux préteurs, leurs différents caracteres, ou seulement leur différente maniere de voir, pouvoient mettre au moins

beaucoup de lenteur dans toutes les opérations. On le sentit, & on ne créa plus qu'un préteur. Peu de temps après, les Achéens trou- 251
verent un chef digne de les gouverner.

Aratus est créé préteur des Achéens.

Un jeune homme de vingt ans, Aratus, délivra Sicyone sa patrie de la tyrannie de Nicoclès, & l'associa à la ligue des Achéens. Huit ans après, ses talents l'éleverent à la 245
préture, & rendirent cette magistrature en quelque sorte perpétuelle entre ses mains. Dès la premiere année qu'il fut en charge, il enleva Corinthe au Roi de Macédoine, qui fut tout aussitôt abandonné des Mégariens, des Trézéniens, des Épidauriens, & tous ces peuples entrerent dans la ligue des Achéens. Antigone Gonatas, âgé de plus de quatre-vingts ans, ne put résister au chagrin que lui donnerent toutes ces défections: il 242
mourut l'année suivante. Démétrius, qui lui succéda, regna dix ans: c'est un regne dont les détails sont très-confus.

Sagesse & modération des Achéens.

Vous êtes destiné à être souverain, Monseigneur: mais comme vous ne serez pas tyran, vous vous intéresserez au spectacle qui s'ouvrira à vous, quand vous lirez le morceau d'histoire dont je vais vous esquisser le tableau.

En effet, il est curieux de considérer un peuple qui échappe à la corruption générale de son siecle. Vous avez vu des républiques ambitionner la liberté pour en jouir à l'exclusion de toute autre. Vous venez de voir le chemin du trône s'ouvrir à l'audace, à la trahison, aux forfaits. Un spectacle tout différent va s'offrir à vous. C'est un peuple qui prend les armes pour faire regner les loix & la vertu. Ennemi de la tyrannie, il vole au secours des villes asservies. Il prodigue ses richesses, son sang pour les affranchir. Il n'exige aucun dédommagement: Il ne veut que les associer à son bonheur. C'est ainsi que la république des Achéens s'accroîtra, & deviendra plus puissante d'un jour à l'autre: & c'est ainsi qu'il est beau de dominer.

Talents & caractère d'Aratus.

Il ne faut qu'un homme, Monseigneur, pour faire un grand peuple, & Aratus étoit cet homme. Jamais citoyen ne fut plus fait pour gouverner. Aux lumieres, il joignoit la probité, le désintéressement, l'amour du bien public, la haine des tyrans, en un mot, toutes les vertus qu'une république peut desirer dans un citoyen. Il avoit encore presque tous les talents qu'elle cherche dans ceux qu'elle éleve aux magistratures. Actif, vigilant, éloquent, adroit à manier les passions, fécond en ressources, il démêloit toujours le meilleur parti, il saisissoit toujours le moment d'agir; & comme il savoit maintenir l'union parmi les peuples confédérés, il savoit aussi se rendre redoutable aux ennemis, & les faire concourir à ses vues.

Il avoit néanmoins un défaut. A la tête d'une armée, il n'étoit qu'un général médiocre. Quoiqu'il eût du courage, & qu'il en eût donné des preuves par la hardiesse & le succès de plusieurs entreprises, cependant, au milieu d'un combat, il se troubloit, les facultés de son ame étoient suspendues, & on ne retrouvoit plus en lui le grand homme. Vous en êtes fâché: mais ce qui doit augmenter votre estime & votre intérêt pour lui, c'est qu'il connoissoit sa foiblesse & l'avouoit.

Défaut d'Aratus.

La république d'Achaïe étoit par sa constitution peu propre à soutenir une guerre offensive. Malgré l'association, c'étoit dans le fond une multitude de corps séparés, qui ne pouvoient pas avoir ce concert & cette activité nécessaire pour s'étendre par la voie des conquêtes. Cette république ne pouvoit donc gueres s'accroître que par le concours volontaire des villes, qui desireroient d'entrer dans l'association. Aratus, connoissant le foible de ce gouvernement, comme il connoissoit le sien propre, tourna toutes ses vues vers la paix, & ne parut appliqué qu'à contenir l'enthousiasme, que les premiers succès pouvoient donner aux Achéens.

La république d'Achaïe ne pouvoit pas s'agrandir par les armes.

Il trouvoit un obstacle à ses projets dans la jalousie d'Athènes & de Lacédémone. Ces deux villes, où le nom de la liberté avoit si fort retenti, n'en vouloient pas devoir la chose aux Achéens; & les Athéniens refuse-

Les Achéens donnent de la jalousie aux Athéniens & aux Spartiates.

rent de seconder les efforts d'Aratus, qui vouloit les délivrer de la servitude des rois de Macédoine. Ils se couronnerent même de fleurs sur le faux bruit de sa mort. Bientôt après, ils le virent arriver avec une armée, &
233 ils eurent recours à sa clémence. Ce ne fut qu'à la mort de Démétrius qu'il les affranchit tout-à-fait.

Aratus s'allie des rois de Syrie & d'Egypte.

Il semble que les Achéens ne pouvoient pas avoir d'ennemi plus redoutable que le roi de Macédoine, qui croyoit avoir des droits sur plusieurs de leurs villes. Les rois de Syrie & d'Egypte ne formoient pas de pareilles prétentions. Ils voyoient au contraire avec plaisir s'élever dans le Péloponese une barriere à l'ambition d'un souverain, qui regardoit comme à lui toutes les conquêtes d'Alexandre, parce qu'il étoit sur le trône que ce prince avoit d'abord occupé. Il étoit donc de leur intérêt de soutenir cette république, & Aratus s'en fit des alliés.

Cet appui n'étoit pas solide. Si on suppose que les rois agissent toujours conformément à leurs intérêts, on est bientôt démenti par l'histoire : ils ne sont que trop souvent aveugles par foiblesse, par caprice ou par humeur. Cette ressource n'étoit donc que momentanée : mais c'étoit la seule : & tout ce qu'un politique peut faire de mieux, c'est de prendre son parti suivant les circonstances.

Cependant il ne suffisoit pas aux Achéens d'avoir pris des précautions contre la Macédoine: il s'éleva bientôt un ennemi plus à craindre. C'est ainsi que les plus grands politiques sont en défaut. La situation embarassante dans laquelle Aratus se trouva, fut l'effet d'une révolution qui survint à Lacédémone.

Agis, roi de Sparte tente de rétablir les loix de Lycurgue.

Lorsqu'Aratus fut fait préteur, Agis IV venoit de monter sur le trône de Sparte. Ce prince, considérant les progrès que la corruption avoit faits depuis Lysandre, & touché des désordres qui en naissoient, se proposa de ramener les anciennes mœurs, en faisant revivre les loix de Lycurgue. Ce projet, qui devoit soulever les riches, avoit besoin d'être préparé de loin sécrétement & avec adresse. Agis échoua par la trahison d'un éphore, auquel il avoit donné sa confiance, & Léonidas, son collegue, le fit lui-même condamner à mort.

Cléomene exécute le projet d'Agis.

Cléomene III, fils de Léonidas, monta sur le trône l'année d'après, & résolut d'exécuter le projet de réforme, auquel son pere s'étoit si fort opposé. Ce ne fut pas, comme Agis, par amour pour la vertu qu'il s'engagea dans cette entreprise, ce fut uniquement par ambition: il ne se proposa de ruiner les riches, que dans la vue de s'attacher les pauvres. Une pareille révolution ne pouvoit pas se faire sans violence. Cléomene chercha donc à s'attacher une partie des troupes : la guerre lui en fournit l'occasion.

Pour former une seule ligue de tous les peuples du Péloponese, il ne manquoit aux Achéens, que les Lacédémoniens, les Eléens & une partie des Arcadiens. Aratus, voulant tous les réunir de gré ou de force, entra sur les terres de ces derniers, & fut repoussé par Cléomene, qui lui enleva plusieurs villes.

Les Spartiates, qui ne demandoient que l'humiliation des Achéens, firent de plus grands préparatifs pour la campagne suivante ; & Cléomene, chargé de lever une nouvelle armée, saisit cette occasion d'emmener avec lui tous ceux qui pouvoient mettre quelque obstacle à ses projets. Son dessein étoit de ne les pas ramener. Les ayant donc laissés en garnison dans l'Arcadie, il revint à Sparte avec un corps de troupes étrangeres. En approchant, il communiqua son projet à des personnes dont il étoit assuré : & aussitôt qu'il fut arrivé, il fit massacrer les éphores, ceux qui en prirent la défense, & il bannit tout ce qui lui étoit contraire.

Alors il assemble le peuple, se dépouille de ses biens, abolit les dettes, fait un nouveau partage des terres, & par-là, justifie ses violences aux yeux du peuple.

Cette révolution force Aratus à prendre

Cette révolution, qu'Aratus n'avoit pu prévoir, le mit dans la nécessité de prendre de nouvelles mesures. Il ne pouvoit plus compter sur les rois d'Egypte & de Syrie; parce qu'il importoit peu à ces princes, que ce fussent les Spartiates ou les Achéens qui dominassent dans le Péloponese. D'ailleurs les villes de l'association commençoient à se diviser. Les Mégalopolitains & les Messéniens vouloient l'alliance de la Macédoine; & ils étoient résolus à prendre seuls ce parti, si les Achéens en prenoient un autre. Il falloit donc choisir entre deux ennemis, entre Cléomene & Antigone Doson, successeur de Démétrius. Le dernier, comme plus éloigné, paroissoit moins à craindre. Aratus n'hésita pas, il appella lui-même Antigone.

Antigone étoit frere de Démétrius. Son neveu Philippe, roi de Macédoine, étant trop jeune pour gouverner, il avoit été nommé régent du royaume. Les peuples, enchantés de la sagesse de son administration, le forcerent même de prendre la couronne: mais il ne l'accepta que pour la conserver à Philippe, & il donna tous ses soins à l'éducation de ce prince.

Antigone Doson, appellé par Aratus, prend Sparte.

Comme il lui importoit de saisir l'occasion de rentrer dans le Péloponese, il se rendit aux invitations d'Aratus, & cette guerre ne fut pas longue. Elle se termina par la prise de Sparte, & Cléomene s'enfuit en Egypte. Soit générosité, soit politique, Antigone laissa aux Spartiates leurs loix, leur gouver-

222

nement, & les traita plutôt en alliés qu'en sujets.

Sa mort.

Cependant les Illyriens, ayant profité de son absence, avoient fait une irruption dans la Macédoine. Il marcha contre eux, il les

222 défit: malheureusement il se rompit, pendant l'action, une veine dans la poitrine, & mourut quelques jours après. Ce prince avoit conçu une grande estime pour Aratus.

Philippe, roi de Macédoine, commence bien.

Je vous ai fait remarquer que les malheurs font les grands rois: c'est une conséquence que la prospérité fasse les mauvais. Philippe n'avoit que quinze ans, lorsqu'il se vit maître d'un royaume. Il commença bien. Brave, éloquent, adroit à manier les esprits, il sut se faire aimer. C'étoit le fruit de l'éducation que son oncle lui avoit donnée. Il ne perdit pas ces bonnes qualités, mais il y joignit des vices.

La Macédoine, plus florissante qu'elle ne l'avoit été sous ses ayeux, paroissoit devoir étendre sa domination sur toute la Grece. Philippe remporta des victoires: il enleva plusieurs places aux Etoliens & aux Eléens: on admiroit sa sagesse, sa modération, ses talents militaires: il avoit déja la réputation d'un grand capitaine. Cette position étoit dangereuse pour un prince de son âge: il ne sut pas échapper au danger. La confiance lui fit former des entreprises au dessus de ses forces; & pour réussir, il employa la perfidie

& le poiſon contre ceux-mêmes qui avoient contribué à ſes ſuccès.

Ses revers.

On commençoit à remarquer ce changement, lorſqu'à la nouvelle de la victoire de Thraſymene, remportée ſur les Romains par Annibal, Démétrius de Phare lui conſeilla de ſe joindre à ce général, lui promettant la conquête de l'Italie. Ce projet étoit fait pour le ſéduire. Il fit auſſitôt la paix avec les Etoliens, équipa une flotte, & ſe mit en mer. Mais il perdit à peine la terre de vue, & il revint honteuſement, une frayeur ſubite s'étant emparée de ſon armée. Il fit enſuite avec Annibal un traité, dont il ne tira aucun avantage (*).

Sur ces entrefaites, il s'éleva des diſſentions dans Meſſene. Il y alla ſous prétexte de rétablir la paix, & il ſe fit un plaiſir d'augmenter les troubles. Comme Aratus & ſon
214
fils lui firent des remontrances à ce ſujet, il les fit empoiſonner, ſachant d'ailleurs qu'ils blâmoient ſes injuſtices & ſes débauches. Aratus étoit préteur pour la dix-ſeptieme fois.

Il recommença auſſitôt la guerre: mais les Etoliens appellerent les Romains, qui le défirent, & il fut forcé de ſouſcrire à un traité,

(*) Je paſſe rapidement ſur les événements de ces temps; parce qu'ils appartiennent plus à l'hiſtoire romaine qu'à l'hiſtoire de la Grece.

par lequel il se trouva renfermé dans les bornes de la Macédoine. Il donna son fils Démétrius en ôtage. Les Romains se déclarerent alors les protecteurs de la liberté, & en cette qualité, ils entretinrent les divisions parmi les Grecs.

Philippe conçut de la jalousie pour Démétrius, qui avoit mérité l'estime des Romains; & séduit, par les fausses accusations de Persée, un autre de ses fils, il le fit empoisonner. Il ne fut pas néanmoins long-temps à reconnoître qu'il avoit été trompé; & il formoit le projet de faire passer la couronne sur
179 la tête de son neveu, fils d'Antigone, lorsqu'il mourut.

Persée orne le triomphe de Paul Emile.

Persée, précipité du trône, orna le triomphe de Paul Emile, & mourut à Albe. Les deux derniers de ses enfants finirent leurs jours en prison. L'aîné, Philippe, obtint son élargissement. Il fit d'abord le métier de tourneur. La beauté de son écriture l'éleva dans la suite à l'emploi de gréffier. On dit qu'il le remplit avec honneur. Ainsi finit celui dont les ancêtres avoient cru, que la plus grande partie des conquêtes d'Alexandre étoit trop peu pour eux. La Macédoine devint une province romaine.

Extinction de la race des Héraclides.

A Lacédémone, la race des Héraclides s'étoit éteinte depuis Agésipolis IV, qui avoit succédé à Cléomene; & cette république

république étoit livrée à des tyrans. Quant aux Achéens, ils paroissoient puissants, parce qu'ils avoient dans Philopémen un des grands capitaines que la Grece ait eus, & ce fut le dernier.

Cependant les Romains, depuis la conquête de la Macédoine, marchoient à grands pas à celle de la Grece entiere, affoiblissant les Grecs par les Grecs, sans montrer encore toutes leurs forces. Ils offroient leur médiation pour terminer des troubles qu'ils entretenoient : ils envoyoient des ambassadeurs pour prendre connoissance des différents qu'ils suscitoient : ils se faisoient des partisans par leurs bienfaits : ils remplissoient les villes de traîtres : ils tendoient continuellement des pieges ; en un mot, ils se conduisoient comme s'ils n'avoient point eu d'armées.

La Grece réduite en province romaine.

Cette politique parut aux Achéens une preuve de leur foiblesse. Ils oserent mépriser les Romains : ils insulterent leurs députés : ils prirent les armes. Métellus fit donc marcher les légions, leur livra bataille & les défit. Sur ces entrefaites, le consul Mummius vint achever une conquête facile, & la Grece fut réduite en province romaine, sous le nom de province d'Achaïe.

146

Athènes, depuis long-temps, étoit sans considération. Elle ne savoit que flatter la puissance dominante, & par-là, elle conservoit sa

Sort d'Athènes.

démocratie. Elle avoit été secourue des Romains dans une guerre qu'elle eut à soutenir
contre les Acarnaniens & contre Philippe. Cependant lorsque toute la Grece étoit soumise,
elle fut assez imprudente pour s'allier avec
85 Mithridate. Aristion lui fit faire cette démarche, & soutenu du roi de Pont, il en devint le tyran. Sylla fit le siege d'Athènes: il
livra cette ville pendant un jour à la fureur
87 des soldats, & fit périr Aristion dans les tour-
ments. Cette république néanmoins conserva
sa démocratie: elle eut le titre d'amie &
d'alliée des Romains; & elle devint l'école,
où ces hommes qui ne savoient encore que
conquérir, vinrent apprendre à penser. Les
Athéniens obtinrent en quelque sorte par
leurs talents l'empire que les armes leur
avoient enlevé: empire moins orageux, plus
juste, & plus glorieux, sans doute.

FIN du cinquieme volume.

www.ingramcontent.com/pod-product-compliance
Lightning Source LLC
Chambersburg PA
CBHW071621270326
41928CB00010B/1726

* 9 7 8 2 0 1 1 8 6 3 2 4 9 *